N&K

MILENA MOSER

Hinter diesen blauen Bergen

Roman

Nagel & Kimche

Für Lino und Cyril –
wenn etwas klar ist in meinem Leben,
dann seid ihr das!

1 2 3 4 5 21 20 19 18 17

Herstellung: Rainald Schwarz
Satz: Satz für Satz
Druck und Bindung: CPI books GmbH
ISBN 978-3-312-01017-2
Printed in Germany

MIX
Papier aus verantwortungsvollen Quellen
FSC® C083411

Wo ist zuhause, Mama?
Hinter blauen Bergen.
Wo ist zuhause, Papa?
Vielleicht hinter diesen Bergen.
Vielleicht find ich dich, find ich mein Zuhaus
Hinter blauen Bergen.

Johnny Cash

Schatten junger Mädchenträume

«Na, hab ich euch zu viel versprochen?» Rod grinst. Er muss die Antwort nicht abwarten, er kennt sie. Er macht das nicht zum ersten Mal. Rod ist einer der *wranglers* vom Reitstall The Broken Saddle, eine halbe Stunde außerhalb von Santa Fe. Heute begleitet er Doris und mich auf einem *sunset ride* – dem sprichwörtlichen Ritt in den Sonnenuntergang. Wir sind Lucky Luke, wir sind Clint Eastwood, wir sind die *not so lonesome riders*. Gerade sind wir auf einer kleinen Erhöhung angekommen, mitten in der endlosen welligen Landschaft von Cerrillos. Cerrillos heißt kleine Hügel, und der Name passt. So weit der Blick reicht, rollen die sanften Wellen. Sattgelbe Erde, von niedrigen Pinien und Wacholderbüschen bewachsen, silbern schimmernde Disteln, die violetten Tupfer der wilden Verbena, dazwischen stachlige Kakteen mit blutroten Früchten. Es ist der Wilde Westen direkt aus dem Karl-May-Film. Ich weiß, diese Filme wurden in Jugoslawien gedreht. Aber genau so sieht es hier aus.

In der Ferne schlängelt sich der Highway 14 Richtung Madrid. In der alten Silberminenstadt sind schon ein paar Lichter an. Sie sind der einzige Hinweis darauf, dass hier auch Menschen leben. Wir sind allein. Während der letzten zwei Stunden haben wir niemanden gesehen. Hier in Cerrillos habe ich im vergangenen Jahr wieder angefangen zu reiten. Im Westen, in der Landschaft meiner Mädchenträume. Ich war eins dieser Pferdemädchen, die jede freie Minute im Reitstall verbringen, die einem Pferd mehr anvertrauen als ihrem Tagebuch. Die Pferdebücher lesen und Pferdeposter aufhängen. Die für den Mittwochnachmittag leben, die Reitstunde, den Ausritt. Dann hatte ich einen Unfall: Ein braves Schulpferd namens Tatjana brannte durch und warf mich ab – nicht auf einer sanften Wiese, sondern auf der Straße. Direkt vor einem Schulhaus. Ich weiß noch, wie ich am Boden lag und mich nicht bewegen konnte. Die Fenster im Parterre standen offen, die Schüler, älter als ich, ergriffen begeistert die Gelegenheit einer Unterbrechung. Hordenweise sprangen sie aus den Fenstern und rannten zu mir. Ich erinnere mich, dass sie mir mehr Angst machten als der Sturz an sich. Dabei meinten sie es gut: Sie hielten den Verkehr auf, fingen das Pferd ein, trugen mich ins Schulhaus. Der Helm, den wir damals alle tragen mussten, war unter ein Auto gerollt. Er hatte nicht verhindert, dass ich mir den Schädel gebrochen hatte, die Schädelbasis, also fast das Genick. Das klingt gefährlicher, als es war. Nach zwei Wochen im Kinderspital war ich schon wieder zuhause.

Zwei Dinge waren in diesen zwei Wochen passiert, die mein Leben unwiderruflich verändern sollten. Zum einen hatte ich angefangen, Geschichten zu erfinden. Noch nicht, sie aufzuschreiben, aber zumindest schon mal: auszudenken. Wegen meiner Kopfverletzung war mir nämlich das Lesen verboten. Das muss man sich vorstellen wie einen kalten Entzug. Schlimmer noch, jeden Nachmittag zog eine freiwillige Helferin einen Bibliothekswagen durch die Zimmer, und jeder durfte sich ein Buch aussuchen – jeder, nur ich nicht. Eine Minibar als Service in der Entzugsklinik, und ich die einzige trockene Alkoholikerin auf der Abteilung! Weil ich also nicht lesen durfte, fing ich an, mir Geschichten auszudenken. Ich dachte an das letzte Buch, das ich gelesen hatte, welches es war, das weiß ich nicht mehr, aber garantiert etwas mit Pferden – und spann es in meinem Kopf einfach weiter. Ich ersetzte die Hauptfigur durch mich, wie ich es beim Lesen ohnehin immer tat. Aber nun konnte ich alle Details anpassen, zum Beispiel hieß das Pferd der Hauptfigur nun auch Tatjana. Das war fast so gut wie Lesen, nein, es war noch besser. Sobald ich wieder zuhause war, fing ich an, diese neuen Versionen meiner Lieblingsbücher aufzuschreiben. Meine unstillbare Lesesucht hatte einen Zwilling erhalten: die Schreibsucht.

Das andere war weniger gut. Von nun an hatte ich Angst vor Pferden. Ich ging weiterhin zur Reitstunde, damals machte man das so. Gleich wieder aufsteigen, nur nicht aufgeben. Die Angst ignorieren. Die Angst ging nicht weg, sie wurde nur schlimmer. Jeden Mittwochmittag, wenn ich aus der Schule nach Hause ging, starrte ich verzweifelt in den Himmel. Der schien immer blau zu sein. Mit reiner Willenskraft versuchte ich, Wolken herbeizubeschwören und zusammenzuschieben und auszupressen. Bei Regen würden wir in der Halle reiten. In der Halle hatte ich weniger Angst. Beim Ausreiten konnte ständig etwas passieren. Ein Traktormotor konnte aufheulen. Ein Hund bellen. Ein Radfahrer von hinten auftauchen. Mein Pferd konnte ausbrechen, mich abwerfen. Die ganze Stunde über versuchte ich abzuschätzen, was auf mich zukommen würde. Jogger hinter der Abbiegung? Lastwagen auf der Landstraße? Wie lange ich das durchgehalten habe, weiß ich nicht mehr. Es gelang mir selten, dafür entwickelte ich chronische Bauchschmerzen. Bis ich mich endlich getraute, meine Angst auszusprechen und die Reitstunden aufzugeben.

Die Erinnerung blieb. Die Erinnerung an das Glück, das ich beim Reiten einmal empfunden hatte, das Gefühl der Verbundenheit mit einem Pferd. Die Sehnsucht blieb. Die Angst aber auch, wie sich bei jedem neuen Versuch herausstellte.

Dann verschlug es mich in den Wilden Westen. In eine Landschaft wie in den Winnetou-Filmen, wie in den frühen Romanen von Federica de Cesco, die meine Mädchenträume geprägt hatten. Wenn ich hier nicht wieder in den Sattel zurückfinden würde, wo dann?

«Wo kann man hier reiten?», fragte ich Doris, meine neue Freundin in Santa Fe und die Auskunftsperson Nummer eins. Diesmal musste selbst sie einen Moment lang überlegen. Denn Doris hatte, so stellte sich heraus, eine ähnliche Geschichte. Auch sie hatte das Reiten nach einem schweren Unfall aufgegeben, auch sie war einmal ein Pferdemädchen gewesen. Mehr noch, sie war mit Pferden aufgewachsen. Ihre Familie hatte Traber gezüchtet. Jahrelang war sie jeden Tag ausgeritten, bei jedem Wetter. Auf hochgezüchteten, nervösen, energiegeladenen Pferden. Sie hatte sie bewegt, gefüttert und gepflegt. Und dann war ihr Pferd ausgebrochen, aufgestiegen. Es hatte sie abgeworfen, sich dann selber überschlagen und war auf sie gefallen. Seither hatte Doris Angst. Und dieselbe Erinnerung daran, wie es vor dem Unfall gewesen war, dieselbe Sehnsucht. Ein paar Tage später rief sie mich an: «Ich kenne jetzt einen Stall. Über den habe ich nur Gutes gehört», sagte sie. «Und ich komme gleich mit!»

Harrold Grantham hat The Broken Saddle vor mehr als zwanzig Jahren mit seinen eigenen Pferden und mit der Unterstützung seiner Frau, einer Anwältin, eröffnet. Er war an der Ostküste aufgewachsen. Sein erstes Geld verdiente er als

Schüler auf der Rennbahn in Atlantic City, wo er die Pferde fütterte und pflegte. Reiten durfte er dort nicht. Jedenfalls nicht offiziell. In New Jersey hörte er die Pferdefreunde vom Westen schwärmen, besonders von Santa Fe. Von einer anderen Art zu reiten, bei der der Wille der Tiere nicht gebrochen wird. Damals und dort fasste er den Entschluss, eines Tages an diesen magischen Ort zu ziehen. Mit Pferden zu leben, mit ihnen zu arbeiten. Und irgendwann in den achtziger Jahren verwirklichte er seinen Jugendtraum im Wilden Westen. Wie ich. Wie Doris. Wie so viele andere.

«Das Erste, was ich sah, als ich in Santa Fe ankam, war ein Touristenbus voller Rentner! Ich sagte zu meiner Frau: ‹Meinst du wirklich, dass diese Leute gern reiten würden?›» Harrold nimmt kein Blatt vor den Mund. Einmal führte ihn ein Ausritt an einer Klapperschlange vorbei, die sich auf einem Felsen sonnte. Sein Kunde, ein reicher Texaner, forderte ihn auf, sofort abzusteigen und das «Ding» totzuschießen. «Warum sollte ich das tun?», fragte Harrold und ritt weiter. Keine halbe Stunde später stieg er dann vom Pferd – um die leere Plastikflasche aufzuheben, die der Texaner weggeworfen hatte. «Den haben wir nie wiedergesehen», lacht Harrold. Dafür hat er einen Aufkleber fürs Auto drucken lassen, auf dem steht *We respect the Rattlesnake, but we kill the Litterbug* – Wir achten die Klapperschlange, aber wir vernichten den Schmutzfink.

Doris trägt einen roten Cowboyhut, ich einen braunen. Als wir beim Stall ankommen, schlägt uns der vertraute Geruch entgegen. Pferdeschweiß, Leder, Staub. Ich habe keine Reitstiefel dabei, trage Cowboyboots mit wild leuchtenden Stickereien. Das erste Pferd, das mich sieht, wirft einen Blick auf meine Füße und schreckt wiehernd zurück. Das fängt ja gut an, denke ich. Solche Reaktionen kenne ich sonst nur aus Zürcher Szenelokalen.

Die Pferde sind bereits gesattelt, wir haben beide behauptet, wir seien Anfängerinnen. Unsere frühere Identität als Pferdemädchen haben wir unterschlagen. Wir sind ein bisschen nervös. Ist es wirklich wie Radfahren? Das man angeblich nie verlernt? Alles ist ein bisschen anders als in der Erinnerung, der Sattel, die Zügel, die Länge der Steigbügel. Und trotzdem vertraut.

Doris trägt konventionelle Reitstiefel, die sie aus der Schweiz mitgebracht hat. Harrold gibt ihr Lily, eine Stute, die Doris an ihr eigenes Pferd erinnert. «Es kommt mir komisch vor, ein Pferd nicht selber zu striegeln und zu satteln», sagt sie. «Bei meinem Stiefvater mussten wir erst mal ein Jahr lang im Stall arbeiten, bevor wir aufsitzen durften.» Ich bekomme Twain zugeteilt. Ein Pferd, das nach einem Schriftsteller benannt ist. Wenn das nicht passt! Twain ist pensioniert, sozusagen. Früher arbeitete er für die *Sheriff's Posse*, die berittene Polizei. Und obwohl er heute ruhiger ist, hat er die Gewohnheit beibehalten, auf unübersichtlichem Terrain loszupreschen, bis er das Gelände wieder überblicken kann. Dort bleibt er dann abrupt stehen und sieht sich nach allen Seiten um. Fehlt nur, dass er wie ein Cop in einer Fernsehserie «All clear!» ruft. Trotz seiner sporadischen Ausbrüche vermittelt mir Twain ein Gefühl der Sicherheit. Auf ihm bin ich ruhig. Ich kann mich nicht erinnern, wann ich zuletzt so glücklich war. Ohne das Geringste dafür tun zu müssen. Ich bin hingerissen. Doris ist es auch. Am Ende dieses ersten gemeinsamen Ausritts bleiben wir stumm, grinsen uns nur an wie zwei Idioten, wie zwei frisch Verliebte, zwei Pferdemädchen, die sich selbst wiedergefunden haben.

Seither fahren wir nach Cerrillos, sobald sich eine Möglichkeit bietet und wir die Zeit finden. Harrold teilt uns immer dieselben Pferde zu. Ich nenne Twain in meinen Berichten schon «my boyfriend». Worauf eine Freundin in der Schweiz ein Bild sehen will – und enttäuscht ist, als sie nur ein Pferd sieht. Meine Schwärmerei hat sie glauben lassen, ich hätte mich in einen pensionierten Sheriff verliebt.

Harrolds ältere Tochter hat in Deutschland studiert. Jedes Mal, wenn ich zum Reiten komme, ruft er sie an und reicht mir das Handy, damit sie ihr Deutsch üben kann. Sie ist immer sehr höflich. Wegen seiner unbestechlichen Art hat Harrold treue Stammkunden gewonnen, darunter einige Berühmtheiten. Nach einer Reihe von Ausritten sparen sich unsere Wranglers ihre Vorträge über das Umland, die stillgelegten Silberminen, die Türkisadern, die Brücke mit den zu engen Geländern. Dabei hatte Harrold extra ein Pferd über die Brücke geführt, bevor das Geländer installiert wurde – nur hat er den Reiter nicht einberechnet. Die Gespräche werden persönlicher, und wir erfahren einiges aus dem Leben unserer Begleiter. Carla zum Beispiel arbeitet mit schwerbehinderten Kindern, die sie zum Reiten an sich selbst festschnallt. Sie hat drei Söhne, die sie im Abstand von zehn Jahren bekommen hat, bei der Geburt des letzten war sie achtundvierzig. «Gott wollte es so», sagt sie. Mit ihrem Jüngsten, der jetzt sieben ist, und ihrem Mann teilt sie sich einen Wohnwagen. Es ist ihre vierte Ehe. Sie zuckt mit den Schultern. «Nicht alle Puzzleteile passen zusammen …»

John, ein kleiner drahtiger Mann mit langem weißen Haar und einem weißen Bart, war früher mal Beamter im Mittleren Westen, glattrasiert und gepflegt. Als Rentner kaufte er sich zwei Pferde, eins zum Reiten und ein Packpferd. Und er machte sich auf in den Wilden Westen. Mit zwei Pferden von Michigan nach New Mexico, 3600 Kilometer. Sechs Monate und drei Tage brauchte er. Als er hier ankam, wurde sein Lastpferd vom Blitz erschlagen, sein gesamter Besitz verbrannte. Als wir ihn kennenlernten, lebte er in einem Tipi auf Harrolds Land, allerdings mit Internet und Kabelfernsehen. Er wollte den ganzen Ausritt lang über Fernsehserien reden: «Schaut ihr Mädels *Grey's Anatomy*?», fragte er. «Was sagt ihr zum Tod von Doctor McDreamy?» Eine der vielen täglichen Mahnungen hier, dass man sich nicht auf Äußerlichkeiten verlassen kann. Dass man seine Vorurteile an der Tür abgeben sollte.

Michael bringt immer mindestens einen seiner vier Hunde mit. Der alleinerziehende Vater wurde uns von Harrold als «Skilehrer der Stars» angepriesen. Er verbringt den Winter in Colorado, wo er unter anderem Matt Damons Töchtern das Skifahren beibringt. Und Robert Redford, den er jahrelang nur als «Bob» kannte – und nicht als Filmstar erkannte. Erst als der bereits geschlossene Skilift für «Bob» wieder in Betrieb genommen wurde, ging Michael ein Licht auf. Lieber als über seine berühmten Klienten redet Michael über die jugendlichen Straftäter, meist Mitglieder von Straßengangs, mit denen er zelten und reiten geht. Von dem brachialen Überlebenstraining, mit dem hier verhaltensauffällige Jugendliche diszipliniert werden, hält er allerdings nichts. Er setzt auf Geduld und Respekt. «Das ist wie mit schwierigen Pferden», sagt er. «Mit Gewalt kommst du da nicht weiter. Es gibt einen Grund, warum sie so sind. Es gibt immer einen Grund.»

Heute reitet Rod mit uns, der mit seiner Frau, drei Kindern und allen möglichen Haustieren in einem Trailer lebt, einem Wohnwagen. Seine Frau ist wenig begeistert von seinen abendlichen Touren, aber sie brauchen das Geld. Eins seiner Pferde leidet unter Koliken, und er ist nicht zum Plaudern aufgelegt, aber das passt uns gut. Die Landschaft bietet Unterhaltung genug. Nach zwei Stunden sind wir am Aussichtspunkt angelangt, als gerade die Sonne untergeht. Von hier sieht man alle Berge, die Santa Fe umgeben, die Sandia-, Jemez-, Sangre-de-Cristo- und Ortiz-Gebirge. Im Licht der letzten Sonnenstrahlen schimmern sie blau, schieben sich als Rahmen um das Blickfeld. Über allem dieser Himmel: Der Himmel über Santa Fe ist eine launische Diva. Und gleichzeitig wie eine Leinwand, die sich über die Landschaft spannt. Auf dieser Fläche spielt sich immer ein Drama ab: Schnell wechselnde Wolkenformen, Sommergewitter, waagrechte Blitze, dann wieder das strahlendste Blau. Das Licht ist durchsichtiger hier. Die Farben leuchten.

Und dann färbt sich alles rosa, orange, lila, rot. Auf der einen Seite geht die Sonne unter, auf der anderen der volle Mond auf. Plötzlich merke ich, dass mir die Tränen übers Gesicht laufen.

«Was ist los?», fragt Rod. Ich schlucke. Dann muss ich lachen. «Ich habe das Davide-Syndrom», sage ich. «Nur eben umgekehrt!» Rod und Doris wechseln einen besorgten Blick. Nein, ich bin nicht verrückt geworden. Das Davide-Syndrom zeigen amerikanische Touristen, die in Florenz vor der David-Statue von Michelangelo zusammenbrechen, überwältigt von so viel Kultur, so viel Geschichte. Bei mir ist es umgekehrt: Ich gehe vor der Natur in die Knie, vor dieser endlosen Weite, vor diesem Himmel.

Auf dem Heimweg bricht die Dämmerung ein. Der Mond verschwindet. Nur das Licht von Rods iPhone flackert in der Dämmerung.

«Hey, telefonieren und reiten, ist das erlaubt?», ruft Doris.

Rod versucht immer noch, die Krise in seinem eigenen Stall zu bewältigen. Doris, die Erfahrung mit Kolikpferden hat, tauscht Tipps mit ihm aus. «Meine Tosca habe ich stundenlang im Trailer herumgefahren, das hat immer funktioniert. Genau wie bei Babys.» Ich lasse die beiden plaudern und falle zurück. Es ist fast, als würde ich allein reiten. Durch diese silbernen Hügel, dieses durchsichtige Licht. Durch die Landschaft meiner Mädchenträume. Wenn Jojo mich jetzt sehen könnte, denke ich. Meine beste Jugendfreundin, die zwar nicht meinen Pferdemädchenwahn, aber immerhin meine Verehrung für Federica de Cesco teilte. Ganze Nachmittage haben wir in ihrem oder meinem Zimmer verbracht, jede ihr eigenes Buch vor sich – zusammen haben wir die Gemeindebibliothek leergefegt. Wir teilten auch die Verwirrung, als die Traummänner in Federica de Cescos Romanen nicht mehr Indianerhäuptlinge waren, sondern japanische Künstler. Aus autobiographischen Gründen, wie wir später erfuhren. Jahrzehnte später, selber als Schriftstellerin unterwegs zu einer Buchmesse, sah ich Federica de Cesco und ihren japanischen Ehemann im Flugzeug. Ein bildschönes, elegantes Paar. Ich traute mich nicht, sie anzusprechen, ich verneigte mich nur stumm vor ihr. Sie lächelte freundlich, sie war es wohl gewohnt. Dann stolperte sie, ihr Mann fasste sie blitzschnell am Ellbogen, und mein damals von einer Trennung noch schwer angeschlagenes Herz öffnete sich ein wenig. Noch heute seufze ich bei der Erinnerung an diesen Moment. Diese Frau wusste, wovon sie schrieb. Trotzdem hatte ich in den endlosen Diskussionen mit Jojo bei der Frage: «Willst du, wenn du mal erwachsen bist, einen Indianer heiraten oder eher einen Japaner?», immer den Indianerhäuptling verteidigt.

Und jetzt … kann ich nicht weiterträumen. Denn Twain reißt plötzlich den Kopf hoch. «Wo sind denn alle?», scheint er zu fragen. Bevor ich reagieren kann, prescht er los, galoppiert durch den engen Arroyo, das trockene Bachbett. Sand wirbelt unter seinen Hufen auf, der Hut fliegt mir vom Kopf. Aber ich habe keine Angst.

Ich habe keine Angst mehr. Erst als wir aufgeholt haben, fällt Twain knapp hinter Lili in einen gemäßigteren Galopp.

«Hast du die Bärenspuren gesehen?», fragt Rod.

«Bärenspuren? Machst du Witze?»

«Nein, da waren zwei Bären … Hey, und Doris hat einen Türkis gefunden!»

Auf dem Hügel über dem Stall leuchten tausend Sterne. Glitzerlichter, die Harrold eines Abends aufgehängt hat. «Als seine Frau sauer war auf ihn», lacht Rod.

«Wie im Märchen», seufzt Doris.

Ich nicke. Wie im Märchen, wie im Traum. Ich habe meinen Traum verwirklicht. Meinen Mädchentraum. Bis hin zum Indianerhäuptling. Alles, was ich mir gewünscht habe, hat sich erfüllt. Jetzt fehlt mir nur noch der rote Seidenschal. Wie zum Teufel ist so etwas möglich?

Kein Mann, nirgends?

Rückblende: Es ist Ende Juli 2014. Seit vier Wochen bin ich wieder in Santa Fe, wo ich vor einem Jahr eine winzige Casita in einem Hinterhof gekauft habe, spontan, ohne Geld und Plan. Ich plane ohnehin selten. Wenn ich es dennoch tue, entscheidet das Leben meist anders. Aber jetzt, wo ich in dem idyllischen Blumengarten in meinem Lieblingscafé an der

Garcia Street sitze, scheint es zum ersten Mal so, als hätte ich eine Art Plan für meine Zukunft. In einem Jahr werde ich hierherziehen. Ich werde nicht pendeln, sondern mein Zuhause in der Schweiz aufgeben. Der Plan lautet, aufs Ganze zu gehen. Anders ist er finanziell nicht durchführbar. Das heißt: kein Möbellager, keine halbe Lösung. Weniger arbeiten. Mich nicht mehr verzetteln, sondern auf mein Schreiben konzentrieren. Ein Luxus, den ich mir noch nie leisten konnte: Mein Autorendasein war immer mehr als eine Leidenschaft, es ist mein Beruf, meine Lebensgrundlage und die meiner Familie. Darauf bin stolz. Aber die Selbständigkeit hat ihren Preis. Die bleierne Müdigkeit der letzten Jahre aus Überarbeitung. Nun sind die Kinder groß, der Mann ist weg, meine Verantwortung verringert sich. Ich kann jetzt meine Bedürfnisse stärker berücksichtigen und auch die Bedürfnisse meines Schreibens. Das ist ein Privileg. Und eine andere Verantwortung. Es ist nicht das erste Mal, dass ich ganz von vorn anfange, ein neues Leben beginne. Nicht immer war es freiwillig. Ausgewandert bin ich auch schon einmal. Dieses Mal allerdings gehe ich allein. Außerdem bin ich über fünfzig – zu alt für einen Neubeginn? Für ein neues Leben? Die Entscheidung fiel mir schwer. Aber sie ist getroffen: In einem Jahr, wenn mein jüngerer Sohn Cyril mit der Schule fertig ist, ziehe ich nach Santa Fe. Davor werde ich nochmals zwei Monate hier verbringen, vielleicht drei. Wenn das kein Plan ist! Aber erst muss ich mein nächstes Buch beenden. Ich bin noch nicht so weit, wie ich gehofft hatte. Ich bin immer noch müde. Ich bin immer noch allein.

So sehr ich mir eine neue Liebe wünsche – meine Welt ist komplett männerfrei geworden. Nicht nur, weil ich meist mit Frauen arbeite, nein, auch in den Straßen und Geschäften, in der Bahn, auf dem Flughafen, in Restaurants und in Buchhandlungen – sehe ich nur noch Frauen. Die Männer scheinen sich unsichtbar gemacht zu haben. Nicht einmal im TV sehe ich Männer, die mir gefallen. Die meinem Herzen diesen kleinen elektrischen Schlag versetzen, der mich daran erinnert, dass ich noch lebe.

Kein Mann, nirgends? Ich denke an Asterix und Obelix: Ganz Gallien …? Nein! Auch in meinem Fall gibt es eine Ausnahme, einen unbeugsamen Verehrer. Victor. Ich habe ihn im Dezember 2011 kennengelernt, ein halbes Jahr nach der Trennung von meinem Mann. Ich war nach San Francisco geflogen, um mich zu erholen und auch, um mich zu vergnügen. Vergnügen! Als ob man das erzwingen könnte. Gegen Ende meiner Reise rief mich eine Bekannte an und fragte, ob ich zu einem Essen bei einem mexikanischen Künstler mitkommen wolle.

Wir fuhren nicht weit, an den Rand des Mission Districts. Hinter der unscheinbaren Fassade verbarg sich eine Wunderwelt, ein riesiges Atelier voller Farben, Instrumente, Bilder. Im Treppenhaus hing ein Umhang aus Maisblättern. «Das war mein Regenmantel, als ich Kind war», lachte der Gastgeber. Er war groß, die langen schwarzen Haare zu einem Pferdeschwanz gebunden, die Augen hinter den Brillengläsern schmal. Ein Japaner, dachte ich erst, aber hatte die Bekannte nicht gesagt, er sei Mexikaner? Mexikanischer Indianer, stellte sich heraus, vom Stamm der Nahua. Ich erinnerte mich an die entscheidende Frage meiner Mädchenjahre: Willst du einmal einen Indianer heiraten oder einen Japaner? Und musste lachen. Nichts lag mir ferner an diesem Abend, als einen Mann zum Heiraten zu finden. Die Küche war rot gestrichen, überall hingen Bilder, Lichterketten, ein Chilikranz. Auf einer mit wilden Mustern bemalten Kommode standen mehrere schwere Mörser aus Stein, in denen Mais gemahlen wird, Tortillapressen aus Holz und Metall, kunstvoll geschnitzte hölzerne Quirls, die zur Herstellung von Schokolade verwendet werden. Der Abend folgte einem ungewohnten und gleichzeitig vertrauten Rhythmus. Es wurde gekocht, gegessen, Wein getrunken, diskutiert. Die Teller wurden zur Seite geschoben, um Platz für Bilder und Bücher zu machen. Es wurde lauter. Noch eine Flasche Wein geöffnet. Die anderen Gäste, ein junges Paar aus Finnland, Künstler beide, zeigten ihre Bilder. Victor stand am Herd, hin und wieder mischte er sich ins Gespräch ein oder ging auf die Terrasse hinaus, wo ein Gasgrill stand. Es gab Fisch, in Bananenblätter gewickelt, handgemachte, mit weißem Käse gefüllte Tortillas, frisch zubereitete Salsa, Salat. Ein offenes Haus, voller Kunst, Freunde, gutem Essen, Lachen, Gesprächen. Ich fühlte mich sofort wohl. So will ich leben, dachte ich.

Einmal nahm er meine Hand und hielt sie lange. «Das ist ein interessanter Ring», sagte er und drehte den silbernen Fuchskopf, den ich an Stelle meines Eherings trug, hin und her. Seine Hand war warm und trocken. Sie fühlte sich richtig an. Meine Hand fühlte sich sofort wohl in seiner. Ich dachte an einen Satz, den ich als junge Frau irgendwo gelesen und nie mehr vergessen hatte: «Meine Haut hat sofort ja gesagt.»

Trotzdem sah ich in Victor nicht einen möglichen Partner. Meine Bekannte hatte mir zu viel über ihn erzählt. Über seinen fast neun Jahre dauernden Kampf um eine neue Niere. Während er an der Dialyse hing, pflegte er zweieinhalb Jahre lang seine krebskranke Frau. Ann Chamberlain und Victor Zaballa waren das *golden couple* der Kunstszene der neunziger Jahre gewesen, die charmante, zierliche blonde Professorin und der große, lebenslustige Indianer. Ihre gemeinsamen Installationen hatten die Stadt und die Umgebung geprägt. Ihre Beziehung hatte etwas Mythisches, mindestens in der Erinnerung. Bilder von ihr hingen überall. Es gab keinen Ort in der Wohnung, wo sie einen nicht anschaute – ob man in der Küche saß oder im Wohnzimmer, im Gang oder (wie ich viel später erschreckt feststellen sollte) im Schlafzimmer. Überall verfolgte einen der Blick ihrer klaren, intelligenten Augen. Schnell hatte ich eine Schublade gezimmert, in der ich Victor versorgte: Er wird bald sterben, dachte ich, und dann ist er wieder mit seiner Ann zusammen. Eine neue Liebe ist für ihn nicht vorgesehen.

Nach dem Essen gingen wir ins Atelier hinunter. Großformatige Ölbilder mit traditionellen Motiven hingen neben dem Prototyp für eine Installation, die er für eine U-Bahn-Station an der Mission Street entworfen hatte: riesige traditionelle Scherenschnitte, nicht aus vergänglichem Seidenpapier, sondern aus bunt bemaltem Chromstahl. Es war eine U-Bahn-Station, die ich oft benutzt hatte. Meine Bewunderung wuchs. Im nächsten Raum hingen Dutzende von Modellflugzeugen von der Decke. «Die hab ich nach meinem Koma gebastelt», sagte Victor. «Die Ärzte sagten damals, ich würde nie wieder malen können. Die Verbindung zwischen meinem Hirn und meinen Händen funktionierte nicht mehr. Es dauerte ein Jahr, bis ich meinen Namen schreiben konnte.» Er lachte, als habe er eine amüsante Anekdote erzählt.

«Koma? Ich dachte, du hattest eine Transplantation?»

«Ach ja, ein halbes Jahr nach der Transplantation fiel ich ins Koma … Die Medikamente waren falsch eingestellt …» Das erzählte er ganz beiläufig, ohne Bitterkeit, ohne zu jammern. Ich war hingerissen. So etwas hatte ich noch nie gesehen: ein Künstler, der die anderen reden lässt. Ein schwergeprüfter, aber zutiefst gutgelaunter Mann. Trotzdem verabschiedete ich mich früh, ich hatte mich am nächsten Morgen um sechs Uhr für eine Yogastunde angemeldet.

Auf dem Heimweg schüttelte ich über mich selber den Kopf: Nun hatte ich endlich, fast am Ende meines Aufenthaltes, das so angestrengt gesuchte Vergnügen gehabt – und was tat ich? Ich flüchtete mich in meine einsame Mietwohnung, damit ich am nächsten Morgen früh aufstehen und anstrengende Yogaübungen absolvieren konnte. Es war wohl wirklich so, wie meine Freundinnen, meine Heftchenhoroskope und sämtliche Beziehungsratgeber, die ich konsultierte, zu meinem Ärger wiederholten: Ich war noch nicht so weit.

Die Begegnung mit Victor hatte etwas verändert. Meinen Blick auf Männer, meine Haltung gegenüber Männern. Victor war anders. Immer wieder dachte ich an ihn. In den nächsten Tagen erzählte ich meinen Freundinnen von ihm. Ich googelte ihn, fand ein Radiointerview, das er nach seiner Transplantation gegeben hatte, schickte den Link weiter.

Meine Freundin Pie wollte nur eins wissen: «Was hat er für dich gekocht?» Nach meiner Trennung hatte sie mir eine DVD geschenkt, einen Dokumentarfilm über den amerikanischen Schriftsteller John Irving. «So einen Mann will ich für dich», hatte sie gesagt. Nicht wegen der Bücher, die er schrieb, sondern wegen der Art, wie er am Herd stand und mit leichten Händen und fürsorglichen Zwischenfragen Pizza für die ganze Filmcrew machte. Ich begann, John Irving als meinen Verlobten zu bezeichnen. Scherzhaft natürlich. Aber nicht nur. Es tat mir gut, eine Vorstellung zu haben. Von einer anderen Art Mann, als ich sie gewohnt war. Lebenslustig und fürsorglich. Interessant und einfühlsam. So einer war Victor.

Aber eben: Ich hatte ihn bereits in einer Schublade versorgt. Die mit «Kommt nicht in Frage!» angeschrieben war. Trotzdem sahen wir uns seither jedes Mal, wenn ich in San Francisco war, ein- oder zweimal im Jahr. Jedes Mal lud er mich zum Mittagessen ein. Kochte für mich. Jedes Mal hatte er gerade eine neue Katastrophe hinter sich.

«Hinkst du etwa?», fragte ich.

«Oh, das ... ja ... ich wurde vorgestern von einem Auto angefahren.»

Ein andermal war seine rechte Hand verbunden. Am linken Arm, an dem immer noch die Beulen des Dialyseshunts vorstanden, trug er sowieso meist eine elastische Binde.

«Was ist passiert?»

«Oh, da ist mir ein Pneu explodiert – alle Fingerknochen gebrochen. Zwei Wochen vor der Installation! Aber ich habe es trotzdem geschafft, alle meine Freundinnen haben geholfen. Der Kurator raufte sich die Haare: ‹Victor, du bist unmöglich, wie viele Freundinnen hast du eigentlich?›»

Ja, das würde ich auch gern mal wissen, dachte ich. In seinen Erzählungen kamen fast nur Frauen vor. Seine Facebook-Freunde waren ebenfalls Freundinnen. – «Es ist schon so, ich mag Frauen mehr als Männer.»

Im Sommer hatte er immer Besuch, sein Gästezimmer war meist belegt. Von Frauen. Von denen ich beim Mittagessen in die Mangel genommen wurde: «Wie lange kennst du Victor schon? Wo habt ihr euch kennengelernt? Kanntest du seine Frau? Sprichst du Spanisch? Warst du schon mal in Mexiko?»

Ich legte eine zweite Schublade an: Victor ist ein Frauenheld, ein Charmeur. Diese zweite Schublade passte sehr gut zur ersten. Okay, vielleicht war eine neue große Liebe in seinem Leben nicht mehr vorgesehen, aber einem kleinen

Abenteuer war er deshalb noch lange nicht abgeneigt. Warum auch? Er lebte ja schließlich noch!

Manchmal schrieb er mir eine kurze Nachricht. Manchmal meinte ich, zwischen den Zeilen etwas zu lesen, das über Freundschaft hinausging. Immer wieder fragte ich mich: Ist da was? Bilde ich mir etwas ein? Immer wieder dachte ich: So, jetzt will ich's aber wissen! Aber ich wusste immer weniger.

Victor war immer ausgesucht höflich, beinahe förmlich. Unsere Gespräche waren ernsthaft, tiefgründig. Wir redeten über die Arbeit, wie ich es sonst nur mit Pie kann. Er interessierte sich für meine ersten Stolperschritte im Zen-Buddhismus. Zweimal besuchte ich ihn, bevor ich in ein Sesshin fuhr, ein intensives Meditationstraining. Beide Male machte er sich Gedanken darüber, was ich dort essen würde. «Bohnen!», rief er mir hinterher, als ich schon auf der Treppe war. «Schwarze Bohnen und Reis! Das kannst du für die ganze Woche vorkochen!»

Manchmal nahm er meine Hand, kommentierte die Farbe meiner Nägel oder einen der Ringe, die ich trug. Ich achtete immer darauf, schöne Hände zu haben, wenn ich ihn besuchte. Auffällige Ringe zu tragen, die ihn veranlassten, meine Hand zu ergreifen.

«Wenn du hier leben würdest, würde ich dich gern öfter sehen», sagte er.

«Ich dich auch.»

Das war vorerst alles. Aber von da an fühlte ich mich nicht mehr einsam. Ich konnte nicht in die Klagen meiner Freundinnen einfallen, die behaupteten: In unserem Alter findet man ja eh keinen mehr! Die wollen eh alle nur eine Jüngere! Männer kannst du nicht brauchen!

Nein, dachte ich dann. Es gibt Victor. Victor ist anders.

Und wenn ich nicht so weit weg leben würde, würden wir uns öfter sehen.

Victor wurde mein Platzhalter. Er verdrängte John Irving. Ich will einen Mann wie Victor, begann ich zu denken. Trotzdem redete ich nur mit wenigen Freundinnen über ihn. Was sollte ich schon sagen? Da gibt es diesen Mann, mit dem ich ein- oder zweimal im Jahr zu Mittag esse? Der manchmal meine Hand hält?

Oh, und habe ich erwähnt, dass er sehr krank ist?

Ich blicke auf. Das Gartencafé an der Garcia Street hat sich gefüllt. Die Sonne blendet mich, blendet die Worte auf meinem Bildschirm aus. Will ich dieses fragile Band, dieses schwer einzuordnende Gefühl wirklich mit der Öffentlichkeit teilen? Ich stelle mir vor, dass das Buch erscheint und die Leute fragen: «Was ist eigentlich aus diesem Victor geworden?» Und ich sagen muss: «Oh … äh … nichts …» Also drücke ich die Delete-Taste und lösche den ganzen Abschnitt über Victor wieder. «Kein Mann, nirgends», schreibe ich.

In den nächsten zwei Wochen dieses Sommers 2014 kehren meine Lebensgeister langsam zurück. Die bleierne Müdigkeit, die mich seit bald zwei Jahren niederdrückt, ist zwar nicht verschwunden. Aber ich gewöhne mich an sie. Ich passe mich ihr an: Unternehme weniger, lege mich öfter hin. Ich bekämpfe sie nicht mehr. In dem Moment, in dem ich sie akzeptiere, wird sie prompt leichter. Ich arbeite an meinem Buch und bin zuversichtlich. Und in diesen letzten beiden Wochen meines Aufenthalts fange ich wieder an zu reiten. Drei- oder viermal fahre ich mit Doris nach Cerrillos. Immer länger wagen wir uns hinaus. Die Wranglers trauen uns immer mehr zu. Und da erlebe ich zum ersten Mal seit langem etwas, was ich im ersten Augenblick gar nicht einordnen kann: Ich bin glücklich. Einfach so. Ohne dass ich etwas dafür tun muss. Ohne dass ich darüber nachdenke. Ich bin einfach hier, in dieser Landschaft, unter diesem Himmel, hier, im Sattel, auf dem Rücken von Twain.

Das ist mein Leben – und ich liebe es!

Am 15. August gebe ich mein Manuskript ab. Am 16. fliege ich nach Zürich zurück, mit einem vierstündigen Zwischenhalt in San Francisco. In den vergangenen sechs Wochen habe ich jeden Tag an Victor gedacht – und mich nicht bei ihm gemeldet. Immer wieder war ich nahe daran, meinen Rückflug zu verschieben, mehr Zeit in San Francisco einzuplanen, endlich herauszufinden, was es mit Victor und mir auf sich hatte. Erst am letzten Tag schicke ich Victor eine Nachricht: «Ich bin morgen in San Francisco, allerdings nur für vier Stunden. Aber die würde ich gern mit dir verbringen. Lädst du mich zum Mittagessen ein?»

Wie immer ist seine Antwort seltsam förmlich. «Diese Idee sagt mir auch zu», schreibt er. Ich warte an der U-Bahnstation in der Nähe seines Hauses, es dauert eine ganze Weile, bis er endlich kommt, direkt aus der Werkstatt, in farbverschmierten, an den Knien abgeschnittenen Jeans. Wenn er an mir interessiert wäre, wäre er pünktlich gekommen, denke ich. Wenn er an mir interessiert wäre, hätte er sich umgezogen. Immer dasselbe. Ich warte auf ein Zeichen von ihm. Mache meine Gefühle von seinen abhängig. Ich bin enttäuscht, gleichzeitig auch erleichtert. Vielleicht bin ich wirklich noch nicht so weit. Das sagen nicht nur meine Freundinnen, sondern auch sämtliche Heftchenhoroskope. Und selbst die Wahrsagerin, die ich neulich nach dem Reiten im Hippiestädtchen Madrid aufgesucht hatte: «Ja, du wirst dich wieder verlieben, aber noch nicht jetzt. Du bist noch nicht bereit.» Ich wollte mit dem Fuß aufstampfen wie ein kleines Kind. Ich will aber jetzt! Ich will, ich will, ich will!

Will ich wirklich?

Während Victor das Mittagessen zubereitet, erzählt er von einem Blind Date, das eine Bekannte für ihn organisiert hat. Mit einer Silicon-Valley-Anwältin, mit der er nichts teilt als die spanische Muttersprache. Er lacht, als er das desaströse Date beschreibt: «Wir hatten uns absolut nichts zu sagen! Und dann stand sie mitten im Essen auf und meinte, ihre Zeit sei zu wertvoll, um sie mit jemandem wie mir zu verschwenden!»

Ich bin verwirrt. «Wieso gehst du zu einem Blind Date? Warum rufst du nicht stattdessen mich an?», will ich fragen. Aber ich tue es nicht. Stattdessen schüttle ich den Kopf. «Na, so was», murmle ich lahm.

Nach dem Essen zeigt er mir eine spanische Übersetzung der *Putzfraueninsel*, die er im Internet gefunden hat. Er bittet mich um eine Widmung. «Für Victor, der mein Freund ist», schreibe ich. Als wollte ich unsere Beziehung endlich definieren. Am liebsten hätte ich ein Fragezeichen dahinter gesetzt. Dann holt er ein Portfolio, in dem alle Altäre abgebildet sind, die er jedes Jahr zum Día de los Muertos, dem Tag der Toten, errichtet. Dieser wichtigste mexikanische Feiertag vermischt christliche und toltekische Traditionen. Darin existiert keine Hölle, nur ein trauriger Himmel für die Toten, die vergessen wurden. Die aber, an die noch gedacht wird, die leben im Paradies. Im Schlaraffenland. Damit sie einmal im Jahr heimkehren und sich unter die Lebenden mischen, muss man sie ein wenig bestechen. Damit sie den Weg finden, werden bunte Laternen ins Fenster gestellt, ihr Lieblingsessen wird gekocht und auf einem kunstvoll dekorierten Altar dargeboten, es wird erzählt, gesungen, getanzt und getrunken.

Victor begeht die Feier zuhause, er baut aber auch öffentliche Altäre, die in Ausstellungen gezeigt werden. Victor setzt sich neben mich, so dass wir die Bilder zusammen anschauen können. «Oh, hier, das war während eines Künstleraufenthalts in der Villa von Malcolm Lowry.» Er zeigt auf eine in einem surreal anmutenden Swimmingpool treibende Installation aus Kerzen und Scherenschnitten. Langsam blättert er weiter. «Und hier: Das war im Jahr nach meinem ersten Schlaganfall. Schau mal, wie grob ich damals die Muster geschnitten habe.»

«Finde ich gar nicht ...» Ich schaue vom Bild auf und schaue ihn an, mein Blick verfängt sich in seinem. Plötzlich spüre ich mein Herz aufbrechen wie eine mürbe Gipsschale, ich kann es förmlich krachen hören. Ein ziehender Schmerz. Immer noch schauen wir uns in die Augen. Mein Herz geht auf, instinktiv lege ich mir eine Hand auf die Brust, als könnte ich es zurückdrängen.

Ich bin dabei, mich zu verlieben. Aber richtig. Was ich mir so sehnlichst gewünscht habe, tritt ein. Panik erfasst mich. Mein Blick fällt auf die Küchenuhr, es ist vier Uhr vierzig. Mein Flug geht erst um halb acht. Aber ich springe auf und rufe: «Schon so spät? Ich muss sofort gehen, ich muss zum Flughafen!»

«Jetzt schon?» Falls Victor sich an die Abflugzeit erinnert, die ich ihm genannt habe, lässt er sich es nicht anmerken. Auf dem Weg zum Flughafen schaue ich stur geradeaus. Ich verabschiede mich schnell, küsse ihn flüchtig, zerre meinen Koffer durch die Drehtür, als würde ich von sieben Teufeln verfolgt. Ich schaue mich nicht um. Aber als ich viel zu früh am Gate sitze, blinkt schon die erste Nachricht auf meinem Handy: «Vielen Dank für deinen Besuch», schreibt Victor, förmlich wie immer. «It was so you!»

«It was so good to see you!», hatte er wohl schreiben wollen. In ihrer von der Technik verkürzten Form wirkt die Nachricht irgendwie persönlicher, intimer.

Von da an schreiben wir uns täglich. Er bleibt förmlich, während ich mich weiter hinauswage. Einmal sagte ich, er solle sich nicht gezwungen fühlen, mir immer sofort zu antworten. «Oh, nein», antwortet er. «Ich schätze unsere Freundschaft!» Ich schätze unsere Freundschaft? Jetzt rede ich auch mit meinen Freundinnen über ihn. Ich kann nicht mehr essen. Stochere in den schönsten Tellern herum. Das verlangt nach einer Erklärung.

«Ich habe mich verliebt», sage ich.

«Wie meinst du das? Was soll das heißen? Man verliebt sich nicht einfach so», urteilt eine Freundin. «Erst schläft man miteinander, und dann sieht man sich wieder, und dann entwickelt man Gefühle. Wie kannst du dich in einen Mann verlieben, den du noch nicht einmal geküsst hast?»

Gute Frage.

«Hast du nicht gesagt, er sei schwer krank?», gibt eine andere zu bedenken. «Und ist er nicht älter als du? Heißt das, du willst nie mehr Sex haben?»

«Äh … nein, ich …» So weit denke ich noch gar nicht, will ich sagen. Eins nach dem andern, will ich sagen. Ich bin doch eine unverbesserliche Romantikerin mit einem *cœur de midinette*. Meine Vorstellungen von der Liebe haben sich nicht wirklich verändert, seit ich mich mit knapp sechzehn zum ersten Mal verliebte. Das ist er, der Mann meines Lebens, für immer und ewig! Du und ich, zusammen, durch und gegen alles! Tatsächlich habe ich meine erste Liebe geheiratet – logisch, «für immer» heißt für immer. Lieben heißt Heiraten. Nun gut. Das Leben hat es anders gewollt. Das hat das Leben so an sich: Es hält sich nicht an einen Plan, mag er noch so verlockend sein, so traumhaft, so gut ausgedacht. Ich war in den achtziger Jahren jung, ich habe mich bemüht, dem Zeitgeist zu entsprechen, ich habe jahrelang behauptet, die Dinge, die mir wirklich wichtig sind, nicht ernst zu nehmen. Ich habe versucht, eine moderne, befreite Frau zu sein. Aber das Herz will, was das Herz will. Es kann sich nicht auf Dauer verstellen. An Sex kann ich – mit über fünfzig, zweimal geschieden – in diesem Moment noch nicht mal denken. Nicht bevor ich weiß, ob Victor dieses große, dieses ungeheure Gefühl, das meinen Brustkorb zu sprengen droht, das meinen Magen zur Seite schiebt, das sich in meinen Schlaf drängt, mit mir teilt.

Ich will alles – oder nichts. Ich träume von ihm. Ich träume, dass ich in seinem Haus wohne, während ich an einem Meditationstraining teilnehme. «Du brauchst dich nicht um mich zu kümmern», sage ich zu Victor. «Ich gehe morgens sehr früh raus und komme abends spät zurück!» – «Ich kümmere mich gern um dich», antwortet er. Als ich am Abend nach Hause komme, ist das Haus leer, die Küche verwaist. Auf dem Fußboden kauert ein kleiner Junge mit schwarzem Haar. Er ist sehr zutraulich, setzt sich auf meinen Schoß und zeigt mir sein Buch, das wie ein Affenkopf geformt ist. Als er das Buch öffnet, zeigt sich im Kopf des Affen ein Diorama, wie eine Puppenstube. So sitzen wir zusammen und spielen mit dem Inventar im Kopf des Pappaffen.

Als ich aufwache, weiß ich, dass der Junge Victor ist. Dass er mir sein Innerstes gezeigt hat. Ich schreibe ihm von dem Traum, er antwortet vorsichtig: «Das klingt schön. Ich würde mich gern um dich kümmern.» Manchmal wache ich mitten in der Nacht auf und denke an ihn. Dann greife ich nach meinem Handy, dessen Ton ich für die Nacht abschalte – und prompt ist in dieser Minute eine Mail von ihm eingetroffen. Ich wage mich weiter und weiter hinaus, meine Mails werden deutlicher, fordernder, er antwortet weiterhin zurückhaltend und formell.

«Ich weiß nicht, ob das Sinn ergibt», schreibe ich einmal. «Ja, du ergibst Sinn für mich, absolut», antwortet er. Und ich denke: Das ist das Schönste, was ich seit langem gehört habe. Das ist das, was ich mir immer gewünscht habe: dass ich Sinn ergebe. Dass mich jemand versteht. Dass mich jemand nicht «trotzdem» liebt, sondern «weil». Weil ich so denke, wie ich denke, so fühle, wie ich fühle.

Moment, er hat ja nicht geschrieben, dass er mich liebt! Oder doch? Ich drehe seine Sätze hin und her, ich schüttle sie, ob zwischen den Zeilen nicht noch Krumen versteckter Botschaften herausfallen. Mein Herz wird immer größer, immer ungeduldiger, es drängt nicht nur den Magen weg, es füllt meinen Mund, zwängt sich zwischen meine Lippen. Im September hat Victor Geburtstag. Ich werde ihm eine Videonachricht aufnehmen und ihm sagen, dass ich mich in ihn verliebt habe. Hoffentlich kriegt er dann nicht wieder einen Herzinfarkt, denke ich. Wie viele Herzinfarkte hatte er bereits? Wie viele Schlaganfälle? Ich stelle mir hundert Arten der Zurückweisung vor, immer höflich, immer ernsthaft.

«Es tut mir leid, wenn ich den Eindruck erweckt haben sollte … Du musst mich falsch verstanden haben …»

Auf meine Gefühle kann ich mich nicht immer verlassen. Meiner Intuition traue ich schon lange nicht mehr. Nach knapp drei Wochen halte ich es nicht mehr aus. Ich schreibe ihm, es gebe Dinge, die ich in einer E-Mail nicht sagen könne. Aber ich würde ihm vielleicht bald einen richtigen Brief schreiben.

«Oder wir könnten skypen», antwortet er und schickt mir eine Kontaktanfrage. Es ist Sonntagvormittag, tiefe Nacht in San Francisco, als ich sie annehme. Ich trage ein Pyjama, das schon bessere Zeiten gesehen hat, und meine alte Brille mit dickem Rand. Auf meinem T-Shirt steht *Heavily Meditated*, meine wilden Haare stehen in alle Richtungen ab. Aber bis Victor in San Francisco aufwacht, ist hier später Nachmittag. Bis dahin habe ich die Haare gewaschen und mich geschminkt. Ich überlege, was ich anziehen soll. Wo das Licht wohl am besten ist, am schmeichelhaftesten. Gerade trage ich den Laptop zum Fenster, als das noch ungewohnte, drängende Bimmeln erklingt: Es ist Victor. Ich setze mich auf den Fußboden und klicke auf «Annehmen». Da ist er, verschlafen, bildschirmfüllend. Mein Herz ist ein Heißluftballon.

«Hi!», sage ich und strahle von einem Ohr zum anderen.

«Hi!» Er strahlt zurück. Und da sitzen wir, an zwei Enden der Welt, verschlafen, verstrubbelt und so offensichtlich glücklich, dass es keine Worte mehr braucht.

Alles ist einfach. Alles ist klar.

Der lange Abschied

Ein knappes Jahr später. Es ist der 1. Juli 2015. Der Tag, an dem ich die Schweiz verlasse. Ich wache früh auf und weiß erst nicht, wo ich bin. Ich habe bei meiner Mutter übernachtet. Gestern waren wir noch in der Oper, die Karten hatte sie lange vorher bestellt, ohne zu wissen, dass dies mein letzter

Abend in der Schweiz sein würde. Die Aufführung gefiel uns nicht, in der Pause gingen wir. Abends um zehn war es immer noch heiß. Der Granit des Sechseläutenplatzes glühte unter den Sohlen unserer Sandalen.

«Ich mag diesen Platz», sagte meine Mutter.

«Es ist schön hier.» Je näher der Zeitpunkt meiner Abreise rückt, desto öfter denke ich das: «Eigentlich ist es wirklich schön hier.» Ich nenne es das «Coiffeur-Syndrom». Wochenlang schaut man mit zunehmendem Missmut in den Spiegel, bis man sich entscheidet: So geht das nicht weiter. Die Haare sind eine Katastrophe! Und sich beim Coiffeur anmeldet. Doch am selben Tag, etwas später, schaut man noch einmal in den Spiegel und findet plötzlich: Das sieht eigentlich noch gut aus! Die Haare haben gerade die richtige Länge! Je näher der Termin rückt, desto weniger dringend ist es, die Haare gerade jetzt zu schneiden. Aber wehe der, die im letzten Moment den Termin absagt – die hört in derselben Sekunde auf, sich zu gefallen. Das weiß ich aus Erfahrung. Deshalb zweifle ich auch nicht an meiner Entscheidung: Ich werde mir nur ihrer Tragweite bewusst. Ich verlasse mich da auch auf einen Grundsatz meiner Mutter: «Jede wichtige Entscheidung im Leben wird mit neunundvierzig zu einundfünfzig Prozent getroffen», sagt sie. Das heißt, dass jede wichtige Entscheidung für etwas immer auch eine Entscheidung gegen etwas anderes ist. Und somit unweigerlich Bedauern auslöst, Nostalgie, Wehmut.

Was nicht heißt, dass die Entscheidung falsch war – nur wichtig.

Wir saßen dann noch lange bei offenen Fenstern und einem Glas Wein und redeten. Zum ersten Mal, seit ich vor fast zwei Jahren auszuwandern beschloss, hatte ich das Gefühl, meine

Mutter verstehe mich. Wenigstens ein bisschen. Wenn sie auch nicht glücklich ist darüber. Trotzdem, es ist mir wichtig. Ebenso wichtig, wie mich im Alter von über fünfzig ihrem Willen zu widersetzen, ihre Ablehnung zu riskieren. Doch gerade die gemischten Gefühle, die meine Abreise in mir wecken, scheinen sie zu beruhigen. Es war ein schöner letzter Abend, es war richtig, ihn mit ihr zu verbringen.

Jetzt schaue ich auf die Uhr, es ist kurz nach sechs. Viel zu früh, um aufzustehen. Mein Flug geht erst um eins. Ich kann nicht mehr schlafen. Unmöglich. Ich öffne die Skype-App auf meinem Handy und rufe Victor an – vorerst zum letzten Mal. Er sieht müde aus und hustet. Seit Wochen schon. Ich versuche mir meine Sorge um ihn nicht anmerken zu lassen, die immer größer wird, je näher meine Abreise rückt. Als könnte ich sie mir erst jetzt eingestehen.

«Morgen bin ich ja da», sage ich. Denn ich fliege erst einmal gar nicht nach Santa Fe, sondern nach San Francisco, zu ihm. Am 6. Juli soll er operiert werden. Der Eingriff wurde so gelegt, dass ich dabei sein kann. Wir haben nun jeden Tag miteinander gesprochen. Er hat mir erzählt, dass er erkältet ist, dass er zum Arzt muss. Er hatte Angst, dass die geplante Operation verschoben werden muss, wenn er Fieber hat. Dazwischen hat er sich mehrere Tage lang gar nicht mehr gemeldet – sein Telefon funktioniere nicht, schrieb er mir. Ich hatte den Verdacht, dass er schwerer erkrankt sein könnte, als er mich wissen lassen will. Diese Sorge vertieft sich jetzt – vielleicht weil ich weiß, dass ich ihn bald sehen werde.

«Bist du bereit?», fragt er.

«Ha!»

«Wie fühlst du dich?»

«Ehrlich gesagt, ich habe keine Ahnung!»

Ich schalte mein iPhone aus, das ich Cyril versprochen habe. Einen oder zwei Tage lang werde ich nicht erreichbar sein – oder wenigstens nicht ständig. Gar kein schlechtes Gefühl. Leise stehe ich auf, schiebe das Bett wieder zum Sofa zusammen. Mein Koffer steht gepackt neben der Tür. Die Kleider für die Reise liegen auf dem Stuhl, Jeans, T-Shirt, Stiefel und Lederjacke. Viel zu warm für die Hitzewelle, die die Schweiz seit Wochen überspült, aber gerade richtig für den Sommernebel in San Francisco. Als ich aus der Dusche komme, ist meine Mutter auch schon aufgestanden. Schweigend decken wir den Tisch. Meine Söhne werden zum Frühstück kommen. Ich will sie unbedingt noch einmal in die Arme schließen, bevor ich gehe. Gleichzeitig graut mir vor einem weiteren Abschied. Ich habe ihnen verboten, mich zum Flughafen zu begleiten. Einmal muss Schluss sein!

«Ich bin ja nicht aus der Welt», sage ich immer wieder. Zu mir und zu den anderen. «Ich kann jederzeit zurückkommen!»

Das habe ich mir jedenfalls bei meiner Abmeldung versichern lassen. Immer wieder beeindrucken mich die ansprechend gestalteten, schön eingerichteten Amtsstuben in der Schweiz, die Bahnhöfe und die Poststellen. Das Einwohneramt im Rathaus von Aarau zum Beispiel ist ebenso elegant und stilvoll eingerichtet wie das edle Möbelgeschäft auf der anderen Straßenseite. Ich weiß nicht, ob es das anderswo auch gibt. In Amerika jedenfalls nicht! Die schwere Holztür öffnet sich wie von Zauberhand, wenn man auf sie zugeht. Es gibt keine Schalter, sondern freistehende Pulte, an denen freundliche Menschen sitzen. Sie waren an diesem Morgen alle frei, doch meine Füße trugen mich automatisch zum hintersten, in der Ecke versteckt. Plötzlich kam alles wieder hoch: Wie ich schon einmal hier stand, genau hier. Auch damals in den ältesten Umzugsklamotten. Und von oben bis unten mit Staub bedeckt. Ist das wirklich nur vier Jahre her? So viel ist passiert.

«Ich möchte mich abmelden», sage ich leise. Trotzdem habe ich das Gefühl, meine Stimme halle in dem hohen, feierlichen Raum. Auch damals, als ich mich hier anmeldete, sprach ich mit leiser Stimme, als schämte ich mich. Und das tat ich damals auch: zum zweiten Mal geschieden! Gescheitert!

Diesmal ist es anders. Diesmal muss ich einen «Fragebogen für Wegzüger ins Ausland» ausfüllen. Schon die erste Frage überfordert mich: «Ziehen Sie voraussichtlich endgültig aus der Schweiz weg?»

Ich lasse den Stift sinken. «Das kann ich nicht beantworten!»

Die Angestellte versteht mich falsch. «Sie müssen nur ankreuzen», sagt sie freundlich. «Einfach Ja oder Nein.»

Aber das ist es ja gerade! Wie soll ich das denn wissen? «Sie stellen Fragen!», sage ich trotzig, wie ein Kind. Genau genommen ist das die Frage, die mir jeder stellt: «Und ist es jetzt für immer?»

Wie soll ich das wissen? Nichts von dem, das ich «für immer» hielt, hatte Bestand. Nichts ist je so herausgekommen, wie ich es geplant hatte. Als wir 1998 nach San Francisco zogen, wollten wir nur ein Jahr bleiben. Es wurden acht. Irgendwann, vielleicht nach drei oder vier Jahren, dachte ich, wir würden nun für immer bleiben. Aber es kam wieder anders. Es kommt immer anders.

Die junge Frau hinter dem Pult schaut freundlich zu, während die Wolken des Zweifels über mein Gesicht ziehen.

«Wenn ich ‹Ja› ankreuze, kann ich dann nie mehr zurückkommen?» Ich sehe mich schon an der Grenze stehen wie in einem alten Schwarzweißfilm, barfuß und zerlumpt, meinen roten Pass vorzeigend, nur um zurückgewiesen zu werden: «Das Boot ist voll! Und außerdem haben Sie damals behauptet, Sie gingen FÜR IMMER!» Aber enthält nicht die amtliche Formulierung «voraussichtlich endgültig» genau diesen Zweifel? Trägt sie nicht genau dieser Erfahrung Rechnung, dass alles immer anders kommt?

Die Angestellte lacht. «Keine Sorge», sagt sie. «Sie können immer zurückkommen.»

«Ich kann immer zurückkommen», wiederhole ich wie ein Mantra. «Ich werde immer genug Geld auf dem Konto haben, um einen Last-Minute-Flug in die Schweiz buchen zu können. Es gibt Facetime, es gibt Skype. Ich bin nicht aus der Welt.»

Ich bin nur – am anderen Ende der Welt.

Als meine Söhne kommen, möchte ich auf der Stelle in Tränen ausbrechen. Seit zwei Jahren steht dieser Abschied bevor. Jetzt, wo er da ist, bin ich mir plötzlich nicht mehr sicher. Ob ich ihn wirklich durchsetzen kann.

«Du musst nicht auf mich warten», sagte Cyril während der letzten beiden Jahre immer wieder. «Du musst nicht hierbleiben, bis ich meine Matur habe, das ist doch doof!» Er wohnte zur Hälfte bei seinem Vater, zur Hälfte bei mir. Die Zeiten, die er an einem der Orte verbrachte, wurden immer länger. Anfangs war es eine Woche, dann zwei, dann ein Monat. Anfang dieses Jahres blieb ich zum ersten Mal zwei Monate am Stück weg. Es fühlte sich seltsam an. Manchmal vergaß ich, dass ich in seinem Alter bereits allein wohnte, einen Haushalt führte und eine Lehre machte. Dass ich meine Mutter eher selten sah und meinen Vater gar nicht.

«Übergänge sind immer schwierig» – das sagte die Kindergärtnerin jeweils, wenn ich ein weinendes Kind ablieferte oder abholte. Zuhause sind die Kleinen fröhlich, im Kindergarten meistens auch – aber der Übergang, der bringt sie aus dem Konzept. Der bringt sie zum Heulen. Das fiel mir in den letzten beiden Jahren immer wieder mal ein. Ich hatte eine große Entscheidung getroffen. Ich war bereit, mein Leben zu verändern. Aber mein Leben war noch nicht so weit.

«Es ist nicht so, dass ich auf dich warte», sagte ich zu Cyril. «Ich bleibe einfach hier, bis du mit der Schule fertig bist. Etwas anderes kommt gar nicht in Frage, einverstanden?» Manchmal neckte ich ihn: «Wehe, du fällst durch, dann ist nichts mit Wiederholen, dann nehm ich dich einfach mit!» Und er scherzte: «Wenn ich nicht bestehe, zieh ich einfach die ‹Meine Mutter verlässt mich›-Karte!»

Schlimm genug, dass ich offenbar das Memo nicht erhalten hatte, in dem steht, wie eine richtige Mutter mit ihrem Kind die Matur macht: «Also, ich hab mir ein halbes Jahr freigenommen für die Matur meiner Tochter, ich meine, da liegt einfach gar nichts anderes mehr drin!» Das habe ich mehr als einmal gehört. Und jedes Mal leer geschluckt. Pech für meine Söhne: Ich konnte ab der vierten Klasse schon nicht mehr bei den Hausaufgaben helfen. Eine Matur habe ich selber nicht. Das einzige Fach, in dem ich theoretisch hätte helfen können, Deutsch schriftlich, wird auch heute noch so unterrichtet, dass ich es nicht kapiere. Bei der einzigen Gelegenheit, als einer meiner Söhne meine Hilfe bei einem Aufsatz annimmt, stürzt die Note noch tiefer in den Keller. «Zu viel Phantasie» – das stand auch bei mir jeweils unter der Note. «Am Thema vorbei.» Zunehmend besorgt schaute ich zu, wie andere Eltern nächtelang im Internet surften, wie sie Freunde um Rat fragten und fleißig selber Hand anlegten. Am meisten verblüffte mich die Mutter, die nachts Bilder für die Zeichenmatur ihrer Tochter malte.

Dass Cyril durch die Matur kommt, hat er allein sich selber zu verdanken. Mein Versagen als Mitmaturandin verblasst jedoch angesichts meiner Auswanderungspläne. «Also, ich würde das nicht fertigbringen», ist die häufigste Reaktion. «Meine Kinder zurücklassen? Geht gar nicht!»

Was soll ich sagen? Seit ich Kinder habe, schreibe ich. Seit ich Kinder habe, bin ich in irgendeiner Form eine öffentliche Person. Und so lange beantworte ich auch mehr oder weniger geduldig Fragen wie: «Wer passt denn jetzt auf Ihre Kinder auf, wenn Sie hier vorlesen?» – «Ihr Sohn verbringt wohl viel Zeit allein vor dem Fernseher, nicht wahr, Frau Moser?» – «Ist das nun Ihre zweite Ehe, die gerade in Brüche ging?» – «Wissen deine Kinder überhaupt noch, wer ihre Mami ist?»

Fragen, die einem Mann nicht gestellt werden – da hat sich in den letzten dreißig Jahren nichts verändert. «Wissen Sie, ich hätte auch Künstler werden können», rügte mich ein Lehrer meines älteren Sohns einmal. «Aber wenn man Kinder hat, muss man eben Verantwortung tragen.»

Als wir zum ersten Mal nach Amerika zogen, hatte ich das Verdikt komplett verinnerlicht: Ich hielt mich für die schlechteste Mutter der Welt. Erst in San Francisco verstand ich, dass es nicht nur eine einzige richtige Art gibt, Mutter zu sein. Schon der kulturelle Hintergrund, den eine Familie hat, schließt eine *One-size-fits-all*-Lösung aus. Außerdem hatte ich in den Augen der anderen Mütter, die ich auf dem Spielplatz, vor dem Kindergarten und am Basketballfeld kennenlernte, den beneidenswerten Status einer *stay at home mom* – mit demselben Arbeitspensum, das mich in der Schweiz zur berufstätigen Rabenmutter machte. Vor allem aber hatten diese Mütter wenig Interesse daran, sich mit anderen zu vergleichen. Es gab zu viele Unterschiede. Ich erkannte keine Norm, der ich mich unterwerfen musste. In San Francisco lernte ich das Konzept der *good enough mom*: Es gab zwischen den Müttern wenig Konkurrenz und Kritik, weil wir alle vom selben Grundsatz ausgingen: Wir wollen das Beste, sind aber nicht perfekt. Wir lieben unsere Kinder, wir tun, was wir können, und das ist manchmal nicht das Richtige. Oder nicht genug. Als wir in die Schweiz zurückzogen, geriet dieses Selbstverständnis etwas ins Wanken. Nur waren meine Kinder schon älter. Und mir ist in den letzten zwanzig Jahren eine etwas dickere Haut gewachsen. Als ich diesmal meine Auswanderungspläne verkündete, brauchte ich die auch. Denn die häufigste Reaktion war: «Wie kannst du deine Kinder verlassen?» Selbst eine enge Freundin sagte: «Dass der Vater nach einer Scheidung eine neue Familie gründet, ist normal. Dass die Mutter auswandert, nicht. Wirklich nicht!»

Ich redete mit meinen Söhnen darüber. Ich redete mit anderen Frauen, die ausgewandert sind, obwohl sie Kinder haben, die in der Schweiz geblieben sind. Sie beschönigen nichts. «Es wird immer wieder ein Thema sein», sagten sie. «Für dich ebenso wie für deine Kinder. Wenn sie jetzt sagen, es sei für sie in Ordnung, heißt das nicht, dass sie dir nicht irgendwann doch Vorwürfe machen. Das ist ihr gutes Recht. Und du wirst sie furchtbar vermissen. O Gott, und wenn dann erst Enkel da sind!»

«Es kommt und geht», sagte eine. «Es ist hart. Mach dir nichts vor. Und du musst dich immer wieder fragen, ob es richtig ist. Ob du wirklich nicht in der Schweiz leben kannst.»

Ich merkte, wie ich immer sicherer wurde. Vielleicht gerade, weil ich meinen Entschluss nicht rational erklären kann.

Zuerst versuchte ich es noch: Ich will kein neues Leben beginnen, sondern mein altes fortführen, mein Leben in Amerika, das sich immer richtig angefühlt hat. Meine Rückkehr in die Schweiz war gegen meinen Instinkt erfolgt. Weil ich meine Familie sichern wollte. Das hat nicht geklappt, und diesen Fehler will ich nicht wiederholen. Ich verlasse meine Kinder nicht, ich lasse sie nicht zurück. Sie leben ihr Leben, und ich lebe meins. Ich nehme mir das heraus, was ich anderen immer zugestanden habe: sich zu verwirklichen, ohne Rücksicht auf mich.

Lustigerweise werden diese Fragen seltener, als ich erzähle, dass ich mich verliebt habe. Nun erhält die Entscheidung einen Sinn: Ich ziehe zu dem Mann, den ich liebe. Das ist offenbar leichter zu billigen. Auch wenn es gar nicht stimmt.

«Die Liebe ist immer noch der einzige gesellschaftlich akzeptierte Weg für eine Frau aus ihrem alten Leben in ein neues.» Wer das gesagt hat, weiß ich nicht mehr. Ich bin froh, dass ich meine Entscheidung getroffen habe, bevor ich mich in Victor verliebte. Ich bin endlich bereit, die Verantwortung für mein Leben allein zu tragen.

Als ich von einer Lesung nach Hause kam und berichtete, dass ich schon wieder die Rabenmutter-Frage beantworten musste, rollte der damals einundzwanzigjährige Cyril die Augen. «Sag in Zukunft einfach, einer deiner Söhne sei bereits erwachsen – und der andere immerhin auch schon achtundzwanzig.»

Das alles hilft mir jetzt nicht viel. Ich fühle mich seltsam matt, als hätte sich meine Seele zu ihrem Schutz in Folie verpackt. Wir essen zu viel und reden zu laut. Ich möchte mich über den Tisch auf meine Söhne werfen, mich an sie klammern.

Dann wieder möchte ich sofort abreisen. Ständig schaue ich auf die Uhr. Es ist zu viel. Zu viel Gefühl, das in mir wühlt. 49 zu 51 Prozent, denke ich. Es würde nicht mal was nützen, wenn man wüsste, welche Seite denn nun die knappe Mehrheit hat.

Endlich klingelt Herr Grob. Er gehört unterdessen fast zur Familie. Seinen Limousinenservice haben wir durch eine Freundin kennengelernt, die beim Fernsehen arbeitet. Oft hat er meiner Mutter lange Zugfahrten erspart, hat mich vom Flughafen abgeholt und in den Kanton Aargau verfrachtet. Seine Familie hat ihm nie verziehen, dass er «ins Transportwesen» gegangen ist statt zur Post. Transportwesen – das war anrüchig, unseriös. Dabei gibt es niemand Anständigeren als Herrn Grob. Die Menschenkenntnis, die er wohl schon mitbrachte, hat sich im Verlauf der Jahre und der Kunden vertieft. Auch jetzt weiß er genau, was zu tun ist. Kurzerhand greift er sich meine beiden Koffer, schiebt uns alle aus der Wohnung und kürzt den Abschied auf ein beinahe erträgliches Maß. Wenn er mich im Rückspiegel weinen sieht, lässt er sich das nicht anmerken. Plaudernd lenkt er mich ab. Aber er begleitet mich und meine Koffer bis zum Check-in. Dann umarmt er mich: «Machen Sie sich keine Sorgen um Ihre Mutter», sagt er. «Ich werd ein Auge auf sie haben.»

Viel zu früh sitze ich am Gate. Ein Telefon habe ich nicht mehr, den Computer lasse ich in der Tasche. Ich blättere in Illustrierten, ohne eine der Nachrichten aus der Welt der Reichen und Schönen richtig wahrzunehmen. Die letzten sechs Wochen waren unglaublich anstrengend, nicht nur emotional, auch körperlich, die Räumung meines Kurslokals und der Wohnung, Kisten, Abfallsäcke, 94 Büchertaschen aus dem vierten Stock, Putzen, Transportieren. Wohnungsübergabe, Behördengänge, Kündigungen von Konten und Versicherungen. Dann die Abschiedsfeiern, an der Freundinnen meine Kleider anprobierten, die ich nicht mitnehme, Yogamatten einrollen, Bücher und Topfpflanzen packen.

Eine Woche später stieg Cyrils Maturfeier. Zum ersten Mal seit der Trennung habe ich meinen Exmann und seine Familie zu mir eingeladen. In meiner Wohnung standen nur noch ein Tisch und sechs Stühle. Champagner im Kühlschrank.

«Du machst es dir auch nicht gerade einfach», sagte mein älterer Sohn Lino.

Er hatte recht. Aber es war mir wichtig, Cyril zu beweisen, dass sein Vater und ich an den wichtigen Ereignissen in seinem Leben gemeinsam teilhaben können, ohne uns zu streiten.

Und nun sitze ich da und blättere, bis endlich mein Flug aufgerufen wird. Ich bin schon fast an meinem Sitzplatz, als ich merke, dass ich meine Jacke liegengelassen habe. Meine Lieblingslederjacke! Eine Flugbegleiterin geht mit mir noch einmal zurück zu der Sesselreihe, in der ich gewartet habe. Die Jacke ist weg. Ich zucke nur mit den Schultern: So viel habe ich in den letzten Wochen aufgegeben, hinter mir gelassen. Da kommt es auf eine Jacke auch nicht mehr drauf an.

Zum Willkommensdrink bekomme ich einen roten Briefumschlag gereicht, den Sibylle und Debora über einen Bekannten, der bei der Swiss arbeitet, eingeschmuggelt haben. Ich nehme einen großen Schluck Champagner, bevor ich ihn öffne.

Freundin: Wo immer du hinfliegst, flieg hoch
Wo immer du landest, lande weich …

Tränen laufen mir übers Gesicht. Ich sauge sie mit dem viel zu heißen Waschlappen auf, der kurz vor dem Start verteilt wird. Wieder bin ich froh, dass ich den Vorschlag einer Fernsehredaktion, mich auf dieser Reise zu begleiten, nicht angenommen habe. In diesem Moment wäre es mir unmöglich, meine Gedanken, meine Gefühle in Worte zu fassen. Ich bin wie ein schweres Schiff, ein Lastdampfer, der seinen Kurs ändert. Das geht nur mühsam und behäbig vor sich, von außen sieht man es fast nicht. Ist der Kurswechsel aber erst einmal vollzogen, gibt es kein Zurück mehr.

Stille Tage im Parnassus Inn

Ich wache auf, als Sergej ins Zimmer kommt, der moldawische Krankenpfleger. «Happy Birthday», flüstert er. Victor schläft noch. Ich setze mich in dem Klappsessel auf, der mir die letzten paar Nächte als Schlafkoje diente. Sergej schreibt das Datum auf die Tafel über dem Waschbecken: Es ist Samstag, der 13. Juli 2015. Mein zweiundfünfzigster Geburtstag.

«Ich habe auch ein Geschenk für Sie», fährt er fort. «Victor kann heute nach Hause!»

Vor knapp zwei Wochen habe ich die Schweiz verlassen. Victor stand am Flughafen und holte mich in mein neues Leben ab. Nach der ersten Wiedersehensfreude merkte ich gleich, dass es ihm viel schlechter ging, als er sich am Telefon anmerken ließ. Er ist außer Atem, hustet, hat Ringe unter den Augen. Auf der Treppe muss er innehalten. Das Haus ist etwas verwahrlost. Und er hat zum ersten Mal nicht für mich gekocht.

«Warum hast du mir nichts gesagt?»

«Ich wollte nicht, dass du dir Sorgen machst.»

Leichter gesagt als getan. Wir wissen von Tag zu Tag nicht, ob die Operation durchgeführt werden kann. Er nimmt Antibiotika gegen den Husten. Ich lenke mich ab, in dem ich sein Haus aufräume und putze. «You can take the girl out of Switzerland», denke ich. «But you can't take Switzerland out of the girl.» Ein nahtloser Anschluss an den Aufräum- und Putzmarathon der letzten Wochen. Ich mache einfach weiter. Nur nicht darüber nachdenken, was alles passieren könnte.

Trotzdem organisiert Victor noch rasch eine Grillparty zum 4. Juli, dem Unabhängigkeitstag. Das macht er jedes Jahr. Die wenigsten seiner Freunde wissen, dass er zwei Tage später operiert wird. Als er letztes Jahr so lange im Krankenhaus lag, hatte er auch das nur wenigen Freunden erzählt. «Wenn jemand fragt, wo ich gewesen sei, sage ich immer ‹Ich war in Paris!› Aber unterdessen kennen die Leute diesen Spruch …» Manchmal sagt er auch, er habe ein paar Tage im Parnassus Inn verbracht. Nur die Eingeweihten wissen, dass er damit das Unispital an der Parnassus Avenue meint. Er erträgt seine gesundheitlichen Krisen und Katastrophen stoisch, aber er weigert sich, ihnen mehr Platz als unbedingt nötig einzuräumen.

Sechs Jahre nach seiner erfolgreichen Nierentransplantation werden nun endlich die Dialyseshunts in seinem Arm geschlossen. Damals wurde zwischen Vene und Arterie eine Verbindung gelegt, eine Art Abkürzung, die die Blutwäsche vereinfacht. Das Blut wird direkt im Arm zurückgeleitet, bevor es sich im Rest des Körpers verteilt. Was während der Dialyse nützlich war, ist jetzt ein Problem: Ein Drittel seines Blutes bleibt im Arm, ohne den Rest des Körpers zu erreichen. Das Herz, seit der Kindheit geschädigt, ist zunehmend überfordert. Es schlägt einen verrückten Takt. Mehrmals täglich muss er sich hinlegen. Seine Füße sind geschwollen. Es gibt einen Eingriff, der das Vorhofflimmern beheben kann, die sogenannte Vorhof-Kammer-Ablation. Dieser Eingriff wurde an der Uniklinik in San Francisco entwickelt. Trotzdem zögern die Ärzte: Die Operation dauert sechs Stunden, der Eingriff ist knifflig. Bei Victor spielen zu viele unbekannte Faktoren mit. Es ist ein Wunder, dass er überhaupt noch lebt. Da niemand so recht erklären kann, warum das so ist, möchte man diese fragile Lebensquelle auf keinen Fall gefährden. Er ist, was sie einen «schwer polymorbiden Patienten» nennen, oder netter: «Ein interessanter Fall.»

Das Schließen der Dialyseshunts ist eine vergleichsweise einfache Operation. In der Schweiz wird sie routinemäßig ein Jahr nach einer gelungenen Transplantation durchgeführt. Hier aber gilt sie als kosmetischer Eingriff. Sechs Jahre hat Victor darauf warten müssen, die dicken Beulen loszuwerden, die seinen rechten Arm verunstalten – und die seinen sicheren, sekundenschnellen Tod bedeuten, wenn er sich dort verletzt. Das hält ihn nicht davon ab, mit scharfen Werkzeugen zu arbeiten. In der Werkstatt trägt er deshalb immer eine elastische Binde. Und auch in der Öffentlichkeit: Zu oft ist er wegen dieser Beulen angepöbelt worden.

Am Tag der Operation, die ambulant durchgeführt wird, bin ich nervöser als er. Er witzelt und flirtet. Die Teilnarkose funktioniert nicht. «Versuchen Sie mal, den Arm zu heben», sagt die Ärztin routiniert, aber als er es tut, verliert sie die Fassung: «Oh, also … äh … das sollte eigentlich nicht möglich sein!» Am Ende bekommt er die Vollnarkose, die man seinem Herzen nicht zumuten wollte. Anderthalb Stunden später kommt die Entwarnung, die Operation ist gut verlaufen, und am frühen Nachmittag können wir nach Hause. Sein Arm ist flach unter dem Verband, ein eigenartiger Anblick. Aber er fühlt sich schon besser, hat mehr Energie. Das vergrößerte Blutvolumen macht sich bemerkbar. Er nimmt nur am ersten Tag eine Schmerztablette – zweiundzwanzig Pillen täglich reichen ihm. Zwei Tage danach hat er Bauchschmerzen. Die immer schlimmer werden. Ich dränge darauf, in die Notaufnahme zu fahren oder wenigstens einen Arzt anzurufen, er weigert sich. Als er endlich nachgibt, kann er sich vor Schmerzen kaum aufrecht halten. Ich verfluche mich, dass ich mich nicht durchgesetzt habe. Es ist ein schwieriger Balanceakt, nicht zu viel Besorgnis zu zeigen, ihn nicht kränker zu machen, als er ist. Immer wieder sage ich mir, dass er jahrelang ohne mich zurechtgekommen ist. Dass er sich selber am besten kennt.

Unterdessen ist mir der Ablauf einer Notaufnahme nur allzu vertraut. «Er hatte eine Transplantation», sage ich und lotse ihn so an der Warteschlange vorbei. Ich weiß bereits mehr über amerikanische Krankenhäuser, als ich je wissen wollte.

Ein halbes Jahr zuvor, beim letzten Mal, als ich Victor in San Francisco besuchte, kam er plötzlich aus der Werkstatt, setzte sich an den Küchentisch. «Milenita, kannst du mir ein Glas Wasser einschenken? Meine Hand ist verkrampft.»

«Verkrampft?» Ich schenke ihm Wasser ein, er nimmt drei oder vier Aspirin. Später wird er mir erzählen, dass sich seine Hand anfühlte, als sei sie weit weg vom Körper und ganz klein. Er wird mir auch erzählen, dass er sich seit Tagen nicht wohl fühlte, mit seinem Hausarzt telefonierte, der ihm riet, mehr

Aspirin zu nehmen, um einen weiteren Schlaganfall zu vermeiden. Davon weiß ich nichts, als ich sage: «Willst du dich kurz hinlegen?»

«Vielleicht ...»

Ich massiere seine Füße. Nach wenigen Minuten sagt er sehr höflich: «Darf ich dich um den Gefallen bitten, mir meine Socken wieder anzuziehen und die Schuhe auch, ich glaube, wir sollten, nur zur Sicherheit, schnell in die Notaufnahme fahren.» Dann geht er langsam die Treppe hinunter in sein Studio, wo auch seine vier Computer stehen. Bis ich meine Siebensachen zusammengesucht und ihn eingeholt habe, weiß er schon nicht mehr, wie man den Computer ausschaltet. Immer noch höflich fragt er mich, ob ich vielleicht wisse, wie man das mache. «Nicht ... San Francisco General», sagt er noch. Im nächsten Moment kann er nicht mehr zusammenhängend sprechen. Ich wähle die Notfallnummer. «Ich glaube, mein Freund hat einen Schlaganfall», sage ich. Einfach, weil ich weiß, dass er schon zwei gehabt hat.

«Okay», sagt eine nüchterne Stimme. «Können Sie ihn bitten, breit zu grinsen? Die Zähne zu zeigen?» Victor sitzt direkt neben mir. Er schaut mich mit großen, verwirrten Augen an. Als verlange ich das Unmögliche von ihm. In einer fremden Sprache auch noch.

«Keine Chance», sage ich.

«Bleiben Sie dran, wir schicken jemanden.»

In wenigen Minuten hören wir schon die Sirenen. Die Feuerwehr trifft kurz vor der Ambulanz ein, jeder Notruf alarmiert immer beide und auch die Polizei. Plötzlich ist das Studio voller kräftiger Männer, Sauerstoffgeräte, Tragen. Victor kann sich unterdessen überhaupt nicht mehr bewegen. Das heißt, er versteht nicht, was von ihm verlangt wird. Auf

Fragen antwortet er in wirrem Kauderwelsch. Willenlos lässt er sich auf die Trage schnallen.

«Wissen Sie, wo er wohnt?», fragt mich ein Feuerwehrmann.

«Na hier!»

Mir wird nicht sofort klar, was er denkt: dass ich die Hausbesitzerin bin und Victor der Gärtner oder Handwerker. Er trägt seine Arbeitskleidung, eine braune Latzhose mit gepolsterten Knien und Schnürstiefel mit Metallkappen. Seine langen Haare sind zum Rossschwanz gebunden. Victor hat mir immer wieder von der Diskriminierung und dem unterschwelligem Rassismus erzählt, die ihm hier entgegenschlagen. Ich muss zugeben, dass ich Mühe hatte, das zu glauben. In San Francisco? Der liberalsten Stadt der Vereinigten Staaten? Dem Geburtsort der politischen Korrektheit? Jetzt erlebe ich es eiskalt, und es trifft mich trotz allem unvorbereitet.

«Spricht er immer so?», fragt der Sanitäter. Die Feuerwehrmänner sind wieder abgezogen, nachdem die Ambulanz eingetroffen war.

Ich schaue ihn nur an. «Sie meinen Kauderwelsch?», frage ich scharf.

«Na ja, wir müssen einen Basisvergleich haben», rechtfertigt er sich.

«Er hat zwei Studien abgeschlossen, reicht Ihnen das als Vergleich?»

Trotz meiner wiederholten, drängenden Bitten, in die Uniklinik zu fahren, wo er seit über zehn Jahren behandelt wird, landen wir im nur wenig näher gelegenen San Francisco General Hospital. Dieses Krankenhaus hat nicht nur einen schlechten Ruf, Victor hat dort während seines Komas auch schlechte Erfahrungen gemacht. Aber bei Verdacht auf

Schlaganfall muss ein Trauma-One-Zentrum aufgesucht werden, und das ist nun mal hier. An diesem Sonntagabend ist die Notaufnahme voll. Knapp vor uns sind vier Männer eingeliefert worden, die während einer Party von einem Hausdach gefallen sind. Ein fünfter Mann weint im Wartezimmer: «Ich wollte nur ein gutes Foto schießen. Ich hab nur gesagt: Jetzt noch einen Schritt zurück … und noch einen …» Ich schaue mich nach der versteckten Kamera um. Das kann es doch nicht wirklich geben?

Die Notärzte sind alle beschäftigt, Victor wird in einen Flur geschoben. Ich darf nicht bei ihm bleiben, muss die Papiere ausfüllen, die Versicherungskarte hinterlegen, eine Kreditkarte zur Sicherheit auch. Im letzten Moment habe ich seine Brieftasche und sein Telefon eingesteckt. Und seine Medikamente.

«Er hatte eine Nierentransplantation», sage ich immer wieder. «Er braucht seine Medikamente!»

«Beruhigen Sie sich, wir kümmern uns schon um ihn. Wie viel hat er denn getrunken?»

«Er trinkt gar nicht – er hatte eine Nierentransplantation.»

«Wo lebt er, im Obdachlosenasyl, in einem Wochenhotel?»

«Er lebt in seinem eigenen Haus. Mitten in Noe Valley!»

Den offensichtlich heillos zugedröhnten Kaspern, die im Dusel vom Dach gefallen sind, werden solche Fragen nicht gestellt. Sie sind weiß. Sie tragen teure Markenkleider. Sie arbeiten in der Techindustrie, die diese Stadt mehr und mehr beherrscht – ein halbes Jahr später wird dieses Krankenhaus denn auch in «Marc Zuckerberg San Francisco General Hospital» umbenannt, weil der ein neues Gebäude finanziert hat. Meine Nerven werden dünn. Meine Stimme beginnt zu zittern. Ich weiß aber auch, dass man in Amerika gar nichts erreicht, wenn man laut wird. Plötzlich habe ich einen Geistesblitz: «Fahren Sie mit der BART?», frage ich. So heißt die U-Bahn hier. «Kennen Sie die Haltestelle an der sechzehnten Straße, die mit den Kolibris? Das ist Victors Werk. Victor ist nämlich Künstler. Googeln Sie ihn mal!»

«O ja, ich kenne diese Haltestelle, eine Schande, die Obdachlosen, die da rumhängen und alles verdrecken.» Das ändert den Ton ein wenig. Von nun an habe ich Fotos von Victors Arbeiten zum Zeigen bereit auf dem Handy, und bevor ich irgendetwas anderes sage, erwähne ich «seine» BART-Haltestelle.

Jetzt zahlt sich meine Fernsehsucht auch endlich aus: Dank der vielen amerikanischen Arztserien, die ich gesehen habe verstehe ich die meisten der medizinischen Fachausdrücke. Ich weiß auch, dass ich mit einem *attending* sprechen will und nicht mit einem *resident*.

Trotzdem nehme ich jetzt Victors Handy hervor und scrolle durch sein Adressbuch. Er ist immer noch mit Anns Onkologin befreundet, die heute das Krebszentrum an der Uniklinik leitet und eine weltberühmte Forscherin ist. Gerade wurde sie vom *Time Magazine* zu den 100 einflussreichsten Frauen der Welt gezählt. Ich habe sie erst ein- oder zweimal getroffen. Trotzdem rufe ich sie an. Vermutlich ist sie ohnehin auf einer Konferenz. Oder im Operationssaal. Ihr Mann nimmt ab.

«Victor ist in der Notaufnahme», sage ich. «Ich glaube, er hatte wieder einen Schlaganfall.»

Er zieht scharf den Atem ein. «Ich hole Laura», sagt er.

Laura lässt sich ihre Sorge nicht anmerken. Ihre klare, kühle Stimme beruhigt mich sofort. Punkt für Punkt erklärt sie mir, wonach ich fragen, worauf ich bestehen soll.

«Ruf mich zurück, sobald du mehr weißt. Egal wie spät es ist.»

Erst mal muss ich ihn finden. Man hat mich in den kleinen Warteraum geschickt. Das ist jetzt aber schon eine ganze Weile her. Ich stehe auf, wandere durch die Gänge, zu denen ich eigentlich keinen Zugang habe, ziehe Vorhänge zurück, schaue die Patienten an, die alle nicht Victor sind. Ich sehe mehr, als ich sehen sollte. Niemand hält mich auf.

Schließlich finde ich einen der Ärzte. «Oh, Victor? Ja, wir machen gerade ein MRI. Hatte er schon einmal eine Hirnblutung?»

«Eine Hirnblutung?»

Ich rufe Laura an. Sie bleibt sachlich. «Subdural oder epidural?», will sie wissen. Als sei eine Hirnblutung nichts Schlimmes. «Was es auch ist, man kann es reparieren», sagt sie. Erst als ich nach einer weiteren halben Stunde mit dem Bericht «subdural» zurückrufe, lässt sie sich ihre Erleichterung anmerken: «Aaahh, das ist sehr gut, sehr gut, sehr gut!»

«Kann er denn ins Unispital verlegt werden?»

«Nein, das geht jetzt wohl nicht mehr», sagt sie. «Aber keine Sorge, viele unserer Ärzte arbeiten auch im General. Ich telefonier mal ein bisschen herum.»

Eine Pflegerin begleitet uns auf die Intensivstation. Ich halte Victors Hand. Noch immer spricht er nicht zusammenhängend. Ich bilde mir aber ein, er erkenne mich – jedenfalls dreht er sich zu mir, rutscht er auf dem Schragen näher, versucht mich zu küssen. Die Pflegerin lacht: «Männer! Kann passieren, was will ...»

Ich bin noch nicht so weit, dass ich lachen kann. Nach der offiziellen Überweisung in die Intensivstation will Bill, der Nachtpfleger, mich nach Hause schicken.

«Kann ich nicht hierbleiben?»

«Nicht auf der Intensivstation, tut mir leid.»

«Wenigstens, bis noch mal ein Arzt da war?»

Der junge Neurologe, der Victor in der Notaufnahme untersucht hat, kommt vorbei. Er ist übermüdet und gestresst und kann mir nicht erklären, was passiert ist. Die Blutung ist klein und sieht aus, als sei sie schon älter. Vermutlich wurde sie von den Blutverdünnern ausgelöst, die Victor nehmen muss, um das Vorhofflimmern halbwegs im Griff zu behalten. Die vielen Aspirintabletten, die er heute geschluckt hat, waren dabei natürlich auch nicht unbedingt hilfreich.

«Wissen Sie, wo Sie sind?», fragt er Victor.

Der starrt ihn nur an. Dann schaut er hilfesuchend zu mir. Ich muss mich abwenden. Ich beiße mir auf die Lippen, um nicht zu weinen.

«Können Sie mir sagen, wie Sie heißen?»

«Fünf-drei-vier?», antwortet Victor mit fragendem Unterton. Als wisse er, dass diese Antwort nicht stimmen könne.

«Nun, wir sehen morgen weiter.» Er wendet sich an mich. «Gehen Sie nach Hause. Schlafen Sie ein paar Stunden. Niemand denkt schlecht von Ihnen, wenn Sie gehen.»

Das ist es nicht. Ich kann einfach nicht. Ich kann mich ganz einfach nicht losreißen. Schließlich lässt Bill sich erweichen, bringt mir eine Wolldecke und zeigt mir das Wartezimmer auf der Abteilung. «Wir holen Sie sofort, wenn irgendetwas passiert. Meine Schicht geht bis fünf, kommen Sie dann noch einmal vorbei, dann stelle ich Sie der Tagespflege vor.» Der Fernseher läuft, der Ton lässt sich nicht ausschalten. Ein schlechtrasierter Mann in meinem Alter starrt vor sich hin. Ich kann nicht schlafen. Ich kann aber auch nicht gehen.

Ich schreibe ein paar Nachrichten auf meinem Handy –

eigentlich sollte ich ein paar Tage später in die Schweiz fliegen, um mein neues Buch vorzustellen. «Ich weiß nicht, wann ich kommen kann», schreibe ich. Lino ist gerade in der Gegend, er recherchiert im Silicon Valley ein mögliches Thema für seine Masterarbeit. Knapp schildere ich ihm die Situation. Der Mann schiebt zwei Stühle zusammen und legt sich hin. Stumm biete ich ihm meine Decke an. Er schüttelt den Kopf. Wir reden nicht miteinander. Wir sind Verbündete in dieser unendlichen Hilflosigkeit. Wir können nichts tun. Aber wir können auch nicht gehen.

Kurz vor fünf gehe ich zurück auf die Station. Erst werde ich nicht eingelassen. Dann kommt Bill und holt mich. «Er hat ein wenig geschlafen», berichtet er. «Und geschnarcht!» Victor strahlt, als er meine Stimme hört und rutscht an die Bettkante. Ich versuche ihn um all die Schläuche und Maschinen herum zu umarmen.

«Er ist definitiv ruhiger, wenn sie da ist», erklärt Bill seiner Ablösung, einer jungen Asiatin namens Amy. Sie ist nicht begeistert, aber ich lasse mich nicht vertreiben. So vergehen die nächsten Tage.

Ich halte Victors Freunde auf dem Laufenden, so gut ich kann. Manche von ihnen haben mich erst einmal mit (verständlichem) Misstrauen betrachtet. Jetzt sind sie froh, dass ich da bin. Plötzlich steht Lino mitten in der Intensivstation – ich weiß nicht, wie er sich um die verschlossenen Türen herumgeredet hat. Statt mich zurückzurufen, wie ich es erwartet hätte, ist er einfach hergekommen, sobald er meine Nachricht gelesen hat. Er weiß bis heute nicht, was diese Geste für mich bedeutet. Er hat Victor erst letzte Woche kennengelernt.

Nach seinem kurzen Krankenbesuch begleite ich ihn zum Ausgang. Ein komisches Gefühl, plötzlich aus dieser Klinikwelt zu treten, die für mich im Moment die einzige ist. Ich blinzle in die Sonne, verwirrt und etwas überfordert von der Erkenntnis, dass die Welt draußen weiterexistiert, in aller Gewöhnlichkeit. Ich lehne mich an meinen Sohn, stütze mich auf ihn. Er wird am nächsten Tag wiederkommen und etwas zu essen mitbringen.

Zurück auf der Abteilung, alle paar Stunden dieselben Fragen: «Wissen Sie, wo Sie sind, wie Sie heißen? Das Datum heute? In welchem Jahr befinden wir uns?»

«Heute ist der zweite Tag vom Montag. Das Jahr ist Dienstag.» Dienstag ist eine Weile lang die Antwort auf alles.

«Como se llamas, Senor?», versucht Amy es auf Spanisch.

«Martes», antwortet Victor folgerichtig.

«Wissen Sie denn, wie sie heißt?», fragt einer der wechselnden Ärzte und zeigt auf mich. Victor strahlt: «Ja, das ist die, die zuoberst auf der Leiter steht!»

Das hat ihn beeindruckt, als ich ihm bei einer Installation geholfen habe und schwindelfrei bis unter die vier Meter hohe Decke kletterte. Dann, nach zwei Tagen, der erste zusammenhängende Satz: «Du bist so schön, ich liebe dich!» Und gleich darauf: «Ich muss pissen!»

Ich bin so erleichtert, dass ich in Tränen ausbreche. Auch wenn ich sehr wohl merke, dass Victor die Antworten, die von ihm verlangt werden, auswendig lernt. Immer wieder schaut er zur Tafel über dem Waschbecken, auf der das Datum steht.

«Wissen Sie, wo Sie sind?»

«Ich bin an dem Ort, den man aufsucht, wenn man sich verwirrt fühlt. Wenn man keine Koordination hat. Es ist eine Art Schule, wo sie dir helfen. Sie zeigen dir, wie du es behandeln musst.» Das Wort Krankenhaus fällt ihm nicht ein. Seine Umschreibung ist etwas optimistisch, denke ich. Manchmal versucht er aufzustehen, er sucht seine Kleider, er will gehen. «Ich muss Victor sagen, dass ich krank bin!»

Als er nach ein paar klaren Tagen auf die Frage, wie er heiße, hartnäckig seine Telefonnummer wiederholt, bekomme ich es mit der Angst zu tun. Ich dachte wirklich, er sei auf dem Weg der Besserung.

«Das Problem ist Ihr Akzent, nicht sein Hirn!», fährt die Oberärztin schließlich den Assistenten an. Erleichtert lache ich auf. «Can you tell me your full name, Sir?» klingt, mit starkem chinesischen Akzent ausgesprochen, tatsächlich wie «Can you tell me your phone number?»

Die Oberärztin ist eine sehr attraktive Frau. Als sie das erste Mal das Zimmer betritt, strahlt Victor übers ganze Gesicht.

«Oh, Ihnen geht es wohl wieder besser, das freut mich!»

Ich muss grinsen.

Nach ein paar Tagen wird er auf die Halbintensivstation verlegt. Dort wird es erst richtig schwierig. Er bekommt nur einen Teil seiner Tabletten, weil die entsprechenden Verschreibungen offenbar zwischen den Computersystemen der beiden Krankenhäuser verlorengegangen sind. Ich fahre also nach Hause, um das überlebensnotwendige Antiabstoßungsmedikament zu holen und nachzudosieren. Ganz wohl ist mir nicht dabei. Als zum Mittagessen ein angegrauter Fleischklumpen serviert wird, zuckt die Pflegerin nur mit den Schultern: «Die meisten Patienten lassen sich Essen von draußen kommen.» Tatsächlich stehen auf dem Parkplatz vor dem Spital mindestens drei Imbissstände. Und auf der anderen Straßenseite befinden sich Cafés. Auch das kennt man aus Entwicklungsländern: Die Angehörigen sind für die Pflege und die Ernährung der Patienten zuständig. Immer wieder erstaunen mich die Zustände in dieser reichen Stadt im mächtigsten Land der Welt. Das General Hospital war einmal ein sehr gutes Spital. Hier, im berühmten Ward 86, wurden die ersten Aids-Patienten gepflegt, als andere Krankenhäuser noch eine Aufnahme verweigerten. Lange her. Jetzt ist das Krankenhaus in den Schlagzeilen, weil eine Patientin siebzehn Tage lang unentdeckt tot im Treppenhaus lag. Tot!

Siebzehn Tage? Putzt denn da niemand?, denkt die Schweizerin als Erstes. Die Erklärungsversuche der Krankenhausleitung sind nicht gerade beruhigend. Die siebenundfünfzigjährige Lynne Spalding wurde mit einer Blasenentzündung und geistiger Verwirrung eingewiesen. Sie war Alkoholikerin. Der Arzt verordnete ständige Aufsicht. In einem Anflug von Verfolgungswahn riss sie sich die Schläuche aus dem Arm, zog sich an und ging, wie sie offenbar glaubte, zur Arbeit. An diesem Tag muss sie im Treppenhaus zusammengebrochen sein. Wie lange sie da lag, bevor sie starb, ist nicht herauszufinden. Das Sheriff's Department war wohl verständigt worden, hatte die weiße Patientin, die ihre Straßenkleidung wieder angezogen hatte, als Afroamerikanerin im Krankenhausnachthemd gesucht und offenbar die Suche auch nicht im gesamten Spital durchgeführt. Etwa eine Woche später machte ein Arzt Meldung, dass da jemand im Treppenhaus liege. Warum der Arzt, der immerhin einen Eid geleistet hat, nicht stehen blieb, sich bückte, wenigstens den Puls maß? Man weiß es nicht.

Immer wieder muss ich mich daran erinnern, dass ich mich nicht in einer postapokalyptischen Phantasie befinde, nicht in einem Krisengebiet, nicht in einem armen Land. Ich funktioniere, ohne viel nachzudenken, ohne mich von meinen Gefühlen hinreißen zu lassen.

Am letzten Tag soll ein EEG gemacht werden, eine Messung der Hirnströme. Die Ärzte haben unterdessen die Vermutung, dass die Hirnblutung einen oder mehrere epileptische Anfälle ausgelöst und so zu Sprachverlust und Verwirrung geführt habe. Bereits wird ihm ein hochdosiertes Antiepileptikum verschrieben – bevor die Untersuchung durchgeführt wurde. Auf die Frage nach den Nebenwirkungen liest der Arzt den Beipackzettel vor und bricht nach einer Minute ab. «Äh, Schwindel, Übelkeit, Kopfschmerzen ... Und so weiter. Ich hör wohl lieber auf. Achten Sie aber darauf, ob er schlechte Laune bekommt.» Gerade sind Freunde zu einem Krankenbesuch da, sie und ich wechseln Blicke und grinsen. Da kann viel passieren, bis Victor schlechte Laune bekommt.

Die fahrbare Maschine, die die Hirnströme aufzeichnen soll, ist kaputt. Sie wird ausgetauscht. Den ganzen Tag wechselt ein Malheur das nächste ab. Schließlich wird eine Aufzeichnung gemacht, die für «unauffällig» befunden wird. Sie wird aber nicht im Computer gespeichert. Als wir drei Monate später zu einer Nachkontrolle kommen, fragt der Neurologe: «Hat man eigentlich je herausgefunden, was Ihnen da passiert ist?»

Fünf Tage nach seiner Noteinlieferung wird Victor wieder entlassen. Ohne klare Diagnose oder Anweisungen. Egal. Er ist überall besser aufgehoben als in diesem Krankenhaus.

Freunde fahren ihn nach Hause, während ich weitere sechs Stunden in den endlosen Gängen verbringe, um seine Entlassungspapiere, den Rapport und vor allem seine Brille einzufordern. Ich pilgere von Schalter zu Schalter, Stockwerk zu Stockwerk. Unterhalte mich mit der hübschen jungen Park Rangerin in Uniform, die den Informationsschalter betreut, aber weniger weiß als ich. Dankbar schreibt sie auf, was ich berichte: Die Abteilung, die die Wertsachen der Patienten verwahrt, ist nur vormittags geöffnet. Der Schalter, der die Patientenrapporte herausgibt, befindet sich im Erdgeschoss, aber das Büro, das die Herausgabe bewilligt, im vierten Stock. Und dort muss man als Erstes vorsprechen. Eine übermüdete Notärztin auf dem Weg in den Feierabend zeigt mir eine Abkürzung durch die Notaufnahme. Irgendwann fange ich an, Victors Unterschrift zu fälschen und mich als seine Frau auszugeben.

Mein größter Triumph ist, dass ich seine Brille wiederfinde. Der Sanitäter hat Victors Wertsachen nämlich unter dem Namen *Horse* abgelegt. Diesen Hinweis finde ich im Rapport, nachdem man mir bereits dreimal versichert hat, Victor hätte bei seiner Einlieferung keine Brille getragen. Triumphierend gehe ich zum Schalter zurück, zeige auf den Rapport.

«Hier ist die Nummer und alles», sage ich. «Aber warum ‹Horse›?»

«Das tun die Sanitäter manchmal, wenn der Patient nicht bei Bewusstsein ist», erklärt man mir.

«Aber ich war ja dabei, ich habe seinen Namen angegeben.»

«Tja, was soll ich sagen?»

Horse, erklärt man mir später, ist ein Code für Homeless, obdachlos. Victor ist ein anerkannter Künstler, lebt in seinem eigenen Haus in einer begehrten Wohngegend in der teuersten Stadt der Vereinigten Staaten. Und obwohl ich dabei war und die Wohn- und Besitzverhältnisse erklärte, wurde er als obdachlos eingestuft. Weil er eine Latzhose trug? Weil er nicht weiß ist?

Plötzlich bin ich froh, dass ich meiner Jugend Kafka gelesen habe. Obwohl ich ihn damals gar nicht mochte. Ich nahm ihm seine *Briefe an Milena* übel, die ich direkt auf mich bezog. Mein Abstraktionsvermögen ist etwas unterentwickelt. Aber jetzt, als ich durch die düsteren Gänge dieses Spitalmolochs irre, bin ich ihm aus tiefster Seele dankbar. Für die Vorbereitung auf genau diese Situation, auf diesen Moment.

Seither waren wir zwei weitere Male in der Notaufnahme. Unterdessen kenne ich den Ablauf, ich weiß, wie ich meine Forderungen formulieren muss. Ich kenne auch einige von Victors Ärzten. Einen «gesundheitlich herausgeforderten Menschen», wie es politisch korrekt heißt, zu lieben, ist das eine. Mit der täglichen Realität zurechtzukommen, das andere. Ich will nicht behaupten, dass es einfach ist. Aber ich weiß jetzt, dass ich es kann. Dass ich es aushalte.

Zurück zum Heute, ein halbes Jahr danach. Bei diesem neuen Notfall verlangt Victor zum ersten Mal, seit ich ihn kenne, nach einem Schmerzmittel. Er bekommt einen Tropf. Und acht Stunden später auch endlich eine Diagnose: akuter Darmverschluss. Er wird auf die Transplantationsabteilung verlegt, wir bekommen ein Einzelzimmer. Neben dem Bett steht ein ausziehbarer Sessel, auf dem ich schlafe. Ich verlasse das Zimmer nur, um aus der Cafeteria etwas zu essen zu holen. Victor bekommt nichts zu essen, nur alle vier Stunden einen Einlauf. Viel intimer kann eine Beziehung nicht werden, denke ich. Aber besser als eine weitere Operation. Ob die nötig wird, soll in zwei Tagen entschieden werden.

Ich richte mich in dem großen, kargmöblierten Zimmer ein. Der Blick geht zwischen zwei Hochhäusern hinaus auf den Park. Wenn ich mich auf die Zehenspitzen stelle, kann ich die roten Spitzen der Golden Gate Bridge sehen und den kupfern schimmernden Turm des De-Ypung-Museums. Ich freunde mich mit den Pflegern an. Da ist Christy aus Mississippi, eine glamouröse dunkelhäutige Frau mit violetten

Haarspitzen und vergoldeten Fingernägeln. Sie ist eine sogenannte *traveling nurse*, eine Wanderschwester. Zusammen mit zwei Freundinnen suchen sie sich temporäre Einsätze an Touristenorten. Drei Monate lang arbeiten sie hart, leben zu dritt in einem Motelzimmer. «Das geht, weil wir nicht dieselben Schichten haben.» Dann machen sie drei Monate Ferien, hauen ihren Verdienst auf den Putz. Und ziehen weiter.

«Wie gefällt es Ihnen hier?», frage ich.

«Es ist zu kalt», findet sie. Der Sommer in San Francisco ist berüchtigt. Und besonders hart für ein Südstaaten-Mädchen. Christy ist kompetent und schnell. Ich mag sie – bis sie am Ende ihrer Schicht mit verschwörerischer Miene zu Victor sagt: «Ich mach den letzten Einlauf noch schnell, bevor ich gehe. Sie wollen ja bestimmt nicht, dass Sergej das macht.»

Komisch, denke ich erst. Ist es nicht angenehmer, vom eigenen Geschlecht so intim misshandelt zu werden? Ich brauche einen Moment, um zu verstehen, was sie sagen will: «Sie wollen doch bestimmt nicht, dass dieser Schwule Sie anfasst!» Ich bin froh, dass Christy am nächsten Tag einem anderen Zimmer zugeteilt wird.

Sergej hat erst nach drei Tagen genug Vertrauen gefasst, um uns von seinem Freund zu erzählen, der bei der Armee ist. Er ist in Deutschland stationiert. Alle drei Wochen fliegt Sergej für ein verlängertes Wochenende zu ihm. Als Angehöriger kann er gratis fliegen. «Die Armee ist super großzügig», sagt er. «Und absolut cool.» Großzügiger als ein Universitätsspital in der Schwulenmetropole San Francisco?

Wir unterhalten uns über Fernbeziehungen. Ob sie überhaupt gut ausgehen können oder nicht. «Können sie nicht», meint Sergej. Er zählt die Tage, bis sein Freund wieder auf demselben Kontinent lebt wie er. Dann wird er sich eine

Stelle in seiner Nähe suchen. Damit er alle drei Wochen nach Deutschland fliegen kann, arbeitet er oft Doppelschichten. Die zwölfstündigen Transatlantikflüge setzen ihm zu.

Santa Fe ist nur zweitausend Kilometer weit weg, zweieinhalb Flugstunden. Trotzdem kann ich mir in diesem Moment nicht vorstellen, je wieder von Victors Seite zu weichen.

Victor lässt die demütigenden Behandlungen stoisch über sich ergehen. Hauptsache, er muss nicht operiert werden. Nicht zum ersten Mal erlebe ich, wie er sich ganz in sich selber zurückzieht und dort etwas findet, was ihn aufrecht hält. Sobald es ihm bessergeht, beginnt er wieder zu scherzen und zu flirten. Ich habe in meinem Leben nicht so viel gelacht wie mit Victor. Manchmal wache ich schon lachend auf. Auf der Station spricht sich herum, dass er da ist – man kennt ihn hier, er ist ein Vorzeigepatient. Kaum jemand überlebt acht Jahre Dialyse. Der Arzt, der damals die Transplantation durchgeführt hat, kommt ihn besuchen.

«Das ist ein großer Künstler!», belehrt er die Assistenzärzte.

«Darf ich ein Foto machen?» Einer von ihnen zückt sein Handy. «Ich stamme nämlich auch aus einer Künstlerfamilie», sagt er. «Wir sind aus dem Iran eingewandert. Mein Vater ist Musiker, meine Mutter Tänzerin, meine Tante schreibt Gedichte. Ich bin das schwarze Schaf! Der einzige ohne Talent.»

«Sie sind das schwarze Schaf?», frage ich nach. «Als Transplantationschirurg? Wirklich?»

«Transplantationschirurgie ist nichts Kreatives, es ist eine Tüftelei, etwas für Nerds. Aber dass ich einen Künstler als Patienten hatte, das wird meine Familie beeindrucken.»

Am Abend sind wir wieder zuhause. Ich bestelle Thai-Food, mache die Flasche Champagner auf, die ich in Zürich im Duty-free gekauft habe. Happy Birthday to me! Während Victor sich langsam erholt, arbeite ich im Garten. Victors Garten ist wunderschön, verwinkelt, verwildert. Aber man erkennt noch, mit welcher Sorgfalt er einmal angelegt wurde. Immer wieder habe ich beim Morgenkaffee aus dem Küchenfenster in diesen Garten hinuntergeschaut und gedacht, dass man da dringend etwas unternehmen müsste. Aber wo anfangen? Die Aufgabe schien mir zu groß. Wir müssen jemanden einstellen, dachte ich. Oder eine Art Gartenparty dafür veranstalten, er hat so viele Freundinnen, die helfen könnten. Aber am Tag nach seiner Entlassung, nach meinem Geburtstag, gehe ich ohne lange nachzudenken in den Garten hinunter und beginne zu jäten. Um mich zu beschäftigen. Victor liegt auf dem Sofa und schläft, ein Kunstbuch auf dem Bauch, seine Katze im Arm. Morgen will er schon wieder in die Werkstatt. Er mag es nicht, dass ich um ihn herumschleiche und alle fünf Minuten frage, wie er sich fühle. Erst jetzt, wo er über den Berg ist, verliere ich die Fassung. Während einer akuten Krise bin ich immer gefasst und pragmatisch; wenn alles überstanden ist, holt mich der Schrecken ein. Immer wieder spiele ich die Entwicklung der letzten Wochen durch. Da wurde die Operation extra so geplant, dass ich dabei sein konnte, und es ist trotzdem schiefgegangen! Hätte ich anders reagieren, früher eingreifen müssen? Die Erkenntnis, dass ich am Ende für den Mann, den ich liebe, nichts tun kann, ist mehr, als ich ertrage. Die Krisensituation halte ich aus, die Hilflosigkeit nicht.

Beim Jäten hingegen sehe ich sofort Ergebnisse. Hier kann ich etwas bewirken. In der Gartenarbeit kann ich mich verlieren wie im Schreiben. Zehn Tage lang arbeite ich wie ein Automat, sieben, acht Stunden am Stück. Meine Beine sind zerstochen, meine Arme zerkratzt. Jedes Mal, wenn ich die Schubkarre leere, empfinde ich eine tiefe Befriedigung. Immer wieder fahre ich zum Gartencenter, um braune 100-Liter-Grünabfall-Säcke zu kaufen. Über fünfzig davon fülle ich mit Unkraut. Ich entdecke einen kleinen Sitzplatz in der hinteren Ecke, zwei Rosensträucher, eine weiße Statue, eine abstrakte Madonna. Ich kaufe neue Gartenstühle und einen blauen Tisch für den Sitzplatz. Grabe die alten Sickerleitungen neu ein. Ich freue mich über den Erfolg. Victor ist tief beeindruckt. Er lädt Freunde ein, um ihnen den neuen Garten zu zeigen. Er erholt sich schnell, bald ist er wieder in der Werkstatt. Trotzdem schiebe ich die Entscheidung, nach Santa Fe weiterzureisen, vor mir her. Ich habe Angst, ihn allein zu lassen. Angst, dass wieder etwas passiert. Obwohl ich gerade erlebt habe, dass ich ohnehin nichts verhindern kann.

Es wäre so einfach, denke ich manchmal. Hier habe ich ein volles Leben. Eine Aufgabe. Hier ist der Mann, den ich liebe. Und der dringend Unterstützung braucht. Mit seinem großen, verwinkelten Haus, das bis unter die Decke voller Kunst und Kunsthandwerk, voller Bücher, voller Leben ist. Mit seinem großen, verwilderten Garten. Mit seinen Installationen. War ich nicht glücklich, als ich letztes Jahr diesen vier Meter hohen Altar mit ihm gebaut habe? Und dann seine Gesundheit. Der Kampf mit dem System. Er wird offensichtlich besser behandelt, wenn ich dabei bin. Er braucht mich. Mein altes Leben habe ich hinter mir gelassen. Hier wartet ein neues Leben auf mich, ein prallvolles, intensives, spannendes Leben. Ein fixfertiges Leben, in das ich nur hineinschlüpfen könnte.

Was will ich mehr? Was gibt es Schöneres, als gebraucht zu werden?

Warum fühle ich mich dann so schwer, plötzlich? Bleischwer und bis in die Knochen erschöpft. Ich lasse den Rechen sinken und setze mich ins warme Gras. Was tue ich hier?, denke ich. So habe ich mir das nicht vorgestellt. Wollte ich nicht unter dem endlosen, dramatischen Himmel der Hochwüste leben, ausreiten, schreiben, an der Sonne sitzen? Wollte ich mich nicht erholen? Habe ich mich nicht mit Gewalt von meinem alten Leben losgerissen, um das zu erleben? So vieles habe ich in den letzten Jahren aufgegeben, losgelassen. Die Entscheidung für ein einfacheres Leben mit weniger Besitz, in einem sehr kleinen Haus mit einem sehr kleinen Garten war eine Befreiung. Die Begrenzung im Äußeren sollte mehr Platz im Innern schaffen. Mehr Freiheit. Mehr Zeit. Habe ich nicht in meinem Leben genug geputzt, gekocht, gejätet? Ich will mehr schreiben, träumen, entdecken. Ich will mich langweilen. «Sie müssen die Langweile ertragen, um kreativ zu sein», befand kürzlich ein Professor aus Heidelberg, der sich auf Kreativitätsforschung spezialisiert hat. Das hat meine Mutter vor fast fünfzig Jahren schon gewusst: «Du langweilst dich? Prima! Dann wird dir ja bald etwas Schönes einfallen!» Deshalb habe ich alles aufgegeben: Damit mir wieder etwas Schönes einfällt. Davon bin ich weit entfernt. Von Langeweile auch.

Hier war ich schon einmal, merke ich. Hier, an dieser Wegkreuzung stand ich schon einmal. Stand ich immer wieder. Auf der einen Seite führt es zu meinen Bedürfnissen, meinen Vorstellungen davon, wie ich leben will. Der andere Weg führt zum Zusammenleben mit dem Mann, den ich liebe. Und der vollkommen andere Vorstellungen und Bedürfnisse hat als ich. Bisher bin ich immer diesen Weg gegangen. Doch das hat nicht funktioniert. Weil ich nicht glücklich war, weil ich das Gefühl hatte, nicht mein Leben zu leben. Es war, als würde ich auf einer Rolltreppe, die abwärtsführt, nach oben rennen. Warum bin ich schon wieder in dieser Situation?

Eine altbekannte Verzweiflung breitet sich in meinem Körper aus. Als würde schweres schwarzes Öl durch meine Adern fließen. Ich lege mich in eins der frisch gejäteten Beete. Die Erde ist warm. Ich rolle mich zusammen wie ein Hund und beginne zu weinen. Gleichzeitig schäme ich mich über diesen Anfall von Selbstmitleid. Was will ich denn noch?

Das ist es ja: Ich weiß es nicht. Ich hatte noch keine Gelegenheit, es herauszufinden. Wie immer weiß ich nur, was die anderen wollen. Oder brauchen. Warum geht es nicht mal um mich, trotze ich innerlich wie ein Kind. Warum muss ich immer für die anderen da sein?

Moment … Ich richte mich auf, ziehe die Nase hoch. Wer sagt denn, dass ich das muss? Hat Victor mir etwa zu verstehen gegeben, dass er mich braucht? Dass ich hierbleiben soll? Will er wirklich, dass ich sein Leben übernehme? Er ist unverbesserlich unabhängig, eigenständig und stolz!

Wir sind nicht mehr jung. Wir haben beide schon viel erlebt, wir bringen beide unsere Geschichten mit, unser übervolles Leben. Manchmal witzeln wir über den englischen Ausdruck, *baggage*, Gepäck in die Beziehung mit einzubringen.

«Das gilt schon nicht mehr als Gepäck, das ist ein Umzugswagen voll, den du mitbringst.»

«Vielleicht solltest du einen Container mieten, Gepäck kann man nämlich einlagern, weißt du!»

«Oder einfach am Straßenrand stehen lassen …?»

Wir haben keine gemeinsame Geschichte, keine gemeinsame Aufgabe, wir gründen keine Familie mehr, wir bauen kein gemeinsames Leben mehr auf. Aber wir lieben uns. Wir sind unsinnig glücklich, dass uns das Leben zusammengeführt hat. Alles andere sind Details. «Petitessen», wie Pie immer sagt. «Das wahre Happy End», hat mir meine Freundin Magdalena erklärt. «Das wahre Happy End ist nicht, jemanden zu finden, der keinen einzigen wunden Punkt in dir berührt. Im Gegenteil, das wahre Happy End ist, wenn du jemanden findest, der dir hilft, deine ganzen uralten Knörze aufzulösen.»

Das Leben hat mir diese neue, vielleicht letzte Chance geschenkt. Zu lieben, ohne mich aufzulösen. Zu sagen, was ich brauche – wenn ich es denn herausgefunden habe. So weit zu gehen, so viel zu geben, wie sich richtig anfühlt. Jetzt kann ich es wagen.

Plötzlich steht Victor da. Er streckt seine Hand aus, hilft mir auf.

«Ich glaube, wir müssen reden», sagt er.

Anker und Ballast

«Wie fühlst du dich?», fragt Victor. Wir sind auf der Autobahn auf dem Weg zum Flughafen. Einen Monat, nachdem ich die Schweiz verlassen habe, reise ich nun tatsächlich nach Santa Fe weiter. Einer der beiden Koffer habe ich bereits in San Francisco ausgepackt. Ein Teil meiner Kleider hängt im Wandschrank in Victors Gästezimmer. Ein Teil meiner Bücher stapelt sich neben seinem Bett. In San Francisco habe ich acht Jahre lang gelebt. Hier habe ich immer noch Freunde. San Francisco fühlt sich immer noch vertraut an. Trotzdem zieht es mich weiter. In die Wüste. In den wilden Wilden Westen. Wie fühle ich mich?

«Ehrlich gesagt … keine Ahnung.» Erschöpft, ein bisschen betäubt von den Emotionen der letzten vier Wochen.

Victor nimmt kurz die Hand vom Steuer und spannt seinen Bizeps. «Um mich musst du dir jedenfalls keine Sorgen machen, ich bin stark!»

Dann leuchten Tausende von roten Bremslichtern vor uns auf, der Verkehr kommt abrupt zum Stillstand. Wir schalten das Radio ein: ein Unfall auf der Autobahn, mehrere Kilometer vor uns. Draußen bricht gerade der Tag an. Der typische Sommernebel legt sich in spielerischen Schleifen über die Wagenkolonne.

Nach einer Viertelstunde sehe ich ein, dass ich den Flug verpassen werde. Ist das ein Zeichen? Soll ich hierbleiben? Soll ich Victor bitten, die nächste Ausfahrt zu nehmen, umzukehren, zurück nach San Francisco? Ich bin abergläubisch, sehe überall Zeichen und Wunder, aber jetzt zwinge ich mich zur Vernunft. Ich rufe die Airline an und bekomme einen Platz auf einem späteren Flug. Als wir am Flughafen ankommen, herrscht Chaos: Nicht einmal der Kaffeestand ist besetzt.

«Die Lady ist heute nicht gekommen», ruft einer der Gepäckträger. «Der Verkehr ist wieder mal …» Und weg ist er. Auch andere Angestellte sind im Stau steckengeblieben, vor den Check-in-Schaltern und der Sicherheitskontrolle bilden sich Schlangen.

«Geh ruhig», sage ich zu Victor. «Du musst nicht warten.» Doch er hält stoisch mit mir aus, bis ich durch die Sicherheitskontrolle bin. Dahinter ist ein Kaffeestand offen. Ich winke, er geht. Ich bin allein.

Schon kommt es mir seltsam vor, allein zu sein. Seltsam

und gleichzeitig vertraut. Ich habe immer, schon als Kind, ein großes Bedürfnis danach gehabt. Vielleicht, weil ich mich so schwer abgrenzen kann. Mir fehlen ein paar Hautschichten. Meine Oberfläche ist durchlässig, ich nehme alles auf: Stimmungen, Wortfetzen, Geschichten, Bedürfnisse. Für eine Schriftstellerin ist das ein unermesslicher Vorteil. Es fällt mir leicht, mich in meine Figuren hineinzuversetzen. Ich spüre immer mehr als nur das, was mich angeht. Ich habe nie verstanden, dass Schriftsteller ihre Figuren recherchieren. Recherchiere ich meine Mutter, meine Freundin, mein Kind? Frage ich Google, wie sie sich fühlen? Nein, ich lebe mit ihnen. Rede mit ihnen, beobachte sie.

Doch im realen Leben, dem Leben, das neben dem Schreibtisch stattfindet, kann diese Eigenheit anstrengend sein. Die Bedürfnisse, Wünsche, Stimmungen, Forderungen durchdringen meine Außenhaut, unmerklich erst, wie steter Nieselregen in die Kleidung eindringt. Wenn ich allein bin, laden sich meine Batterien auf. Wenn ich schreibe, auch. Daran ändert auch die größte Liebe nichts – jedenfalls nicht nachhaltig.

Um mich abzulenken, rufe ich Doris an. Doris ist in den knapp zwei Jahren, in denen wir uns kennen, eine unersetzliche Freundin geworden. Sie kümmert sich um die oft leerstehenden Häuser der reichen und berühmten Zweitwohnsitzler, von denen es hier so viele gibt. Und sie schaut auch nach meiner kleinen Casita, wenn ich nicht da bin. Sie war es, die das Leck in der Wasserleitung unter dem Steinboden entdeckte, kurz nachdem ich das Haus gekauft hatte. Ich gebe ihr meine neue Ankunftszeit durch, sie wird mich in Albuquerque abholen.

«Deine Kisten sind immer noch verschollen», sagt sie.

«Aber keine Sorge, die spüren wir schon auf.» Mein Hausrat hätte vor zwei Wochen in Santa Fe ankommen sollen, als ich an Victors Spitalbett saß. Deshalb habe ich der Transportfirma Doris' Nummer gegeben. Die Frage, wo meine Sachen sind, beschäftigt mich im Moment allerdings weniger als die, ob und wann ich endlich in Santa Fe ankommen werde.

Übergänge sind schwierig – diese Weisheit der Kindergärtnerin fällt mir wieder ein. Ja, dieser Übergang dauert nun schon lange. Zu lange, finde ich. Ich will ankommen. Ich will zuhause sein. Ich will vor allem wissen, wo zuhause ist, Mama.

Bei diesem Mann?

Oder in diesem Haus?

Es ist schon dunkel, als ich endlich die Tür zu meiner Casita aufschließe. Und es ist immer noch heiß. Ich lasse die Tür offen, draußen im Hof zirpen die Grillen. Ich zünde ein paar Kerzen an, schenke mir ein Glas Wein ein. Es fühlt sich an, als würden sich die dicken Lehmwände wie Arme um mich schließen. Mein Haus umarmt mich.

«Du siehst glücklich aus», sagt Victor, als er mich auf dem Bildschirm sieht.

«Ich bin glücklich.» Und ich vermisse dich. Beides ist wahr.

Am nächsten Morgen erwache ich voller Tatendrang. Ich will das Bad neu streichen, ich will die Hauswände vom Efeu befreien, ich will meine Sachen einräumen – genau, wo sind eigentlich meine Sachen?

Ich rufe die Transportfirma an. Meine Kisten stecken offenbar in einem Zolllager fest. Zusammen mit dem Rest des Containers, dessen Inhalt aus mir unbekannten Gründen noch einmal gründlich überprüft werden muss. Mit meinen acht Kisten ist alles in Ordnung, versichert man mir. Sie sind nicht das Problem. Aber auch hier gilt: «Mitgehangen, mitgefangen.»

«Good news», sagt Jennifer heute. «Ihre Kisten haben die Zollstation passiert und befinden sich nun offiziell im Transit. Ende August sollten sie in Santa Fe ankommen!»

«Ende August?», wiederhole ich. Warum klingt Jennifer so begeistert? Das ist immerhin sechs Wochen später als abgemacht! Ich bemühe meinen besten diplomatischen Trick: «Das stimmt für mich so nicht», sage ich freundlich, aber bestimmt. «Was können wir dagegen unternehmen?» Das habe ich in einer Fernsehserie gelernt. Bevor ich mir zu meinem Geschick gratulieren kann, bricht die Angestellte in Tränen aus. «Ich kann nicht mehr», weint sie. «Es ist alles zu viel! Und jetzt kommen Sie auch noch, und dabei kann ich nichts dafür!»

Ich murmle etwas Unverbindliches und lege auf, nicht gerade beruhigt. Wenn ich nun meine Kisten gar nicht mehr bekomme? Was werde ich wirklich vermissen? Meine Bettdecke, mein schweres Schweizer Duvet? Im Moment ist es viel zu heiß hier, um an ein Duvet zu denken. Meine Bücher? Das Einzige, was ein wirklicher Verlust ist, sind die Fotoalben mit den Babybildern meiner Söhne.

Bevor ich noch lange darüber nachdenken kann, ruft die Transportfirma zurück. Es ist nicht Jennifer, sondern ein Mann, der mir kurz angebunden mitteilt, meine Kisten würden morgen geliefert. *Morgen*?

Wie ist das möglich? Waren sie nicht eben noch in Houston, Texas? Sagte Jennifer nicht, diese Strecke könne unmöglich in weniger als vier Wochen zurückgelegt werden? Aber ich frage nicht nach, bedanke mich nur freundlich. Dann lege ich auf und schaue mich um.

Wo ist hier Platz für den Inhalt von acht Umzugskisten?, frage ich mich. Ein bisschen spät, ich weiß. Ich habe keine Bücherregale. Ich habe keinen Kleiderschrank. Plötzlich bin ich wieder überfordert. Wie vor drei Monaten, als ich mit dem Räumen begann.

Wie zum Teufel konnte das passieren?, dachte ich damals. Es war erst vier Jahre her, dass ich aus dem großen Haus ausgezogen war. Damals hatte ich, so glaubte ich wenigstens, fast meine ganze Habe zurückgelassen. Wie kann ein Mensch innerhalb von vier Jahren so viel Besitz anhäufen? Meine großartige Altstadtwohnung hatte drei Stockwerke und eine große Terrasse. Nicht zu vergessen ein geräumiges Kellerabteil. Meine geliebte Schreibstube war auch auf zwei Stockwerke verteilt. Meine Casita hingegen ist sehr klein, ohne jeden Stauraum und außerdem vollständig eingerichtet. Ich habe sie mitsamt allen Möbeln gekauft. Meine Möbel aus Aarau zu verschiffen hätte so viel gekostet wie zweimal eine neue Einrichtung. Meine alten Möbel passten ohnehin nicht zu den dicken, weißverputzten Lehmwänden, der niedrigen Decke mit den weißen Holzbalken. Ich hatte schöne Möbel, manche davon Erbstücke. Andere Sachen hatte ich nach meiner Trennung in einer einzigen schlaflosen Nacht im Internet zusammengekauft. Ich hatte Bilder, die mir viel bedeuteten, die aber zu groß waren, zu wuchtig für die wenigen freien Wände der Casita. Ich hatte ein wunderschönes Art-déco-Service mit Blumenvignetten und Goldrand, das einmal meiner Urgroßmutter gehört hatte und das den Transport wohl kaum überleben würde – und das auf dem Gartentisch, an dem ich meist essen würde, vollkommen fehl am Platz wäre.

Das einzige Möbelstück, das ich unbedingt mitnehmen wollte, war mein Schreibtisch. Genauer, meine Tischplatte, die ich in San Francisco vor etwa fünfzehn Jahren aus einer alten Tür selber gebastelt habe. Das heißt, ich habe die Tür abgeschliffen. Mehr nicht. Nur ein bisschen, so dass unter dem Weiß noch ein blasses Grau oder Blau hindurchschimmert. Nicht einmal den runden Türgriff habe ich abgeschraubt, das Schloss. Die Tür hat fünf Vertiefungen, in die ich trockene Blumen lege, alte Fotos, ausgeschnittene Worte. Dafür habe ich bei einem Glaser fünf dicke Scheiben zuschneiden lassen. Ich lege die Tür auf zwei Holzböcke, und fertig ist mein magischer Schreibtisch, der mich immer besonders inspiriert und auf den ich sinnlos stolz bin. Deshalb habe ich diese Tischplatte von San Francisco nach Möriken und in mein Atelier in Aarau gezügelt, und jetzt verschiffe ich sie zurück nach Santa Fe. Die Glasplatten muss ich natürlich nach jedem Umzug neu zuschneiden lassen. Und was ich in die Vertiefungen lege, ändert sich sowieso jede Woche oder jeden Monat oder jedes Jahr. Im Prinzip ist es also nur eine alte Tür, die ich um die halbe Welt schicke und wieder zurück.

«Du weißt schon, dass es hier auch Türen gibt?», fragt Victor.

«Ja, schon gut!» Ich weiß, dass man in Amerika gute Bettdecken kaufen kann – aber ich kann doch auch meine mitnehmen? Warum nicht ein paar Dinge verschiffen? Die Tischplatte und ein paar Kisten voller Bücher und Hausrat. Mein kuscheliges Duvet. Den bunten Teppich, den mir meine Mutter zum fünfzigsten Geburtstag geschenkt hat und der perfekt auf den Schieferboden in meiner Dachwohnung passte. Die Muster und die Farben erinnern mich auch an den Wilden Westen, die verschiedenen Blau- und Gelbtöne. Wie der Wüstenboden im Abendlicht, die blauen Berge am Horizont.

Ich rief Susanne an, die drei Jahre vor mir ausgewandert

war, nach Louisiana. Sie hatte ebenfalls ihren ganzen Hausrat verschenkt und nur ein paar Kisten mit Büchern, Bildern und anderen Dingen verschifft. Als Frachtgut. Das war nicht besonders teuer, dauerte aber lange. Ihre Kisten wurden vom Zoll aufgeschnitten, durchwühlt und nachlässig wieder verschlossen, so dass die Hälfte ihrer Sachen kaputt das Ziel erreichte. Ich telefonierte weiter. Um Kostenvoranschläge einzuholen und miteinander zu vergleichen, legte ich mich auf acht kleine Kisten fest – eine willkürlich gewählte Zahl. Wenn ich mich darauf einlasse zu warten, bis genau so viel Platz in einem Container übrig ist, der schon anderes Stückgut nach New Mexico enthält, kostet das gar nicht so viel. Kein Problem für mich, ich brauche meine Sachen ja nicht sofort. Aber dann heißt es plötzlich: «Können Sie die Sachen am Montag bereithaben?»

«Am Montag?»

Es ist Freitag. Samstag und Sonntag gebe ich meinen letzten Kurs. «Okay», sage ich. «Klar.» Eigentlich bin ich gerade dabei, meine Schreibwerkstatt zu räumen, die ich einen Monat vor der Wohnung gekündigt habe. Ich dachte noch, das hätte ich sehr geschickt organisiert, um jeden überflüssigen Stress zu vermeiden. Auch hier hat sich im Verlauf der Jahre mehr angesammelt, als mir bewusst war. Der obere Stock ist als Inspirationsparcours eingerichtet. Den geheimnisvollen, etwas düsteren, staubigen Dachbodencharakter des offenen Raums habe ich erhalten. Altmodische Lehnsessel aus dem Brockenhaus bilden acht Stationen zu unterschiedlichen Themen. Um diese Stationen zu beleben und zu illustrieren, um die Phantasie anzuregen, haben mir Freunde verschiedene Gegenstände geschenkt. Da ist der lederne Babyschuh, den Nikolaus vor sechzig Jahren getragen hat. Da sind die Kinderbücher, die Eva vor siebzig Jahren gelesen hat. Da sind die endlosen Fotostreifen aus dem Automaten, die Leandra und Helen vor fünfzehn Jahren als kichernde Teenager schossen. Ich rufe sie alle an: «Wollt ihr eure Sachen wiederhaben?» Einige pilgern tatsächlich nach Aarau, um die Erinnerungen, die sie nicht nur mir, sondern unzähligen Schreibenden geliehen haben, wieder an sich zu nehmen.

«Stell dir vor, in wie vielen Geschichten dieser Schuh vorgekommen ist», sage ich zu Nikolaus.

Das Räumen der Schreibwerkstatt muss bis nach dem letzten Kurs warten. Als ich am Sonntagabend nach Hause komme, bin ich wie immer erschöpft und ausgelaugt von der intensiven Zusammenarbeit, aber auch erfüllt. Und aufgewühlt: Das war mein vorerst letzter Kurs. Für wie lange, das weiß ich noch nicht. So viele Geschichten, die ich begleitet habe …

Aber ich habe keine Zeit zum Träumen: Morgen kommen die Männer von der Transportfirma. Als Erstes rolle ich den Teppich zusammen, wickle ihn mit Klebeband fest. So habe ich ihn damals von Zürich nach Aarau transportiert, auf meiner Schulter, im Zug. Dann schicke ich Cyril in meine Schreibwerkstatt, er soll die Tischplatte abholen und unten in den Eingang stellen. Unterdessen klebe ich acht Kartonkisten zusammen und stelle sie geöffnet nebeneinander in den Gang.

Dann gehe ich von Zimmer zu Zimmer und greife recht wahllos und spontan nach den Dingen, die ich unbedingt mitnehmen will. Ich habe Hunger, ich bin müde, ich denke nicht lange nach. Manches ist einfach: Die Babyfotoalben meiner Söhne, ihre Bastelarbeiten, die Schmuckschatulle, die Schreibtischablage. Die gerahmten Familienbilder, die Bücher, die sich noch ungelesen neben meinem Bett stapeln. Meine Cowboystiefel.

Ich arbeite schnell und konzentriert. Ohne nachzudenken, ohne Erinnerungen nachzuhängen, ohne zu träumen. Als Cyril schwitzend und schnaufend mit der Tischplatte zurückkommt, sind die Kisten schon fast voll.

«Bestell uns eine Pizza», sage ich. «Ich bin gleich so weit.»

Und tatsächlich, als der Pizzakurier an der Tür klingelt, habe ich die letzte Schachtel zugeklebt. Ist das nicht absurd? Müsste ich die wenigen Gegenstände, die ich aus meinem alten in mein neues Leben mitnehme, nicht besonders sorgfältig auswählen? Sind es nicht diese Gegenstände, die meine Geschichte erzählen, die Geschichte meiner Familie? Sind es nicht diese Gegenstände, die mich ausmachen?

Dabei hatte ich damals Marie Kondo noch gar nicht gelesen, die japanische Bestsellerautorin von *Magic Cleaning* und Weltmeisterin im Ausmisten. In Amerika ist ihr Nachname bereits als Verb in den allgemeinen Sprachgebrauch eingegangen: «I kondoed my closet», sagt man zum Beispiel stolz, wenn man den Kleiderschrank nach dieser Methode geordnet hat. Ihr Vorgehen ist ebenso simpel wie bezaubernd: Man nimmt jeden Gegenstand in die Hand und wartet auf diesen kleinen Funken von Freude, den er auslöst, diesen winzigen Glückshüpfer im Zwerchfell. Bleibt er aus, muss der Gegenstand weg, egal wie praktisch er ist, wie viel er gekostet hat. Ohne es zu wissen, habe ich meine acht Kisten genau so gepackt. Die Zeit, jeden einzelnen Gegenstand zu überprüfen, hatte ich nicht. Aber intuitiv habe ich nur die Gegenstände eingepackt, die in mir eine kleine Freude auslösen. Auch wenn ich es nicht verstehe. Da ist zum Beispiel die viel zu große und deshalb kaum gebrauchte Salatschüssel aus Holz, die ich zusammen mit acht Schälchen für fünfzehn Franken im Brockenhaus gekauft habe. Vermutlich werde ich in Santa Fe noch weniger Gelegenheit haben, sie zu benutzen, da ich kaum Platz für große Einladungen habe. Trotzdem kommt sie mit. Mehr als das Sonntagsgeschirr meiner Urgroßmutter erinnert mich diese Holzschüssel wohl an meine Kindheit in den siebziger Jahren, an die Einladungen meiner Eltern, an Abendessen an einem großen Tisch.

Da sind auch die vier Eierbecher in Tierform, die ich als Kind einmal getöpfert habe. Ohne zu bedenken, dass der Ton beim Brennen schrumpft. So wurden sie nie gebraucht, denn höchstens ein Wachtelei würde in den Kamelhöcker, den Känguruhbeutel oder zwischen die Flossen des Seehunds passen. Trotzdem habe ich diese Viecher bei jedem Umzug wieder eingepackt. Unterdessen sind sie schon recht angeschlagen und abgesplittert. Liebevoll wickle ich sie in Zeitungspapier.

Und dann die beiden leicht angerosteten eisernen Räder, an denen Reste von weißer Farbe kleben. Ich weiß bis heute nicht, wozu sie gut sind, diese eisernen Sonnenräder, die ich in Aarau auf der Straße gefunden habe. Das war während einer Zen-Übung. Eine Stunde lang sollten wir uns vorstellen, die Altstadt sei unser Wohnzimmer. Und sie aufräumen. Alles aufheben und wegwerfen, was wir in unserem Wohnzimmer nicht haben wollten. Zigarettenstummel, leere Bierflaschen, eben Abfall. Und wir sollten uns dabei selbst beobachten. Unsere Reaktionen notieren. Diese waren immer überraschend heftig und reichten von Scham bis Wut. Was denken die Leute, wenn sie mich so sehen? Fremden Abfall aufheben? Herrgott, könnt ihr eure Bierflaschen nicht selber entsorgen? Habt ihr das zuhause nicht gelernt?

Ich habe diese Übung mehrmals mitgemacht. Einmal, erinnere ich mich, blieb ich ganz in mich versunken auf dem kleinen Vorplatz vor meiner Schreibstube und klaubte einzelne Zigarettenstummel zwischen den Kopfsteinen hervor. Ich bewegte mich nicht mehr als einen, zwei Meter in einer Stunde. Ein andermal hob ich einen vergilbten Zeitungsbund vom letzten Sonntag auf, las mich auf dem Weg zum nächsten Papierkorb daran fest und verbrachte den Rest der Stunde auf einer Parkbank in der Sonne, lesend.

Und einmal habe ich diese beiden seltsamen Eisenräder aufgehoben, die für mich eine Art Wild-West-Gefühl verkörperten. Über ein Jahr lang hingen sie in meinem Treppenhaus. Und jetzt packe ich sie in eine Kiste. Auch wenn ich später nicht weiß, wie ich sie auf der detaillierten Inhaltsliste bezeichnen soll. «Eisenkunst», schreibe ich schließlich. «Versicherungswert: 10 Franken.»

Ein Gegenstand ist mir allerdings nach Santa Fe vorausgeeilt: Eine Schuhschachtel, die ich im Alter von acht oder neun Jahren in einem Bastelkurs bemalt habe. Kurz nachdem ich die Casita vor zwei Jahren gekauft hatte, lud Doris mich zu einer Gartenparty ein. Dort lernte ich einige Auslandschweizer kennen, unter anderem ein Paar, das außerhalb von Albuquerque lebt. Sie erzählten mir, dass sie bald in die Schweiz fahren würden, um das Haus seiner Eltern zu räumen. In Zumikon.

«In Zumikon? Dort bin ich auch aufgewachsen!» Wir gehören nicht ganz zur selben Generation, erinnern uns deshalb nicht an die gleichen Mitschüler und Lehrer. «Sag bloß, du hast bei Frau B. gebastelt?»

Ja, tatsächlich, das habe ich. Ich erinnere mich gut an diese stillen Nachmittage in einem Mädchenparadies voller Glasperlen und Samtbändern, Tüllstreifen und gefärbten Federn. Stellt sich heraus, dass Frau B. die Stiefmutter dieses Auslandschweizers war. Als sie ein paar Wochen später das Haus räumen, finden sie diese Schuhschachtel, die mit meinem Mädchennamen angeschrieben ist. Der Deckel, auf den ich eine Engelsprinzessin gemalt habe, ist leicht eingerissen. Ansonsten ist die Schachtel wie neu. Warum ich sie damals nicht mit nach Hause genommen habe, weiß ich nicht mehr.

Sie schicken mir ein Handybild: «Willst du die haben?»

«Unbedingt!» Hätte ich sie damals mit nach Hause genommen, gäbe es sie vermutlich längst nicht mehr, diese Schachtel. Jetzt stelle ich sie auf meinen neuen, alten Schreibtisch, den ich rasch aufgebaut habe, und fülle sie mit Bleistiften und Briefumschlägen. Zufrieden schaue ich mein Werk an. Die Glasplatten für die Vertiefungen muss ich erst wieder zuschneiden lassen, aber der Anblick der vertrauten Tischplatte erfüllt mich mit tiefer Zufriedenheit. Sofort habe ich Lust, mich hinzusetzen und zu schreiben. Ich denke an einen Dokumentarfilm über Thomas Mann, den ich mit Pie kurz vor meiner Abreise gesehen habe. Obwohl mir nichts ferner liegt als der Vergleich mit Thomas Mann, fühlte ich mich ihm seltsam verbunden. Die Erleichterung, die er empfand, wenn sein Schreibtisch im jeweiligen Exil eingetroffen war. Wenn er seine «Sächelchen» wieder hatte, die genau so und nicht anders auf der Holzplatte ausgerichtet werden mussten.

Aufgeregt wie ein Kind schlitze ich die oberste Schachtel auf und muss laut lachen: Sie ist voller Cowboystiefel. Ich reihe die Paare hinter dem Bett auf. Das Duvet, meine bunten Handtücher und den Wintermantel lasse ich eingeschweißt in ihren Vakuumbeuteln und stopfe sie in die Schubladen unter dem Bett. Ich räume einige Sachen in den Küchenschrank, die hölzerne Salatschüssel ist zu groß, sie kommt obendrauf. Ich stelle meinen Keramikzoo aufs Fensterbrett, verteile Familienbilder überall, auf dem Kaminsims und auf den Fenstersimsen. Sofort fühle ich mich weniger allein. Die Büchergestelle, die ich im Internet bestellt habe, kommen erst nächste Woche. Trotzdem packe ich auch die zwei Kisten mit Büchern aus und staple sie an der Wand auf. So radikal mir die Beschränkung auf diese acht Kisten auch vorkam – jetzt wird mir klar, dass ich immer noch zu viel habe. Zu viele Dinge. Bücher, Kleider, Stiefel. Das Haus ist voll. Von nun an werde ich jedes Mal, wenn ich etwas kaufe, ein Paar Stiefel, ein Bild, einen neuen Mantel, etwas anderes entsorgen müssen. Denn ich bin keine Asketin, keine Minimalistin. Schon gar keine «neue Extremminimalistin»: Die Anhänger dieser Bewegung beschränken ihren Besitz auf hundert oder auch nur fünfzehn Gegenstände, wie der ehemalige Startup-Berater Andrew Hyde, der mit nur fünfzehn Sachen im Rucksack fünfzehn Länder bereist und ein Buch darüber geschrieben hat. Fünfzehn? Nun gut, er zählt sein Necessaire als einen Gegenstand und das Ladekabel gar nicht. Aber trotzdem. Diese Extremminimalisten leben im wahrsten Sinne des Wortes von der Hand in den Mund, von Moment zu Moment. Sie sind auf die Großzügigkeit von Fremden angewiesen und auf ihre Fähigkeit, sich den Begebenheiten anzupassen und Gelegenheiten beim Schopf zu packen. Sie schonen Ressourcen, regen andere zum Nachdenken an und schreiben tolle Bücher darüber. Sie haben eine Mission. Ich bewundere sie. Aber sie sind mir auch fremd. Denn selber habe ich keinerlei übergeordnete Ambitionen, keine Mission. Meine Entscheidung, meinen Besitz aufzugeben, betraf einzig und allein mich selbst.

Ich will kein Bewusstsein verändern, außer meinem eigenen. Ich will bloß ein einfacheres und dadurch angenehmeres Leben leben. Ich will weniger Zeit mit Putzen verbringen. Aber ich weiß auch, dass ich immer wieder den Impuls verspüre, mir etwas Schönes zu kaufen. Und dass mich das – wenn auch vielleicht nur einen Augenblick lang – durchaus glücklich machen wird. Ich bin keine Heilige. Der Anblick eines Paar Stiefels in einem Schaufenster kann mir ein fast schon erotisches Hochgefühl verschaffen. Aber diesem Impuls kann ich nun nicht mehr so einfach nachgeben. *Milena's choice*: Welches Paar meiner geliebten Cowboystiefel bin ich bereit, für dieses neue zu opfern? Diese Frage werde ich mir nicht allzu oft stellen wollen. Mein Kaufverhalten wird sich von selber regulieren.

Ich wasche die Tassen ab. Da ist die selbstbemalte, die Cyril mir einmal zu Weihnachten geschenkt hat. Sie zeigt einen Computer auf der einen Seite und einen Fernseher auf der anderen. «Typing and Television are keeping me sane!», hat mein Sohn frech daruntergeschrieben. Frech und absolut zutreffend. Nur gegen das Wort *typing* wehre ich mich: Zwischen Schreiben und Tippen besteht sehr wohl ein Unterschied! Ich grinse, als ich die Tasse in den Schrank stelle. Und mir wird bewusst, dass ich nun alles, was ich benutze, sofort wieder abwaschen, aufhängen, zusammenfalten, versorgen muss. Denn über Ablageflächen verfügt die Casita auch nicht. Das wird nicht eben leicht! Eine Übung, die mir vielleicht in einem Zen-Retreat gelingt, wenn ich in das dichte, ritualisierte Gewebe des Stundenplans und Alltags dort eingebunden bin. Zuhause, auf mich allein gestellt, fällt mir das schwerer. Ich neige dazu, Dinge liegen zu lassen, seltsame Sammlungen anzuhäufen, jedes verfügbare Glas mit Wasser zu füllen und irgendwo hinzustellen. Auch das kann ich mir jetzt nicht mehr leisten. Meine Casita erzieht mich. Sie zwingt mich dazu, mein Leben einfach, überschaubar und unkompliziert einzurichten. Sie zwingt mich zu meinem Glück.

Andrew Hyde übrigens ist unterdessen wieder sesshaft geworden. Er hat ein sehr großes Haus gekauft und mit vielen schönen Dingen gefüllt.

Die Spinnenflüsterer

Während ich auf meine Regale warte, will ich den kleinen Garten endlich zu meinem machen. Bisher habe ich mich nie besonders darum gekümmert, ich war nie lange genug hier. Aber ich wusste immer, dass ich den Efeu, der das Haus auf zwei Seiten komplett überwuchert, nicht haben will. Ich mag Efeu nicht, die glänzenden grünen Blätter wirken auf mich mehr künstlich als romantisch. Nach dem Kraftakt in Victors Garten scheint mir diese Aufgabe leicht und überschaubar. Also ziehe ich die Gartenhandschuhe an und greife in die sattgrünen Blätter. Eine schwarzglänzende Spinne krabbelt über meine rechte Hand. Eine schwarze Witwe? Denn die gibt es hier, und auch die braune Einsiedlerspinne. Meine irrationale Angst vor Spinnen habe ich vor Jahren überwunden, indem ich einen vierstündigen Kurs im Zürcher Zoo besuchte. Aber der Respekt vor giftigen Bissen ist geblieben. Und zwar berechtigt. Letztes Jahr habe ich in der Yogastunde eine Frau kennengelernt, die von so einer braunen Einsiedlerspinne gebissen worden war. Sechs Monate später war ihre ganze rechte Gesichtshälfte noch geschwollen und blau-violett verfärbt.

In Victors Garten wurde ich auch von Spinnen gebissen. Harmlosen nur. Kreisrunde Male mit einem roten Punkt in der Mitte, wie Zielscheiben, zieren meine Knöchel. Ich lasse die Hände sinken. Mein Blick schweift über das grüne Dickicht, das sich vor meinen Augen auszubreiten, zu vergrößern scheint. Bis ich mir nicht mehr vorstellen kann, es zu bewältigen. Plötzlich mag ich nicht mehr. Das klingt so einfach: Ich mag nicht mehr. Aber es kostet mich immer noch Überwindung, das einzusehen.

Ich tue, was ich in solchen Situationen immer tue: Ich rufe Doris an. «Doris, ich brauche Hilfe», sage ich. Na also! So schwer ist das ja gar nicht.

Doris weiß auch sofort Rat: «Ich schick dir Arie und Gary vorbei.»

Arie wohnt ganz in meiner Nähe im Gärtnerhaus eines reichen Kunstsammlers. Vormittags kümmert er sich dort um alles, was in der parkähnlichen Gartenanlage anfällt, nachmittags hat er frei. Sein Freund Gary ist Kunstlehrer, jetzt in Pension. Ein paar Jahre lang haben die beiden in Costa Rica gelebt und eine Kunstschule geführt. «Wir hatten ein schönes Leben dort», sagt Arie. Er wäre gern dort geblieben. Aber Gary, der in Santa Fe aufgewachsen ist, hatte Heimweh. Er hat erwachsene Kinder hier, Enkel, er ist ein Familienmensch. Arie hingegen tut sich schwer mit dem Ortswechsel, er vermisst das vergleichsweise sorglose Leben in der Karibik.

«In Costa Rica hatten wir zwei Häuser, hier kann ich kaum die Rechnungen bezahlen …» Er ist froh um jeden Auftrag. Und er hat auch keine Angst vor Spinnen. Am selben Nachmittag fährt er mit seinem Truck vor. Er trägt Handschuhe, die bis über die Ellbogen reichen, und ein todschick gemustertes Leinenhemd. Ein paar Stunden später kommt Gary dazu, ein bisschen älter, aber ebenso drahtig und elegant. Schweigend macht er sich an die Arbeit. Die alteingesessenen Santa Feaner sind wortkarg, stolz und taff. Sie fühlen sich den Neuzuzüglern, Rentnern und Ferienhäuslern eindeutig überlegen. Überlebt erst mal ein paar strenge Winter hier, scheinen sie zu denken. Versucht mal, ohne viel Geld durchzukommen. Beweist uns erst mal, dass ihr wirklich hier leben könnt. Dass ihr hierhergehört!

Durch Doris lerne ich diese unsichtbare Schicht der Dienstleistenden kennen, die den Lebensstil der Reichen und Berühmten erst möglich macht. Die Handwerker, *house sitter*, Hundehüter, Putzfrauen, Gärtner und *handymen*, die die vielen leerstehenden Häuser in Schuss halten, die Besitzer sozusagen vertreten. Für Mittel- bis Wenigverdiener gibt es kaum bezahlbaren Wohnraum in Santa Fe, zu mieten schon gar nicht. Die Villen der Reichen stehen den größten Teil des Jahres leer. Deshalb ist das bezahlte Häuserhüten, das *house sitting*, ein recht erfolgreiches Modell. Doris hat eine Kundin, die sie nur dafür bezahlt, dass sie die Schachteln auspackt, die sie in ihrer Abwesenheit von etlichen Versandhäusern geliefert bekommt. Oft stellt sie dann fest, dass sie die gleiche Lederjacke schon einmal gekauft hat, und gibt sie an Doris weiter. «Ich habe überhaupt kein Geld», lachte diese. «Aber ich trage Designerkleider und schlafe in den spektakulärsten Anwesen der Stadt!» Wer zuverlässig und gewissenhaft arbeitet, hat immer Kunden. So gibt es eine Crème de la Crème der Dienstleister, die so ihre Kunst finanziert, ihr Schreiben, ihre Reisen, ihre unprofitablen Tätigkeiten. Damit sind sie in guter Gesellschaft: Auch die Cinco Pintores, die «Fünf Maler», die Anfang des 20. Jahrhunderts ihren Lehrern von der Ostküste hierher folgten, verdienten sich ihren Lebensunterhalt als Handwerker. Sie waren die ersten noch nicht etablierten Künstler, die sich hier niederließen. Nachdem sie für sich selber die ersten fünf Adobehäuser in der Stadt gebaut und einiges dabei gelernt hatten (ihre ersten Versuche fielen immer wieder in sich zusammen), boten sie ihre Dienste den etablierteren Künstlern vor Ort an. Und später den Damen der höheren Gesellschaft, die die Adobe-Bauweise für sich entdeckten und den Pueblo-Revival-Boom vorantrieben. Damals wie heute war der Handwerker bei Tag gern gesehener Gast bei den Partys am Abend. Es gibt ein Klassendenken, aber es orientiert sich weniger an Geld und Besitz. Hier geht es um etwas anderes, um Durchhaltevermögen, Langlebigkeit. Die Alteingesessenen haben das Sagen. Wer zuerst hier war, gewinnt. Deshalb ist es nur folgerichtig, dass ich auf Gary höre und nicht er auf mich.

Die Wand, die unter dem Efeu hervorkommt, ist hässlich. Die Zweige und Wurzeln haben ein Netz in die braune Farbe geätzt. «Das muss neu gestrichen werden», bestimmt Gary.

«Finde ich auch.» Das ist leichter gesagt als getan. Mein Haus ist denkmalgeschützt. Wir müssen also nicht nur der Hauseigentümergemeinschaft, sondern auch der Historischen (oder Hysterischen, wie man sie hier nennt) Gesellschaft Farbmuster zur Bewilligung vorlegen. Obwohl mein Haus hinter einem zwei Meter hohen Coyotezaun aus unbehandelten Holzstämmen versteckt und nicht einmal vom Parkplatz aus einsehbar ist. Außerdem will ich gar nichts anderes als eine der traditionellen Lehmfarben, ein rötliches hellbraun – und natürlich türkisfarbene Fensterrahmen.

Ich bespreche das mit Bill, der zwar nicht mein nächster Nachbar ist, aber der, den ich am häufigsten sehe. Sein Häuschen geht auf den Parkplatz hinaus, und seine Tür steht meist offen. Er wohnt am längsten hier, jedenfalls seit Martha, die die Galerie an der Straße führte, mit ihrem jungen Ehemann nach Hawaii ausgewandert ist. Noch steht die Galerie leer. Es ist nicht das einzige «Zu vermieten»- oder «Zu verkaufen»-Schild, das in einem Schaufenster hängt. Die Canyon Road ist die älteste Straße der Stadt. Genau genommen ist sie sogar älter als die Stadt selber. Sie führte vom Pecos Pueblo am Santa Fe River entlang. Die spanischen Eroberer bauten kurz nach der Gründung der Stadt 1610 einen bis heute existierenden Bewässerungsgraben parallel zur Canyon Road: Acequia Madre, der Mutterkanal. Er führte das Wasser von den Sangre-de-Cristo-Bergen zu den Kornfeldern, die die Straße säumten. Die US-Armee richtete Mitte des 18. Jahrhunderts eine Sägemühle an der Straße ein, um das Holz für den Bau der Macy-Festung zu verarbeiten.

Seit Ende des 19. Jahrhunderts besuchten vermehrt Künstler Santa Fe. Sie ließen im Sunmount-Sanatorium ihre Tuberkulose und andere Lungenleiden behandeln. Wer blieb, ließ sich am Camino del Monte Sol nieder, etwas oberhalb der Canyon Road, die sich immer mehr zur Geschäftsstraße entwickelte. Damals waren es aber nicht Galerien, sondern vor allem Lebensmittelläden, und während der Prohibition auch ein paar illegale Schnapsläden. Zu dieser Zeit wurde vermutlich auch die kuriose Ansammlung von Nebengebäuden gebaut, die Bill und ich heute bewohnen. Als Wohnstraße war die Canyon Road damals nicht begehrt. Die leerstehenden Bauernhäuser waren günstig, was naturgemäß viele Künstler anlockte. Und diese Künstler luden Kunden in ihre Studios ein. So entwickelte sich die Galerienlandschaft von heute. Es gibt über hundert Galerien, von denen viele immer noch nur den Maler ausstellen, dem sie gehört. 1962 wurde die Canyon

Road als *residential arts and crafts district* eingezont. Damals bürgerte sich der «gallery crawl» am späten Freitagnachmittag ein. Man schlenderte von einer Ausstellungseröffnung zur nächsten, trank überall ein Glas Wein oder einen Tequila, aß etwas, diskutierte über Kunst und versammelte sich dann in der letzten Galerie der Straße, um bis tief in die Nacht weiterzutrinken und die Bilder zu begutachten. Die Kunstszene war lebhaft, eng ineinander verhakelt und heillos zerstritten. Und nicht gerade kommerziell fokussiert. Das änderte sich in den achtziger Jahren, als ein Artikel in einer Lifestyle-Illustrierten Santa Fe zum «place where it happens» erklärte und eine neue Einwanderungswelle auslöste, die die Stadt kaum verkraftete. Gleichzeitig begann so auch Santa Fes Affäre mit dem Massentourismus, eine Hassliebe, die bis heute anhält und die Stadt immer stärker beherrscht. Die Immobilienpreise klettern in für Künstler, Einheimische und Familien schwindelerregende Höhen. Touristenbusse fahren die Canyon Road hinauf und hinab, die Kunst wird über Lautsprecher erklärt, wer keine Lust hat, muss nicht einmal aussteigen. Auch heute sieht man Maler vor ihren Galerien stehen und an halbfertigen Bildern pinseln. Sie tragen Strohhüte und Seidenschals und erinnern an die Gondoliere in Venedig – sie imitieren das Bild, das sie sich von sich selbst machen. Und obwohl wir das erkennen, sind sie trotzdem echt – sie sind da und leben ihr Leben. Mir geht es nicht anders: Ich bin da, ich lebe hier, ich bin echt.

Bill ist vor über zwanzig Jahren hierhergezogen, mit seinem unterdessen verstorbenen Partner hat er zwei der kleinen Häuschen zusammengelegt und renoviert. Er erinnert sich noch an die Anfangszeiten, als diese Ansammlung von Häuschen ein Diner war und noch früher eine Autowerkstatt mit diversen Nebengebäuden. «Den Baum vor deinem Haus haben wir gepflanzt, als Diana starb. Sie war die Erste, die darin gelebt hat.» Damals war der Compound noch eine richtige Gemeinschaft. Man kannte und mochte einander, half sich gegenseitig aus, feierte und trauerte zusammen. Das ist vorbei. Zwei der Häuschen werden tage- und wochenweise an Touristen vermietet, an Leute von der Oper oder vom Film.

Bill ist Frühaufsteher, wie ich. Wenn ich morgens zur Yogastunde fahre, kommt er von seinem Hundespaziergang zurück. Es geht ihm nicht so gut. Die künstliche Hüfte, fünfzehn Jahre alt, springt häufig aus dem Gelenk und ist langsam hinüber. Nun wartet Bill auf einen Operationstermin. Er trägt eine Sauerstoffflasche in einem kleinen Rucksack bei sich und bewegt sich nur langsam. So langsam wie der Hund, der neben ihm herhinkt. Bill adoptiert alte und kranke Hunde aus dem Tierheim und verhilft ihnen zu ein paar entspannten letzten Monaten oder Jahren. In einem unerträglich schnellen Rhythmus muss er immer wieder Abschied nehmen, immer wieder.

«Soll ich Betty nicht mal ausführen?», biete ich an.

«Danke, aber sie geht mit niemand anderem. Pat hat es gestern auch schon versucht.» Betty hat in ihrem Leben schon genug Verluste erlitten. Bill kann das nachempfinden. Und so geht er geduldig jeden Tag mit ihr hinaus, auch unter Schmerzen.

Pat, die Präsidentin unserer kleinen Eigentümergemeinschaft, wohnt mit ihrem Ehemann, dem «anderen Bill», in der größten Behausung am Ende des espengesäumten Wegs. Ihre Kinder und Enkel leben über das ganze Land verteilt, deshalb sind Pat und Bill oft unterwegs. Aber die Opernsaison lassen sie sich nicht entgehen. «Wegen der Farben fragst du am besten Pat», sagt Bill. «Wir möchten dich ohnehin zu einem Willkommensdrink einladen!»

Am selben Abend sitzen wir in ihrem schattigen Innenhof und betrachten meine Farbmuster. Pat nimmt es sehr genau. «Das hier scheint mir ein bisschen hell ... ein bisschen zu gelbstichig ... Weißt du, was das Blau der Fensterläden bedeutet?»

«Nein, ich finde sie einfach schön!»

«Sie sollen das Haus beschützen, böse Geister fernhalten, etwas in der Art. Die Ureinwohner haben Türkise auf die Fenstersimse gelegt. Daher kommt das.»

Ich nehme mir noch ein Brötchen mit Ziegenkäse und Feigen. Pat hat reichlich aufgetischt, es würde für ein Willkommen der ganzen Straße reichen. Ich bin froh, dass ich nicht zu Mittag gegessen habe. Pat hat mehrere Kochbücher verfasst und genießt ihre Gastgeberrolle. Aber wenn es um die Regeln der Eigentümergemeinschaft geht, kennt sie nichts.

«Du rufst besser auch die Hysterische Gesellschaft an, sicher ist sicher!»

«Ach, komm schon, Pat», mischt sich Bill ein. «Andere, die wir mit Namen nennen könnten, haben uns gar nicht erst gefragt.» Zwei der Häuschen haben letztes Jahr den Besitzer gewechselt. Es sind dieselben Häuschen, die jetzt möbliert vermietet werden, für viel Geld. Das wissen wir, weil wir darüber abstimmen müssen. Der Besitzer ist ein reicher Texaner, der auch meine Casita kaufen wollte, um sie mit einer von seinen zusammenzulegen. Er hat jetzt plötzlich zwei Stimmen in der Versammlung. Und ganz andere Ideen als die Alteingesessenen. Er will die Vermietungsbestimmungen lockern, größere Parkplätze für größere Autos bauen, er will die jährlichen Gebühren anheben, um zu vermeiden, dass sich «Leute einkaufen, die sich diesen Lebensstil gar nicht leisten können». Ich vermute, dass er unter anderem mich damit meint. Vielleicht macht er auch Pat nervös? Ich will kein Risiko eingehen und verspreche, den Dienstweg einzuhalten.

Pat schenkt Wein nach. «Hast du deinen direkten Nachbarn schon kennengelernt?»

Ich schüttle den Kopf. Direkt neben mir wohnt in diesem Sommer ein berühmter Drehbuchautor, der einen Oscar gewonnen haben soll, und der außerdem «verdammt gut aussieht. Frag Google!»

Ein Großteil von Santa Fes Steuereinnahmen stammt aus dem Filmgeschäft. Durchgängig werden vier oder fünf Filme gleichzeitig gedreht in der Stadt, die eigentlich zu klein ist, um diese Belastung auszuhalten. Allerdings gewöhnt man sich an die Last- und Wohnwagen-Karawanen, an die prominenten Gesichter in den Läden, Restaurants und Yogastudios. Gestern haben offenbar Tommy Lee Jones und Morgan Freeman die Galerien in der Canyon Road abgeklappert. Und – frag Google! – die nächsten drei Monate lebe ich Tür an Tür mit dem Drehbuchautor von *Lethal Weapon* 1 und 2 (immerhin kenne ich den Filmtitel). Sein gutes Aussehen kann ich leider nicht überprüfen, da er noch früher aufsteht als Bill und ich und erst spät nachts nach Hause kommt.

Schließlich habe ich die richtigen Farben gefunden und absegnen lassen. Gary beginnt mit dem Streichen. Ganz oben an der Hausmauer hat er unter dem Efeu einen zugenagelten hölzernen Fensterladen entdeckt. «Soll ich den aufmachen? Willst du wissen, was dahinter ist?» Ich lege den Kopf in den Nacken. Das Fenster liegt direkt unter dem Dach – und deutlich über der Höhe der Küchendecke. Dieser Zwischenraum fällt mir jetzt zum ersten Mal auf. Ob ich wohl doch einen Estrich habe? Eigentlich will ich es gar nicht so genau wissen. Das Haus hat mir in den letzten zwei Jahren schon genug Überraschungen beschert.

«Lieber nicht», sage ich. «Vielleicht später mal.»

«Ich streich ihn auf jeden Fall türkisfarben an.»

Nachdem der Efeu nicht nur von der Hauswand, sondern auch vom Zaun hinter dem Wohnzimmerfenster und von der gegenüberliegenden Wand des Nachbarn verschwunden ist, habe ich plötzlich viel mehr Licht. Arie und Gary streichen den Holzzaun weiß, was mein Wohnzimmer zusätzlich heller macht. Ich überlasse ihnen viele solche Entscheidungen, ich genieße es, für einmal die Verantwortung abzugeben. Mich auf die Erfahrung und das Wissen anderer zu verlassen.

Arie und ich fahren zu einer Gärtnerei, um ein paar Pflanzen zu kaufen. In der Hochwüste, wo das Wasser knapp ist, will ich mich auf einheimische Pflanzen beschränken, die nicht allzu durstig sind. Wir schauen uns folgerichtig bei Plants of the Southwest um, einer romantischen Gartenanlage mit eigenem Café, die wie ein lauschiger Park wirkt und weniger wie ein Geschäft.

Ich nehme mir einen Schubkarren und lade alles darauf, was bunt blüht.

«Typischer Anfängerfehler», sagt Arie, «den Garten mit Pflanzen zuzupflastern. Nimm erst mal wenige, und lass ihnen Platz zum Wachsen.» Grummelnd stelle ich zwei Drittel meiner Auswahl zurück. Mein Garten besteht ja nur aus einem schmalen Bord rund um den Sitzplatz. Aber ich habe einen Apfelbaum – und eine Glyzinie, die sich unter dem Efeu versteckt hatte.

«In ein paar Jahren macht die dir Schatten», sagt Arie.

Dann schaut er mich an: «Wenn du in ein paar Jahren überhaupt noch da bist …»

«Wie meinst du das?» Fast bin ich beleidigt, dabei hätte ich noch vor wenigen Tagen meinen Flug von San Francisco hierher fast abgesagt. Sieht man mir meine Unsicherheit an? Gleichzeitig überrascht mich meine Reaktion: Santa Fe bedeutet mir offenbar mehr, als mir bewusst war. Mehr als die große Liebe? Diese Frage werde ich nicht so leicht beantworten können, wie ich gern möchte. Das Motto, mit dem jeder amerikanische Bundesstaat auf seinen Nummerschildern für sich wirbt, lautet bei New Mexico: «Land of Enchantment» – verzauberndes Land. Manche nennen es auch «Land of Entrapment» – fallenstellendes Land. Weil so viele von uns hier nicht mehr wegkommen …

Nummer 47 B

«Und?», schreibt Doris.

«Warte immer noch», antworte ich. Dann schaue ich wieder auf die Leuchtanzeige: Gerade wird die Nummer 32 A an den Schalter 11 gerufen. Seit einer Stunde sitze ich auf dem Straßenverkehrsamt in Albuquerque. Ich wage kaum mein Handy zu benutzen, geschweige denn im Buch zu lesen, das ich extra mitgenommen habe. Stattdessen starre ich auf die roten Punkte auf der Tafel, als könne ich sie zu einer 47 B zusammenschieben.

Seit sechs Wochen bemühe ich mich um einen Fahrausweis, der hier auch als Identitätskarte gilt, als Wohnsitznachweis. Ohne läuft hier gar nichts. Man kann ohne weiteres ein Auto kaufen, wenn man das nötige Bargeld hat. Man kriegt auch ein Nummernschild dafür. Aber ohne Führerschein gibt es keine Versicherung, und ohne Versicherung erhält man keine Fahrerlaubnis.

Am Ende von mehreren fruchtlosen Besuchen der Zweigstelle des Straßenverkehrsamts wurde mir nach stundenlangem Warten beschieden, dass ich mich in Albuquerque melden müsse, hundert Kilometer südlich. Um dort vermutlich meine Fahrprüfung zu wiederholen. «Aber machen Sie sich keine Sorgen, dies ist New Mexico: Wir lassen jeden ans Steuer!» Damals lachte ich noch mit. Einen Monat später finde ich das nicht mehr lustig. Ich habe die theoretische Prüfung abgelegt und alle nur denkbaren Gebühren bezahlt. Es fehlt der Niederlassungsbeweis. Üblicherweise reichen dafür zwei verschiedene Nebenkostenrechnungen an dieselbe Adresse. Bei mir nicht. «Diese Gasrechnung ist älter als drei Monate», hieß es beim ersten Mal. «Wer beweist uns, dass Sie immer noch an dieser Adresse wohnen?» Dagegen beim nächsten Besuch: «Ich sehe hieraus, dass Sie diesen Telefonanschluss bereits seit zwei Jahren haben, also leben Sie schon viel länger an dieser Adresse, als Sie angegeben haben?»

«Nein, nein! Ich habe das Haus seit zwei Jahren, als Ferienhaus.» Dass ich auch in meiner Abwesenheit die Stromrechnung bezahle, kann nicht wirklich überraschen. In einer Stadt, in der jedes sechste Haus ein Ferienhaus ist? Der Bürgermeister Javier Gonzales bezeichnet Santa Fe als eine klassische Einwandererstadt. Schon die ersten indianischen Siedler sollen ja von Norden her eingewandert sein. Im 17. Jahrhundert legten die Spanier den Königsweg an, den Camino Real. Dann kamen aus dem Osten die Angelsachsen, viele Tibeter, Mexikaner, weitere Europäer. Sehr viele Nordeuropäer. Sehr, sehr viele Schweizer. Viele davon Hippies,

Künstler, Pensionäre. Ich kann doch nicht die Einzige sein, die ihr Ferienhaus zum Hauptwohnsitz macht?

Hektisch durchsuche ich mein ordentliches Dokumentenmäppchen nach der Kopie der Bestimmungen, die ich bei meinem letzten Besuch erhalten habe. Aha, da steht es! Mit gelbem Leuchtstift markiert! «Als Wohnsitznachweis gelten wahlweise zwei von folgenden Dokumenten: Besitzurkunde einer Immobilie, Steuerrechnung für eine Immobilie, Nebenkostenrechnungen, Bankauszüge, Kreditkartenrechnungen.»

Triumphierend reiche ich sie durch den Schalter. «Schauen Sie! Das ist genau das, was ich mitgebracht habe.»

Aber die Beamtin lässt sich nicht erweichen. Sie schiebt mir die Kopie zusammen mit meiner Rechnung durch das Schalterfenster zurück. «Kommen Sie nächste Woche wieder und bringen Sie einen aktuellen Bankkontoauszug mit.»

«Einen Kontoauszug?» Als gute Schweizerin schlucke ich leer. Das Bankgeheimnis ist Teil meines genetischen Codes. Aber was soll ich machen?

«Selbstverständlich», sage ich.

Ganz fremd bin ich hier nicht, ich habe schon einmal in den USA gelebt. Die Kombination von bürokratischer Willkür und Wild-West-Mentalität ist mir vertraut. Und fraglos erinnere ich mich an eine ähnliche Willkür von Schweizer Behörden, die mich aber deutlich weniger störte: weil es «meine» Willkür war. Weil ich mich in meinem eigenen Land nicht so ausgeliefert fühlte, weil ich das Recht hatte, mich zu wehren, mich zu beschweren. Hier bin ich fremd, ich weiß nicht, was mir zusteht und was nicht, ich weiß nicht, wie ich mich zu verhalten habe. Das bin ich nicht gewöhnt. Das verunsichert mich – und es macht mir Angst.

«… eine Phase des Übergangs, der Hoffnung, der Angst, der Abhängigkeit von übergeordneten Machtstrukturen und nicht zuletzt eine Gegenwart voller offener Fragen», formulierte die Schriftstellerin Nina Haratischwili in ihrer Dankesrede für den Anna-Seghers-Preis 2015. In dieser Rede mit dem schönen Titel «Woanders ist jetzt hier» beschreibt sie auch, wie sie irgendwann aufgegeben hat zu erklären, wo sie herkommt. Dass ihr Georgien kein amerikanischer Bundesstaat und auch nicht Russland ist. Dass sie tatsächlich schon Orangen gesehen, sogar gegessen hat. Sie korrigiert die Vorurteile, denen sie begegnet, gar nicht mehr, denn wen interessiert es? Was man mitbringt, das zählt nicht am neuen Ort: Woanders ist jetzt hier.

Auch ich bin es müde, den Unterschied zwischen Schweden und der Schweiz zu erklären, auch ich fühle mich zurückgewiesen, wenn es niemanden interessiert.

«47 B zum Schalter 16!» Beinahe hätte ich den Aufruf verpasst. Ich raffe meine Papiere zusammen, fühle mich jetzt schon unbestimmt schuldig. Ich bin mir sicher, schon wieder etwas falsch gemacht zu haben. Die Beamtin blättert meine Kontoauszüge durch. Sie lässt sich Zeit. Ich werde nervös. Was denkt sie? Was denkt sie, wenn sie die Beträge sieht, die ich in Internetversandhäusern ausgebe? Und wofür? Wie viel sie wohl verdient? Muss sie mich nicht hassen, wenn sie meine frivolen Ausgaben sieht? Ganz zu schweigen von dem hübschen Leinenkleid, dass ich im Irrglauben angezogen habe, es helfe, «anständig» im Amt zu erscheinen. Andererseits wimmelt es in Santa Fe von wirklich reichen Kunstsammlern und Filmstars, deren Geräteschuppen größer ist als meine Casita. Und überhaupt, was hat das mit meinem Fahrausweis zu tun?

Als sie endlich aufblickt, bin ich aufgelöst. In ihren schwarzen Augen ist nichts zu lesen. Ich halte den Atem an. Sie hält mein Schicksal in den Händen, und sie weiß es. «Ich sehe hier aber ganz schön viele Transaktionen aus anderen Bundesstaaten», sagt sie und wedelt mit meinen Bankauszügen. Darauf war ich nun nicht gefasst. Ist das ein Problem? Offenbar. Ich schlucke. «Äh ja, mein Freund lebt in Kalifornien, ich besuche ihn dort regelmäßig …» Ich stottere wie ein beim Abschreiben ertapptes Schulmädchen. Und fühle mich ähnlich schuldig. Reiß dich zusammen! «Außerdem neige ich zu nächtlichen Online-shopping-Anfällen», versuche ich zu scherzen. Das hätte ich besser nicht getan: Ihr Gesicht verschließt sich. «Tut mir leid, aber das können wir nicht akzeptieren. Das gilt nicht als Niederlassungsbeweis.» Sie stempelt meine Papiere ab und legt sie weg. Wie ihre Vorgängerinnen in den letzten Wochen versucht sie gar nicht erst, ihre Willkür durch den Hinweis auf eine Verordnung zu kaschieren. Warum sollte sie? Ist Willkür nicht das Privileg der Bürokraten überall auf der Welt?

«Aber was … wie … was soll ich denn jetzt machen?» Ich stottere wieder. Zu spät, der Schalter bleibt so verschlossen wie ihr Gesicht. Sie drückt auf einen Knopf, die nächste Nummer leuchtet auf. Ich bin entlassen.

Ich sammle meine Dokumente zusammen. Verzweifelt schaue ich mich um, unterdessen kenne ich diese schäbige Amtsstube mit ihren unregelmäßigen Schalteröffnungszeiten, den unbequemen Plastikstühlen. Mein Blick schweift über die resignierten Wartenden, die Abreißzettel mit willkürlich verteilten Nummern in der Hand halten, Mexikaner die meisten. Und plötzlich regt sich etwas in mir, dass ich nicht kannte. Wut, verletzter Stolz, Überheblichkeit? Ich kann das Gefühl nicht benennen, das sich hier Luft machen will. «Was glauben Sie eigentlich?», will ich rufen. «Wie kommen Sie dazu, mich so zu behandeln? Schließlich komme ich aus der Schweiz!» Sofort schäme ich mich für diesen Impuls: Denke ich wirklich, aus der Schweiz zu kommen sei besser als, sagen wir, aus Mexiko?

Victor ist Mexikaner. Er ist sich diese Behandlung gewöhnt. Ich nicht. Ich bin eine weiße Frau mittleren Alters, Mittelschicht, aus einem reichen Land. Wenn ich einen Polizisten sehe, empfinde ich Erleichterung, nicht Angst. Ich erwarte erst mal Unterstützung und nicht, dass er mich erschießt. Auf Reisen gehe ich mit einem Lächeln davon aus, dass die Nennung meines Herkunftslandes Begeisterung auslöst: «Switzerland, how beautiful!» Denke ich, ich sei etwas Besseres? Wahrscheinlich – auch wenn ich es nicht wahrhaben will. Auch wenn ich es mir bislang nicht klargemacht habe. Wenn Reisen bildet, dann ist Auswandern ein Crashkurs in Selbsterkenntnis!

Ich habe mein Land verlassen, meine Familie, meine Freunde und den größten Teil meines Besitzes. Freiwillig. Ich habe keinen Krieg erlebt, keine Armut, keine Diskriminierung. Ich kann jederzeit in meine Heimat zurück. Meine Lage ist also mit der von Flüchtlingen nicht zu vergleichen. Und doch beginne ich zu ahnen, was es bedeutet, fremd zu sein. Unerwünscht. Überflüssig.

Kurz bevor ich die Schweiz verließ, besuchte ich eine Freundin in ihrem improvisierten Schulzimmer, wo sie minderjährige Asylbewerber, die unbegleitet ins Land gekommen waren, in Deutsch und Mathematik unterrichtete. Neun junge Menschen, siebzehn, achtzehn Jahre alt, aus Eritrea, Syrien, Äthiopien und Somalia. Einige von ihnen waren seit Jahren auf der Flucht. Unterwegs wurden sie missbraucht, ausgenutzt, misshandelt. In der Schweiz wurden sie mit fremden Erwachsenen zusammengetan und sich selbst überlassen. Die obligatorische Schulpflicht wird Asylsuchenden nicht automatisch zugestanden. Für Jugendliche über sechzehn gilt die Pflicht nicht. Der Zugang zu Deutschkursen oder anderen Förderprogrammen ist von der Willkür der Betreuer abhängig. «Und dann wundert man sich, wenn sie herumlungern», schimpfte meine Freundin, Lehrerin im Ruhestand.

Mit diesen Flüchtlingen war die Verständigung schwierig, denn sie konnten keine westliche Sprache, die meisten waren Analphabeten. Eine von ihnen, eine ernsthafte junge Frau, die sich trotz des warmen Wetters in mehrere Kleidungsschichten hüllte, war sechs Jahre lang auf der Flucht gewesen. Was hatte sie erlebt? Wie kam sie mit der Aufgabe zurecht, die vor ihr lag – die Gegenstände in einem üblichen europäischen Schlafzimmer korrekt zu benennen: Bett, Tisch, Lampe, Schrank? Hatte sie je in einem solchen Zimmer geschlafen? Jeder Moment in diesem Schulzimmer machte mir bewusst, dass ich von den Erfahrungen dieser Jugendlichen keine Ahnung hatte. Meine eigene Erfahrung lieferte mir keine Anknüpfung.

«Ihr müsst auch zuhause üben», sagte die Lehrerin, wohl wissend, dass dieser Begriff hier falsch war. Zuhause – was heißt das? Wo ist das?

«Dein Ort ist, wo Augen dich ansehen», fiel mir damals ein. Die erste Zeile des Gedichts «Es gibt dich» von Hilde Domin, das ich vor Ewigkeiten in der Schule auswendig lernen musste. Plötzlich war es wieder da, in Bruchstücken: «Es gibt dich, weil Augen dich wollen, dich ansehen und sagen, dass es dich gibt.» Wer nicht gesehen wird, den gibt es nicht. Wer nicht gewollt ist, den gibt es nicht. Diese Jugendlichen wissen das. Das verstehe ich erst jetzt, auf diesem Amt, vor diesem Schalter ein bisschen. Die Augen der jungen Beamtin wollen mich nicht. Heißt das, dass es mich nicht mehr gibt? Es fühlt sich so an, jedenfalls für einen Moment.

Auf dem Parkplatz breche ich in Tränen aus. Es ist glühend heiß, ich setze mich auf ein Mäuerchen unter einen dürren Baum, der ein bisschen Schatten spendet. Ein bisschen weiter weg sehe ich einen der Teenager aus dem Warteraum mit einer Expertin auf einen parkierten Wagen zugehen. Die Frau hält ein Klemmbrett in den Händen. Ihre Haare sind streng nach hinten gekämmt. Es könnte die Frau sein, die mich vorhin weggeschickt hat. Oder eine andere. Ich stelle mir vor, ich wäre an der Stelle des Jungen. Allein mit dieser Frau, im Auto, ihrer Willkür ausgeliefert. Sehe mich nervös werden, den Scheibenwischer statt des Blinkers betätigen. Selbst wenn ich keinen einzigen Fehler machen würde – wer zwingt sie denn, das anzuerkennen? Wer überprüft sie? Aber wenn ich die praktische Prüfung nicht antreten will, muss ich meinen Schweizer Fahrausweis abgeben. «Das ergibt keinen Sinn!», sagen alle, denen ich das erkläre. Und ich zucke mit den Schultern: «Seit wann müssen solche Bestimmungen Sinn ergeben? Es ist einfach so.»

Was soll das alles?, denke ich. Warum tue ich mir das an?

Plötzlich fällt mir eine Statistik ein, die ich einmal gelesen habe: Die Anzahl der Schweizer, die das Land verlassen, ist nur unwesentlich höher als die der Rückkehrer. Gut 30000 jedes Jahr. Ich verstehe jeden Einzelnen. Es ist nicht leicht, auf die Vorteile zu verzichten, auf die wir ein Anrecht zu haben glauben. Die wir richtig schätzen, wenn wir sie nicht mehr haben: gute öffentliche Schulen. Ein Mitspracherecht, Kultur der Demokratie. Ein Rechts- und Sozialstaat, der im Notfall Arztrechnungen bezahlt und der Künstler fördert. In der Schweiz kann man kaum durch die Maschen fallen, das soziale Netz ist enger geknüpft als anderswo. Man kann das als Enge empfinden oder als Sicherheit. In einer meiner ersten Kolumnen beschrieb ich fasziniert die Nachbarschaftskontrolle in meinem Dorf, genauer die Kontrolle der Fensterläden. Wer sie wann zugezogen hat, und was das bedeutet. Zum Beispiel könnte jemand tot hinter geschlossenen Läden liegen. Umgekehrt könnte jemand, der jeden Tag die Läden frühmorgens öffnet, sich nur als Frühaufsteherin aufspielen und sich tatsächlich sofort wieder ins Bett legen – bei offenem Fenster! Das verstand ich zwar nicht, aber ich fand es faszinierend. Ich fühlte mich wie eine Forscherin in einem fremden Land.

Und ich will es immer noch wissen. Ich trockne meine Tränen und rufe Doris an.

Sie fühlt mit. «O Gott, sag nichts! Ich hab auch oft geweint auf diesen Ämtern!» Gerade wir, aus wohlhabenden Ländern, ohne Not und aus freien Stücken eingereist, werden besonders schlecht behandelt. Oder besonders hart geprüft. «Es ist der Akzent», sagt Doris. Und: «Wenigstens bist du nicht blond.»

Ich beschließe, den Rest des Tages in Albuquerque zu verbringen. Nicht weit vom Straßenverkehrsamt beginnt der Nob Hill District. Links und rechts der Central Avenue leuchten haushohe Neonanzeigen wie aus einem alten Film, flackernde Buchstaben, geschwungene Art-déco-Bögen, ein klassisches Indianerprofil mit Federschmuck. Im grellen Mittagslicht wirken sie blass und schäbig. Je näher man der Universität kommt, desto mehr Cafés, Bars und Secondhandläden drängen sich zwischen die heruntergekommenen Tankstellen und Motels. Auf gut Glück betrete ich einen Coiffeursalon. Shannon, die Besitzerin, kommt auf mich zu. Ihr blaues Haar und die flächendeckenden Tätowierungen lassen sie jünger wirken, als sie ist.

«Wie kann ich dir helfen?»

Die Frage lässt mich beinahe wieder in Tränen ausbrechen. «Oh, du glaubst es nicht, ich war heute zum vierten Mal auf dem Straßenverkehrsamt und habe immer noch keinen Fahrausweis.»

«Hier? In Albuquerque! O Gott, das sind die Schlimmsten! Die plagen dich aus Prinzip. Willst du einen Kaffee?»

«Unbedingt.» Schon fühle ich mich besser. Trotzdem jammere ich noch ein bisschen, bis Shannon mich sanft zum Thema zurückbringt: «Die Haare?»

«Eigentlich habe ich Locken», sage ich. Die trockene Luft hier macht sie fertig. Matt hängen sie um mein Gesicht herum. Ich erkenne mich im Spiegel nicht mehr. «Kannst du da was tun?»

Shannon kann. Während sie an meinen Haaren schnippelt, erzählt sie aus ihrem Leben. Sie ist über vierzig, hat eine erwachsene Tochter. Sie ist in Albuquerque aufgewachsen, ihr Exmann lebt in Santa Fe. Sie kommen immer noch gut aus, sehen sich ungefähr einmal im Monat. Wir tauschen Lieblingsadressen aus. «Albuquerque ist realer als Santa Fe», meint Shannon. «Nicht erst seit *Breaking Bad*!» Die Fernsehserie, die hier gedreht wurde, hat sie allerdings nie gesehen. Obwohl das Lokal nebenan als Drehort für eine Episode diente. «Die Schauspieler gingen hier ein und aus – aber ich könnte dir nicht sagen, wie sie heißen!»

«Ich schon», seufze ich.

Eine Woche später habe ich meinen nächsten Termin. Diesmal habe ich Glück: eine Betrunkene randaliert, Sicherheitsbeamte räumen den Wartesaal. Ich bin das vergleichsweise kleinere Übel. Die Beamtin, die mich heute überprüft, ist hochschwanger. Ich mache hektische Konversation, erzähle von meinen Kindern und von meiner Hoffnung auf Enkel. Eine Taktik, die ich aus Krimiserien gelernt habe: Zeige dich deinem Angreifer als Mensch mit einem Namen, mit einer Geschichte, mit Gefühlen. Sie blättert meine Unterlagen durch, kopiert sie. Das hat bisher niemand gemacht, das muss ein gutes Zeichen sein! Dann entschuldigt sie sich, um mit ihrer Vorgesetzten zu sprechen. Das wiederum ist nicht gut. Ich versuche, mir meine Nervosität nicht anmerken zu lassen.

Dann kommt sie zurück. «Sie wissen, dass Sie Ihren Schweizer Fahrausweis abgeben müssen?»

Ich nicke. Wage nicht zu sprechen. Habe ich es geschafft? Die Beamtin weist mich mit dem Kinn zur Kamera. Mit weichen Knien setze ich mich auf den harten Stuhl. «Wollen Sie sich nicht noch schnell die Haare richten?», fragt sie, bevor sie das Foto macht. Ich fahre mir mit der Hand durch meine wilden Locken. «Nein», sage ich. «Das bin ich!»

Dreimal muss sie mich daran erinnern, nicht zu lächeln. Ich fühle mich, als hätte ich einen Berg bestiegen, einen Fluss durchquert, einen Langstreckenlauf beendet. Obwohl der glückliche Ausgang ebenso wenig mit mir als Person zu tun hat wie die Schikane der letzten Woche.

Dann schaue ich zu, wie die Frau meinen Schweizer Fahrausweis, meine alte Identität, mit einer Zange locht. Und ich denke wieder an die Asylsucher in der Schweiz. Am meisten hatten mich ihre Zeichnungen berührt, die an der Wand hingen. Selbstporträts, die Landschaften zeigten und sorgfältig ausgemalte Landesflaggen. Die Jugendlichen selber waren als hingehuschte Strichmännchen gezeichnet, mit seltsam viereckigen und leeren Gesichtern. Sie wussten nicht mehr, wer sie waren. Sie hatten kein Bild mehr von sich.

Natürlich ist meine Erfahrung nicht annähernd so schrecklich wie ihre. Aber mein Erlebnis als Fremde hilft mir mitzufühlen. Ihr Leben ist übersetzbar geworden. Eine Weisheit aus meiner neuen Heimat lautet: «Du kannst einen Mann nicht beurteilen, bevor du nicht eine Meile in seinen Mokassins gewandert bist.»

Mit meinem neuen provisorischen Fahrausweis in der Tasche fahre ich in die Altstadt von Albuquerque. Ich will mir eine Ausstellung im Kunstmuseum anschauen. Als ich ankomme, ist die Ausstellung an diesem Tag wegen Reinigung geschlossen.

«Dann nehme ich einmal Sammlung», sage ich und lege die Karte auf die Theke, die ich so hart erkämpft habe. Wie in vielen Touristenorten gelten für Einheimische eigene Eintrittspreise. Ein seltsamer Stolz erfüllt mich, als ich der Frau an der Kasse meinen Ausweis zeige. Nicht so sehr, weil ich mich als Einheimische fühle. Sondern weil ich ihn so hart erkämpft habe. Aber sie will ihn gar nicht sehen.

«Schon gut, Honey», sagt sie. «Ich glaube dir ja. Wer würde schon wegen New Mexico lügen? Wir sind schließlich nicht Kalifornien!» Ihr Lachen verfolgt mich bis in die Ausstellungsräume.

Um meinen neuen Status als beglaubigte Einwohnerin von New Mexico zu feiern, gehen wir tanzen. Ein ganz beiläufiger Satz, ich schreibe ihn hin, als sei es nichts Besonderes. Dabei ist Tanzen eine gelinde gesagt belastete Angelegenheit. Ein großer, immer noch unerfüllter Traum. Ich würde so gerne tanzen können – aber ich habe keine Chance. Ich bin und bleibe ein Gschtabi. Ohne jedes Rhythmusgefühl. Das ist nicht so schlimm: Kein Mensch kann alles können. Andererseits gehört Tanzen wie Lachen, Singen, Laufen, Malen und Geschichtenerzählen zu den urmenschlichen Erfahrungen. Zu den Dingen, die jeder Mensch tut, in jeder Kultur. Ohne darüber nachzudenken. Wenigstens als Kind.

Wobei ich auch als Kind nie so selbstvergessen war. Trotzdem versuchte ich es immer wieder. Als junge Frau besuchte ich einen Jazztanz-Kurs. Er begann eine Stunde nach Arbeitsschluss, also traf ich mich jeweils mit einer Kollegin in einer nahe gelegenen Bar und trank erst mal einen Kir Royal. Leicht angeheitert, fielen mir die Schrittfolgen leichter. Trotzdem wiederholte ich den Kurs mehrere Jahre lang immer wieder. Auch auf meiner großen Reise zu meinem fünfzigsten Geburtstag nahm ich mehrere Anläufe, vom Ausdruckstanz-Happening in New York bis zum Quertanz in Louisiana. Doch das Tanzen blieb ein unerfüllter Traum. Obwohl ich in meinem Leben schon so viele Dinge getan habe, die ich mir gar nicht zutraute. Manchmal freiwillig, manchmal nicht.

Angefangen hat das mit den Lesungen, die ich nach Erscheinen meines ersten Buches absolvieren musste. Etwas, woran ich vorher nie gedacht hatte. Seit ich acht Jahre alt war, wollte ich Schriftstellerin werden. Aber meine Phantasien endeten immer in dem Moment, in dem ich ein richtiges, echtes, gedrucktes Buch in den Händen hielt, auf dem mein Name stand. Wie ich dieses Buch dann unter die Leser bringen würde, das kam in meinen Träumen nicht vor. «Aber … das kann ich nicht!», sagte ich damals. Das wusste ich einfach, das wusste ich immer schon. Nicht erst, seit mich der Deutschlehrer in der Schule beim Vorlesen übergangen hatte: «Milena … ach nein, du kannst das ja nicht …», sagte er jedes Mal, bevor er einen anderen Schüler aufrief. Er hätte mich auch still übergehen können, aber nein. Das hatte sich festgesetzt.

«Du musst», sagten meine Freunde, die mein erstes Buch veröffentlicht, die extra für mich einen Verlag gegründet hatten. «Wir haben unseren Teil getan, nun tust du deinen!»

Bei meiner allerersten Lesung schickte ich eine Freundin auf die Bühne. Ich schloss mich unterdessen auf der Damentoilette ein und zündete meine Zigarette am Filter an, so nervös war ich. Da mich damals noch niemand erkannte, funktionierte es.

Vor der nächsten Lesung versagte mir die Stimme. Buchstäblich. Der Notarzt gab mir eine Spritze, die im Normalfall Operndiven vorbehalten ist, aber es half nichts. Die Stimme hatte zu viel Angst, die Stimme weigerte sich. Wie eine amerikanische Autorin beschränkte ich mich an diesem Abend auf das Signieren. Das erste Mal, als ich endlich vor Publikum vorlas, waren nur sechs Zuhörer da, von denen fünf mit mir verwandt waren oder zum Verlag gehörten oder beides. Der sechste stand mittendrin auf und verabschiedete sich mit einem entschuldigenden «Sorry, Halbzeit! Deutschland – England, verstehst du.»

Immerhin, ich hatte es überlebt. Und ich würde es wieder überleben. Es dauerte zwei oder drei Jahre, bis ich mich an die Nervosität gewöhnt hatte, und noch etwas länger, bis ich lernte, sie für mich zu nutzen. Als diesen Extrakick, der mich selbst übermüdet oder vergrippt funktionieren ließ. Mit der Zeit begann ich mich auf die Lesungen zu freuen. Fast dreißig Jahre später liebe ich sie.

Was ich über mich zu wissen glaubte, stellte sich als falsch heraus. Diese Erkenntnis überprüfe ich immer neu. Ich lernte Auto fahren, ich kletterte auf einen Berg, ich ließ eine Vogelspinne über meinen Arm krabbeln, ich reichte die Scheidung ein. Ich wanderte aus, ich wanderte ein. Und wieder aus. Kurz, die Gewissheit «Das kann ich nun mal nicht, das bin nicht ich» habe ich in meinem Leben schon oft widerlegt. Und jedes Mal mit einem unglaublichen Lustgewinn. Warum also nicht das Tanzen?

Das fand Sibylle auch. Sie wollte unbedingt eine Tanzsequenz in unser zweites Programm einbauen. Es hieß *Die Unvollendeten verändern sich*. Zwei Frauen um die fünfzig, seit dreißig Jahren «im Geschäft» als Musikerin, Schauspielerin, Schriftstellerin. Wir haben vieles erlebt, vieles mitgemacht, und jetzt? Was kommt jetzt noch? Sibylle wollte etwas Sinnvolles tun. Die Welt verändern. Ich … wollte mich noch einmal verlieben. Und zwar richtig.

«Dich muss man vor sich selber schützen», sagte Sibylle nicht zum ersten Mal. Sie fand, ich gäbe zu viel von mir preis. «Aber ich habe nichts anderes zu geben als mich selbst», sagte ich.

Ich bestand auf meinem Handlungsfaden und erfand mir einen Mann. Einen Traummann. Ich nahm mir Victor zum Vorbild – seine Fürsorglichkeit, seine gute Laune, sein politisches Engagement, die Art, wie er mir zuhört, die Art, wie er kocht. Ich erfand mir ein Happy End, inklusive Hochzeit.

«Das kannst du nicht machen», entschied die Regisseurin. «Das ist nicht gutes Theater!»

Und da rastete ich aus. «Warum nicht?», schrie ich. «Verdammt noch mal! Warum kriege ich nie das, was ich mir wünsche? Nicht einmal auf der Bühne? Warum darf ich mich nicht verlieben, warum darf ich nicht mit einem Mann glücklich sein? Ist mir doch scheißegal, ob das gutes Theater ist oder nicht! Ich will mein Happy End, und wenn ich es selber erfinden muss!»

Wir beschlossen, meinen Tobsuchtsanfall in das Programm aufzunehmen. Weniger einfach war die Sache mit dem Tanzen: Sibylle wollte einen kurzen Quertanz einbauen, als Übergang zwischen den einzelnen Szenen. Eine ganz einfache Schrittfolge. So sehr ich mich auch anstrengte, ich kriegte und kriegte die Schrittfolge nicht zusammen. Und ich bewegte mich wie ein Zombie auf Stelzen.

Am Ende beschlossen wir auch da, mit dem zu arbeiten, was wir hatten, mit meinen steifen Hüften und meinem unorthodoxen Rhythmusgefühl. Der Zürcher *Tages-Anzeiger* titelte: «Milena Moser kann nicht tanzen!» Weit davon entfernt, beleidigt zu sein, schnitt ich den Artikel aus und klebte ihn über meinen Schreibtisch.

«Ich glaube, die Leute haben Mitleid mit dir», sagte Cyril vorsichtig. Sie lachten, aber sie lachten mich nicht aus. Sie lachten vor Erleichterung. Dass das möglich ist. Dass jemand, der so gar nicht tanzen kann, es trotzdem tut. Auf einer Bühne auch noch.

Ist das mutiger als zu sagen: Ich will mich noch einmal verlieben? Dreißigmal habe ich mit dem Fuß aufgestampft und gesagt: «Was – erfunden? Das ist mir doch egal! Und wenn schon! Ich will diesen Mann, ich will mein Happy End, ich bestehe darauf!»

So ist es ja dann auch gekommen. Ich bin überzeugt, dass ich mein Happy End damit heraufbeschworen habe. Nicht nur ich: Neurochirurgen, Buddhisten, Geistheiler und kleine Kinder wissen um die Macht der Gedanken. Wissen, dass wir uns unsere Realität zurechtdenken.

Also ging ich mit Doris tanzen. Als ob nichts dabei wäre. Im El Farol, einem Tapaslokal, keine zweihundert Meter von meinem Haus entfernt, findet jeden Dienstag der «Canyon Road Blues Jam» statt. Das Lokal ist zum Platzen voll, überall stehen Männer mit Gitarren herum. Wir setzen uns an die Bar. Chris, der Barmann, schüttelt jedem Gast die Hand und fragt nach seinem Namen. Arie bestellt für uns. Er tut es auf diese amerikanische Art, die ich immer noch gewöhnungsbedürftig finde. «Dann nehmen wir die frittierte Avocado, aber nur, wenn sie ganz frisch ist und noch ein bisschen hart. Und den Chorizo bitte ohne Knoblauch, wer weiß, wen wir heute noch küssen!» Irgendwie kommt er damit durch. Immerhin ist er gelernter Koch, da weiß er, wovon er redet. Wir besetzen die hintere Ecke der Theke, breiten unsere Tapasteller übers Eck aus. Immer mehr Musiker kommen herein.

Kaum erklingen die ersten Takte, wirbelt schon die erste Tänzerin auf die Tanzfläche. Eine Frau, um die achtzig, mit halblangen silbernen Locken, schwarzen Leggins und schenkelhohen schwarzen Fransenstiefeln. Bevor der erste Song verklingt, ist die kleine Tanzfläche schon voll. Doris und ich werfen unsere Handtaschen dem verdatterten Arie in den Schoß und mischen uns ins Gedränge.

Eine Zeitlang tanze ich mit dem hünenhaften Indianer aus

Einer flog übers Kuckucksnest, der sich bei genauerem Hinschauen als eine riesige Frau in einem paillettenbestickten T-Shirt herausstellt, die freundlich auf mich herablächelt. Blondierte Damen in Designerkleidern und echten Perlen tanzen mit hungrigen Künstlern. Einer der wenigen Schwarzen in der Stadt, ein riesiger, etwas gebeugter, eleganter Mann, hält eine winzige verträumte blondgelockte Märchenfee in den Armen. Junge Hipster mit Männerbürzi tanzen neben alten Hippies mit Rossschwanz. Touristen aus Texas, Biobauern aus Truchas, Yogalehrerinnen, Künstler, Cowboys, Indianer und als Indianer verkleidete Cowboys. Die ganze Stadt scheint an diesem Abend zur Demonstration ihrer Vielfalt versammelt. Zwei Frauen mittleren Alters, identische Westen und Gummistiefel, als kämen sie direkt vom Melken (was vielleicht zutrifft), feiern einen Jahrestag. Sie sind schon mehr als ein bisschen angeheitert, drängen sich immer wieder vors Mikrophon, brüllen begeistert und nicht ganz tonsicher alte Countrysongs. Dazwischen nehmen sie immer wieder einen großen Schluck aus den mitgebrachten Flachmännern und küssen sich. Niemand beschwert sich darüber, weder Rick, der zweite Barkeeper, noch die Musiker, die stoisch weiterspielen. Manchmal wird sogar freundlich applaudiert. Arie hängt sich unsere Handtaschen um und wirft sich ins Getümmel, Doris wird von einem alten Freund am Arm weggezogen. Irgendwann nehme ich Arie meine Tasche ab und verabschiede mich. Es ist noch nicht Mitternacht, als ich die paar Schritte nach Hause gehe. Über mir glitzern mehr Sterne, als am Himmel Platz haben. Die Grillen zirpen, mein Häuschen breitet seine dicken kurzen Arme aus. Ich setze mich auf die Fensterbank und rufe Victor an. «Da müssen wir unbedingt auch mal hingehen», sage ich zu Victor. Wie immer, wenn wir nicht am selben Ort sind, skypen wir ein- oder zweimal pro Tag. Es fühlt sich nicht wirklich an wie eine Fernbeziehung. Mehr wie eine Beziehung, die nicht immer am selben Ort stattfindet. Trotzdem habe ich ständig Zweifel: Müsste ich mich nicht für einen Ort entscheiden können? Die Sehnsucht, an einem Ort zuhause zu sein, Teil einer Gemeinschaft, verbunden, wenn schon nicht verwurzelt, ist groß. Andererseits: Hätte ich nicht längst Wurzeln geschlagen, wenn das meine Bestimmung wäre? Bin ich nicht einfach eine geborene Nomadin, wie Pie immer sagt?

Ich weiß es nicht. Für heute reicht es, dass ich meinen Führerschein habe. Und dass ich stundenlang getanzt habe wie ein Kind, das ich nie war, selbstvergessen und ohne Scheu.

Zeitungen verkaufen ist nicht Raketentechnologie

Frühmorgens, auf dem Weg ins Yogastudio, halte ich an der Kreuzung Alameda und Don Gaspar an, um eine Zeitung zu kaufen. *The Santa Fe New Mexican* wird hautpsächlich auf der Straße feilgeboten. Die Straßenverkäufer sind oft Obdachlose, Randständige oder einfach alte Männer, deren Rente nicht zum Leben reicht. Jeden Morgen stehen sie an ihren Kreuzungen, von sechs bis elf. Bei 37 Grad Hitze und 14 Grad Frost. Im Schneegestöber, in den gnadenlosen Frühjahrsstürmen, bei gleißender Sonne. Manche tragen Masken oder Ballone, winken mit übergroßen Schaumstoffhänden, andere schreien sich am Rotlicht die Lunge aus dem Leib oder führen kleine Stepptänze auf. An Tagen, an denen das Wetter besonders extrem ist – und das ist es eigentlich immer –, kaufe ich drei oder vier Zeitungen zum doppelten Preis. Aus Mitleid.

Immer wieder mal wird einer verhaftet, weil er Drogen zwischen den Zeitungsseiten versteckt – das Straßenverkäuferprogramm bietet eine einfache Tarnung für krumme Deals aller Art. Nach jeder Entdeckung kommt das Programm erneut ins Gerede. Aber bislang hat es das jedes Mal überlebt.

An einer Ampel auf meinem Weg zum Supermarkt stand lange ein alter Mexikaner mit wenigen vergoldeten Zähnen. Er bedankte sich für jeden Kauf mit einem gemurmelten Segen, an hohen Feiertagen küsste er den Frauen respektvoll die Hand. Ab Mitte Dezember trug er jeweils einen Samichlausanzug samt Pelzkapuze. So habe ich seinen Namen erfahren: Eine Frau kam aus dem Bürogebäude gegenüber gerannt, ohne Mantel hastete sie zwischen Schneegestöber und ungeduldig hupenden Autokolonnen hindurch. «Miguel, du sieht großartig aus!», rief sie und umarmte den Samichlaus-Zeitungsverkäufer, der ihr bis knapp zur Brust reichte. Sie drückte ihm einen Becher in die Hand, in dem sich vermutlich Kaffee befand, vielleicht auch etwas anderes.

Eines Tages ist er verschwunden. Ich frage den alternden Hippie, der ihn ersetzt, ob er wisse, was aus Miguel geworden sei. Er schaut mich an, als sei ich verrückt geworden. Wie zum Teufel soll er das wissen?

«Ich geh da hin, wo man mich hinstellt!» Der Platz an dieser Kreuzung wurde offenbar freigegeben. Miguel ist nicht mehr hier.

Es gibt natürlich schwierige und weniger schwierige Standplätze. Diese Ecke hier, auf die sich nun eine Autokolonne zuschiebt, ist besonders begehrt. Am Rand der Altstadt, nur einen Block von der Plaza entfernt, lockt sie auch Touristen an. Außerdem ist sie nicht mit einem Rotlicht, sondern einem Stoppschild gekennzeichnet. Das heißt, jedes Auto muss hier anhalten. Neben diesem uralten Mann, dessen Rücken fast im rechten Winkel gekrümmt ist. Mit schier unerträglich langsamen, zitternden Händen zieht er die Zeitung aus dem Bündel. Trinkgeld steckt er ohne Dank ein. Er trägt saubere dunkle Jeans mit Bügelfalte, ein kariertes Westernhemd und eine Schnürsenkelkrawatte. Die wenigstens Fahrer bringen es übers Herz, an ihm vorbeizufahren, ohne ihm ein paar Dollar zuzustecken. Nicht alle haben die Geduld zu warten, bis er eine Zeitung aus dem Bündel geklaubt hat. Dieser Mann interessiert mich. Er muss über neunzig sein, denke ich. Was tut er hier? Wie ist er an dieser Kreuzung gestrandet?

«Kennt ihr den?», frage ich herum.

Doris nennt ihn «Mister Grumpy». Weil er so unfreundlich ist. Stimmt, er benimmt sich eindeutig wie jemand, der sich zu gut fühlt für diesen Job. Er biedert sich nicht an wie die anderen, er versucht keine Verkaufstricks, er wirkt eher wie ein Fahnder, ein Enthüllungsjournalist. Ein Undercover-Agent.

Eines Tages gehe ich zu Fuß über die Straße. Es ist schon gegen Mittag, seine Schicht fast vorüber, der Verkehr spärlich. Ich gehe zu ihm hin, kaufe eine Zeitung und gebe ihm zehn Dollar. Wortlos steckt er das Geld ein.

«Hi», sage ich. «Ich heiße Milena.»

Er grunzt.

«Und Sie?»

Er knurrt.

Vielleicht erkennt er mich als Stammkundin, vielleicht ist es die Zehndollarnote, vielleicht will er mich nur einfach loswerden. Nach einer schier endlosen Pause hebt er den Blick, schaut mich aus wässrigen blauen Augen an und sagt knapp: «Ich gebe keine Interviews mehr.»

Ich weiß nicht, was ich erwartet habe, aber einen solchen Satz ganz sicher nicht. Überrascht trete ich einen Schritt zurück. «Nicht mehr?», frage ich.

«Googeln Sie halt», knurrt er noch. Dann bin ich entlassen. Zuhause befolge ich seinen Rat und finde heraus, dass es sich bei dem gebückten Straßenverkäufer um den 82-jährigen ehemaligen Raketenbauer Robert J. Salkeld handelt. Er war maßgeblich an der Entwicklung der Einstufen-Raketen beteiligt – allerdings brauchte er zu lange, um seine Ergebnisse zu veröffentlichen. Bis er so weit war, hatte die NASA bereits einen anderen Weg eingeschlagen. Salkeld ist überzeugt, dass sowohl die Challenger- wie auch die Columbia-Katastrophe hätten vermieden werden können. Hätte man nur auf ihn gehört.

Sein Großvater, ein ungebildeter Farmer, der jede Ausgabe der *National Geographic* besaß und auch gelesen hatte, habe ihm zum ersten Mal die Sterne gezeigt und ihn mit seiner Faszination für das Weltall angesteckt, erzählte Salkeld einer Zeitung. Comic-Helden wie Flash Gordon verstärkten seine Neugier. Seit er ein Kind war, wusste Robert, dass er entweder Astronaut oder Raketenbauer werden wollte. Er studierte Ingenieur und Volkswirt. Der Film *Destination Moon* brachte ihn erstmals auf die Idee, eine Rakete zu erfinden, die auf den Mond fliegen könnte. Er interessierte sich vor allem für Flüssigkeitsraketen, die mit Wasser- und Stickstoff angetrieben werden. Salkeld hat über siebzig wissenschaftliche Artikel veröffentlicht und sieben Erfindungen patentieren lassen. Er hat im Kongress gesprochen und an internationalen Podien teilgenommen. Sogar ein Buch hat er veröffentlicht, *War and Space*. Gewidmet ist es seinem Großvater.

Zu Beginn der neunziger Jahre, nach dem Fall der Mauer

und der Auflösung der UdSSR, verlor die Entwicklung der Raumfahrt an Bedeutung. Ein neuer Leiter der Forschungsabteilung tauschte das gesamte Personal aus. Salkeld arbeitete noch eine Weile als unabhängiger Berater in der Privatwirtschaft, dann blieben auch diese Aufträge weg. Er war nicht der einzige angesehene Raumfahrttechniker, der auf der Straße landete.

Die Scheidung fraß seine Ersparnisse auf, sein Vater starb, seine Mutter wurde krank. Er zog zu ihr nach Albuquerque, versuchte eine Stelle zu finden, ohne Erfolg. Mit sechzig war er zu jung, um eine Pension zu beziehen, und zu alt, um eine Stelle zu finden. Er hatte zwar sehr viel Erfahrung, aber keinen Doktortitel und nicht die richtigen Referenzen. Nach dem Tod seiner Mutter zog er nach Santa Fe, wo er in einer Obdachlosenunterkunft landete. Zu seinen erwachsenen Kindern hat er kaum Kontakt. Das Straßenverkaufsprojekt des *Santa Fe New Mexican* verhilft ihm zu einem kleinen Einkommen, genug, um ein bescheidenes Zimmer zu halten. Die Arbeit lässt ihm die Freiheit, weiter an seinen Erfindungen zu tüfteln. Er zeichnet von Hand, benutzt nur einen Taschenrechner. «Ich habe kein Archiv. Mein Archiv ist in meinem Kopf», sagt er. Er hat auch nie einen Computer benutzt oder das Internet. «Wer weiß, was er tut, braucht keinen Computer.» Als nach ein paar Jahren seine Rente einsetzte, war es ihm sogar möglich, wieder an Kongresse zu reisen und seine Arbeiten zu präsentieren.

Als ich am nächsten Morgen meine Zeitung kaufe, spreche ich den Verkäufer mit Namen an. «Ich habe etwas über Sie gelesen, Mr. Salkeld», sage ich. Doch Mr. Grumpy ist an einem weiteren Gespräch nicht interessiert. Warum sollte er auch. Ich habe ihm nichts zu bieten, kann ihn nicht rehabilitieren. Vielleicht will er auch nicht immer an sein früheres Leben erinnert werden. Zeichnet er überhaupt noch? Es scheint unmöglich, mit diesen zitternden Fingern.

An diesem Tag lese ich in der Zeitung die Geschichte von Shawn Barnes, einem obdachlosen Marineveteranen, der mit sieben Hunden in seinem Auto lebt. Dieses Auto ist nun außerhalb von Santa Fe in der Wüste steckengeblieben. Das Geld, um es zu reparieren, hat er nicht. Sieben Hunde wollen gefüttert werden. Als Kriegsveteran hat er Anspruch auf Unterstützung. Es gibt verbilligten Wohnraum, es gibt Wiedereingliederungsprojekte. Aber die Bedingung ist natürlich, dass er sich von seinen sieben Hunden trennt. Und genau das könnte er nie tun. «Das wäre Selbstmord», sagt er.

Seine Hunde bilden ein kleines Regiment, das ihn beschützt. Er hat ihnen nicht nur Namen, sondern auch militärische Ränge verliehen, von Feldwebel über Befehlshaber bis zur First Lady. Gut, das ist kein militärischer Rang, aber Sateen war die erste Pitbullhündin, die er adoptiert hat. Sie war als Ködertier für Hundekämpfe missbraucht worden. Ihre Situation muss ihn an das Kanonenfutter erinnert haben, das er im Krieg zu spielen hatte. Dummerweise war der zweite Hund, den er adoptierte, ein Männchen, und wenige Monate später hatte er also sieben Hunde. Sieben Pittbulls, genauso missverstanden und zu Unrecht mit Misstrauen behandelt wie viele Kriegsveteranen. Kein Wunder, dass sich Shawn seinen Hunden tiefer verbunden fühlt als den meisten Menschen. Die Hunde holen ihn in die Realität zurück, beißen ihn sanft in die Hand, wenn er in einem posttraumatischen Flashback vergisst, wo er sich befindet. Sich wieder an der Front wähnt.

Shawn ist gemischtrassig, wird aber nach dem Grundsatz «Ein bisschen schwarz gibt es nicht» als Afroamerikaner wahrgenommen und entsprechend behandelt. Seine biologische Mutter hat ihn im Gefängnis zur Welt gebracht. In seiner Adoptivfamilie wuchs er mit vielen Hunden auf. Er träumte immer davon, die Welt zu sehen. Shawn war siebzehn, als die Fugzeuge ins World Trade Center flogen, und einer der vielen, vielen Jugendlichen, die sich in einem Aufwallen von Patriotismus freiwillig zur Armee meldeten. Mit neunzehn wurde er in den Irak an die Front geschickt. Da wurde ihm – zu spät – bewusst, auf was er sich eingelassen hatte. «Ich war selber noch ein halbes Kind, aber ich trug eine Waffe. Und andere Kinder richteten ihre Waffen auf mich.» Ein paar Monate später wurde seine Schwester in Jersey von einem Messerstecher ermordet. Shawn bekam Heimaturlaub, um an der Beerdigung teilzunehmen. Als er an die Front zurückkehrte, hatte er seine Motivation verloren. «Wie soll ich mein Land schützen», fragte er sich, «wenn ich nicht einmal meine Familie beschützen kann?»

Eine Geschichte wie so viele. Man vergisst, dass es Kinder sind, die aufeinander schießen.

Nach sechs Jahren wurde Shawn ehrenhaft entlassen und zu siebzig Prozent arbeitsunfähig geschrieben. Das ist zehn Jahre her. Er hat nie mehr Fuß gefasst im zivilen Alltag. Das Leben, das noch vor ihm liegen müsste, scheint schon vorbei. Er fühlt sich in geschlossenen Räumen nicht wohl und unter Menschen auch nicht. Wenn er seine Adoptivmutter besucht, schläft er im Garten. Er träumt davon, ein Motel zu eröffnen, in dem Veteranen und ihre Hunde willkommen sind. Sich ausruhen, sammeln, neu orientieren. The Barracks soll es heißen. Die Kaserne. Denn das vermisst er am meisten: einen Ort, an dem er nicht allein ist, an dem er wie die anderen ist, an dem er sich nicht erklären muss.

«Kein Obdachlosenheim, kein Auffangzentrum, einfach ein Ort, an dem Veteranen ein Bett, eine warme Mahlzeit und eine heiße Dusche haben können. Eine Kaserne halt.»

Es sind Träume. Er hat nicht einmal genug Geld, um sein Auto fahrtüchtig zu machen. Und in der Wüste wird er auch nicht ewig bleiben können. Ob der zweiseitige Zeitungsbericht etwas bringt? Die Santa Feaner lieben Hunde. Außerdem ist er nicht der einzige Gestrandete hier. Andere Veteranen haben ihm bereits Hundefutter vorbeigebracht, etwas zu essen. Einer versucht, das fehlende Ersatzteil für Shawns Auto aufzutreiben.

«Vielleicht musste mein Auto ausgerechnet hier den Geist aufgeben», sagt er. «Vielleicht ist hier der Ort, wo das möglich ist.»

Vielleicht ist hier der Ort, wo das möglich ist. Genau das habe ich auch gedacht, als ich mich in meine Casita verliebte. Genau das denken wohl alle, die sich hier niederlassen. Und vielleicht deshalb behandeln uns die Einheimischen mit dieser Mischung aus Nachsicht und Herablassung: Weil sie uns schon zwei oder drei oder sieben Generationen voraus sind. Weil sie bereits wissen, dass die Hochwüste dich auf eine harte Probe stellt, bevor sie deine Wünsche erfüllt. Sie packt dich an der Gurgel und drückt dich gegen die Wand. Sie zwingt dich, in den Spiegel zu schauen und Klartext zu reden. Es gibt kein Ausweichen hier. Kein Durchschummeln. Es ist ein hartes Pflaster, aber auch ein großzügiges. Wenn man sein Durchhaltevermögen bewiesen hat. Seinen «Stieregrind», wie wir in der Schweiz sagen.

Raketenbauer und Träumer. Soldaten und Spinner. Künstler, Überlebenskünstler, Sinnsuchende. Naturfreaks und UFO-Sichter. Niemand findet hier genau das, was er gesucht hat. Die Wüste hat meist andere Pläne. Aber es lohnt sich, so lange hier zu bleiben, bis sie sich einem zeigen.

Ein bisschen inkognito gibt es nicht

Ich sitze auf meinem Sofa, den Laptop auf den Knien, den Kopfhörer auf den Ohren. Trage eine kurze Yogahose und ein altes T-Shirt. Streng genommen bin ich also noch im Pyjama. Ich will mir gerade einen Kaffee machen, als ich plötzlich ein Paar schwarze Stiefel über meinen Sitzplatz spazieren sehe. Ich springe auf und sehe eine Frau durch die Scheiben spähen. Habe ich das Tor nicht abgeschlossen? Vom Parkplatz her ist mein Haus nicht einsehbar. Wenn man aber das Tor öffnet und meinen Sitzplatz betritt, steht man mit einem Fuß schon in meinem Wohnzimmer. Bei schönem Wetter, und das ist meistens, lasse ich die Terrassentüren sperrangelweit offen. Ich habe kein Vorzimmer, keine Garderobe, keinen Flur, der in die privaten Wohnbereiche führt. Alles ist offen, auch bei schlechtem Wetter sieht man durch die großen Fenstertüren direkt auf meinen Lieblingsplatz. Trotzdem fühle ich mich sicher hier.

Nur selten verirren sich Touristen in unseren stillen Hinterhof hinter der Galerie. Es gibt genügend Seitengassen und Hinterhöfe an der Canyon Road, in denen etwas los ist, wo Galerien und Cafés locken. Aber selbst die beklagen sich, dass die wenigsten Touristen von der Hauptstraße abweichen. Mir hingegen kann es nur recht sein. Meine Casita ist mein Schneckenhaus, mein Rückzugsort, mein sicherer Hort.

Eine fremde Frau in meinem Garten ist also ein Ereignis. Und nicht unbedingt ein freudiges. Sie hätte ebenso gut mitten in meinem Wohnzimmer stehen können. Bei schönem Wetter ist der Sitzplatz auch mein zweites Wohnzimmer, mein Esszimmer, mein Arbeitszimmer. Außerdem hängt hier meine Wäsche. Viel näher kann man mir nicht kommen.

Ich ziehe an meinem T-Shirt, so dass es meine Knie verdeckt, und trete barfuß hinaus in den kalten Hof.

«Kann ich Ihnen helfen?», frage ich auf Englisch.

«Frau Moser! Ja super, da sind Sie ja!», sagt sie auf Schweizerdeutsch. Sie dreht sich zu Christopher um, dem Engländer, der vor kurzem Marthas Galerie vorn an der Straße übernommen hat. Sein Parkplatz befindet sich neben meinem. Meist brettert er auf einem schweren Motorrad zur Arbeit. Wir wechseln ein paar Worte auf dem Vorplatz, aber bis jetzt habe ich es noch zu keiner seiner Ausstellungen geschafft.

«Das ist sie», sagt die Fremde, wieder auf Englisch, zum Galeristen. «Danke für Ihre Hilfe.» Fragend schaue ich ihn an. Er strahlt: «Sie kam in die Galerie und fragte, ob ich wisse, wo du wohnst.» Jetzt wird ihm erst bewusst, dass ich keineswegs so erfreut reagiere, wie er erwartet hätte und bricht verwirrt ab. «Sorry», murmelt er und verzieht sich.

«Kann ich hereinkommen?», fragt die Frau und macht einen Schritt auf meine offene Terrassentür zu. Schützend stelle ich mich davor. Nein, denke ich. Nein, das können Sie nicht. Ich habe Sie so weit hereingelassen, wie es mir möglich ist. Näher geht nicht. Ich schüttle den Kopf. «Tut mir leid.»

Sie erstarrt. So hat sie sich das nicht vorgestellt. Ihr Lächeln verwackelt. «Aber ich habe Ihr Buch gelesen», sagt sie beinahe vorwurfsvoll. «Ich habe mich so sehr wiedererkannt, da habe ich gedacht, ich suche Sie auf. Und jetzt habe ich Sie gefunden!»

Vorsicht beim Wünschen, denke ich.

Ich wollte immer schon Schriftstellerin werden. Seit ich denken kann. Aber berühmt werden – das kam in meinen Träumen nicht vor. Vielleicht, weil ich in einer Zeit, in einer Umgebung aufgewachsen bin, in der es nicht von Vorteil war, aufzufallen, aus der Reihe zu tanzen, sich hervorzutun. Aber ich führe eine geheime Liste von Büchern, von denen ich wünschte, ich hätte sie geschrieben. Auf dieser Liste stehen allerdings nicht bestimmte Titel. So tief ich mich vor anderen Autoren verneige, ich weiß, dass ich nur meine Bücher schreiben kann. Nein, auf meiner Liste stehen bestimmte Situationen, in denen ich denke: Ich wünschte, ich hätte dieses Buch geschrieben!

Zum Beispiel diese: Ich hatte gerade eine Freundin zum Bahnhof Mägenwil gefahren und winkte der S 3 nach, die sie zurück in die Stadt brachte. Es war spät, aber noch warm, eine dieser seltenen trägen Sommernächte, die einen glauben lassen, man sei in den Ferien. Ich war fast wieder beim Parkplatz, da sprach mich eine etwa gleichaltrige Frau an. Ob hier noch ein Bus fahre?

Keine Ahnung. Ich wohnte noch nicht lange in der Gegend. Wir studierten den Aushang. Gemäß Fahrplan war Schluss.

Die Fremde schien etwas aufgelöst. Sie hielt ein dickes Buch in der Hand, mit dem Daumen die Seite markierend, auf der sie aufgehört hatte zu lesen. So etwas fällt mir immer auf. Déformation professionelle. Obwohl meine Buchhändlerlehre länger zurückliegt, als ich zugeben möchte – die Abneigung gegen Eselsohren und gebrochene Rücken ist mir geblieben.

«Ich bin einfach an meiner Station vorbeigefahren», sagte die Frau. «Ich habe nicht mal gemerkt, dass ich aussteigen musste.»

Warum? Weil ihr Buch so spannend war. Sie gestand es leicht verschämt, doch mir brauchte sie nichts zu erklären

«Ich weiß», sagte ich. «Das ist mir selber oft genug passiert.» Deshalb bot ich der Fremden kurzerhand an, sie zu ihrem Ziel zu bringen. Immer noch hielt sie die Seite in ihrem Buch mit dem Daumen fest. Nur ihre Höflichkeit hielt sie davon ab, während der zehnminütigen Autofahrt weiterzulesen.

Oder diese: Vor ein paar Jahren, in einem Nachtclub in San Francisco, nicht lange nach meiner Trennung. Ich war mit ein paar Freundinnen unterwegs, die den festen Vorsatz hatten, mich einerseits abzulenken und andererseits zu verkuppeln. Eine Band spielte, wir tanzten, und immer wieder schubsten sie mich in die Arme von vollkommen fremden und ziemlich betrunkenen Männern. Dann grinsten sie wie die Irren und hielten ihre Daumen hoch. Wie wenig bereit ich für diese Art von Ablenkung war, bewies ich, in dem ich den Tänzern als Erstes verkündete, ich sei zu alt für sie.

«Ich könnte deine Mutter sein!», schrie ich einem besonders anhänglichen oder vielleicht nur besonders betrunkenen jungen Mann ins Ohr.

«Was? Wieso? Wie alt bist du denn?»

«Fünfzig!» Das war noch nicht einmal wahr, aber die Zahl schien mir damals Abschreckung genug. Der junge Mann war allerdings zu betrunken, um mich zu verstehen. Also hielt ich beide Hände hoch, die Finger gespreizt.

«Was, du bist hundert Jahre alt?», schrie er zurück. «Oh – okay. Das ist okay – age is nothing but a number!» Dann fiel er gegen meine Schulter, vielleicht um mir näherzukommen, wahrscheinlicher aber, um sich zu übergeben. Blitzschnell schlüpfte ich unter seinem Arm hindurch, verließ die Tanzfläche und setzte mich in sicherer Entfernung von meinen aufdringlichen Freundinnen auf eine Bank. Und da fiel mir das tanzende Licht einer Taschenlampe auf. Ganz vorn in der Ecke, am Ende der Tanzfläche war für diesen Abend eine provisorische Garderobe aufgebaut worden. Sie bestand aus einer Kleiderstange mit ein paar Bügeln, an denen Lederjacken und Mäntel hingen. Handtaschen und Rucksäcke häuften sich auf dem Fußboden. Davor stand ein Tisch, an dem eine junge Frau mit perfekt geschminkten roten Lippen und wohlfrisiertem platinblonden Haar saß. Sie trug eine schmetterlingsförmige Brille und las im Schein ihrer Taschenlampe ein Buch. Um sie herum tobte das Nachtleben, die Musik war ohrenbetäubend, das Licht flackerte migräneauslösend, betrunkene Jungs umlagerten den Tisch und versuchten ihre Aufmerksamkeit zu erreichen – vergebens. Denn sie war gar nicht hier. Sie war in ihrem Buch versunken. Oh, wie ich mir wünschte, dieses Buch geschrieben zu haben!

Im wunderbaren Dokumentarfilm *Unbranded* reiten vier oder fünf junge Texaner mit zwölf Mustangs durch die USA, von der mexikanischen bis zur kanadischen Grenze. Sie wollen auf das ungelöste – unlösbare – Problem der Wildpferde im Südwesten aufmerksam machen. Dort vermehren sich die Mustangs mangels natürlicher Feinde schneller, als von der Natur vorgesehen. Es gibt nicht genügend Futter. Farmer werden von der Regierung gezwungen, ihre Kühe von der Weide zu nehmen, die Mustangs haben Vorrang. Manche von ihnen greifen zur Flinte und erschießen die Pferde, die sie als Eindringlinge betrachten. Die Land Management Agency treibt die überzähligen Mustangs mit Helikoptern zusammen und bietet sie zur Adoption an. Tausende bleiben jedes Jahr auf der Strecke. Zusammengepfercht in zu kleinen Gehegen und auch da ohne genügend Futter. In der Wildnis verhungern sie oft kläglich, fressen in der Not Disteln, die ihnen den Magen aufschlitzen. Die Farmer auf der einen, die Tierschützer auf der anderen Seite und die Land Managment Agency in der Mitte suchen eine vertretbare Lösung und finden keine. Die jungen Texaner hofften, mit ihrer Aktion und dem Film zu beweisen, dass Mustangs gelehrige und ausdauernde Pferde sind, die ihren schlechten Ruf nicht verdienen. Es sind aber auch einfach übermütige Jungs, die das Abenteuer suchen. Auf einer langweiligen Wegstrecke im flachen Land mitten in Amerika trotten sie hintereinander her, die Zügel haben sie an den Sattelknäufen festgebunden und – sie lesen. Jeder dieser Jungs hat ein Buch in der Hand. «Seien wir ehrlich, manchmal wird es langweilig», sagt einer. Auch dieses Buch – *50 Shades of Gray*, ausgerechnet! – habe ich nicht geschrieben.

«Ich muss ja arbeiten», erzählt Ilka. «Ich stehe früh auf. Aber ich kann diese Bücher nicht weglegen! Ich lösche das Licht, aber dann kann ich nicht einschlafen, ich muss einfach weiterlesen. Deshalb gehe ich jetzt zwei Stunden früher ins Bett als gewöhnlich …»

So will ich gelesen werden: So wie ich selber lese. So versunken, dass ich Haltestellen und Verabredungen verpasse, als Kind ganze Schulstunden gar nicht wahrgenommen habe, nur das Buch, das gut versteckt unter der Pultkante auf meinen Knien lag. Ich habe beim Versuch, im Gehen zu lesen, Passanten angerempelt und einmal gar einen bräunlichen Fleck in meine Bettdecke gekokelt, weil ich mangels Taschenlampe im Schein der nackten Glühbirne gelesen hatte. Dass ich als junge Frau ein eher tugendhaftes Leben führte, verdankte ich nicht zuletzt den Büchern, die halbgelesen auf meinem Nachttisch lagen und mich magnetisch nach Hause zogen, egal, wie spät es war. In fremden Betten schlafen? Nicht ohne mein Buch! Ich tauche in die Seiten ein wie in einen Seerosenteich, ein Planschbecken, von mir aus auch einen Ozean. Während ich äußerlich ruhig dasitze, einen unbelebten Gegenstand auf den Knien oder in der Hand, ein Buch.

Einmal, es ist lange her, trat Sibylle an einer 1.-Mai-Feier auf dem Kasernen-Areal in Zürich auf. Ich saß an einem der langen Holztische und wartete, bis sie endlich dran war. So kam ich mit Sacha ins Gespräch.

«Wenn ich denke, dass der neue Kinky Friedman aufgeschlagen auf meinem Bett liegt ...», seufzte sie.

«Der neue Kinky Friedman? Wieso hast du den schon?»

Ich war drauf und dran, ihren Wohnungsschlüssel aus ihrer Tasche zu klauen, zu ihr nach Hause zu fahren, mich auf ihr Bett zu legen und ihr Buch zu lesen. Das war der Beginn einer wunderbaren Freundschaft. Zwei Bücherwürmer hatten sich gefunden. Wir finden uns immer. Überall.

Komischerweise hatte ich nie das Bedürfnis, die Autoren, deren Bücher ich liebte, persönlich kennenzulernen. Vielleicht, weil ich in einem Schriftstellerhaushalt aufgewachsen bin? Weil ich seit früher Kindheit wusste, ohne es in Worte fassen zu können, dass Schriftsteller das Beste von sich im Schreiben finden – und geben. Nicht unbedingt im Leben. Meine Bücher sollten geliebt werden, nicht ich. Mein Entschluss, die Schweiz zu verlassen und sämtliche Einladungen und Aufträge aufzugeben und abzulehnen, würde automatisch meinen Rückzug aus der öffentlichen Wahrnehmung bedeuten. Dachte ich.

«Das wird schwer sein», vermuteten nicht wenige Bekannte und ein paar Journalisten. «Es ist schwer, auf die öffentliche Aufmerksamkeit zu verzichten, wenn man sich erst mal an sie gewöhnt hat.» Wer mich besser kennt, machte sich diesbezüglich keine Sorgen. Im Gegenteil, ich genieße es, unbeobachtet und unerkannt meiner Wege zu gehen, Dinge auszuprobieren, mich gehenzulassen. Im Pyjama auf dem Sofa zu sitzen. Auf einer Parkbank zu lesen, in einem fahrenden Zug zu weinen. Nicht dass ich je belästigt wurde. Im Gegenteil, die Anteilnahme der Leser nach meiner Trennung, die Verbundenheit, die sich vor allem über meine wöchentliche Kolumne in der *Schweizer Familie* eingestellt hatte, tröstete und berührte mich. Nun wird aber die *Schweizer Familie* auch im Ausland gern gelesen. Kaum war der Artikel erschienen, der das Ende meiner Kolumne und meinen Wegzug nach Santa Fe ankündete, bekam ich die ersten Briefe von Auslandschweizern in Santa Fe und Umgebung: Ihre Schwester, Tante, Großmutter habe ihnen den Artikel geschickt und gesagt: «Du, die musst du besuchen!» Auf manche dieser Einladungen gehe ich ein. Nicht auf alle. Eine Schweizerin, die eine Galerie in meiner Straße führt, will ich unbedingt kennenlernen – aber jedes Mal, wenn ich an ihrem Geschäft vorbeigehe, ist es geschlossen. Und dann hängt plötzlich ein Schild im Fenster: «Zu vermieten». Auch über Doris habe ich einige ausgewanderte Schweizerinnen kennengelernt. Kurz nachdem ich das Haus gekauft hatte, lud sie mich zu einer Party ein.

«Ich hab einen Überraschungsgast», verkündete sie.

«Nein! Sag bloß – Johnny Depp?» Der war gerade in der Stadt, um seinen Film *The Lone Ranger* vorzustellen.

«Neiiiin», sagte Doris und zeigte auf mich. «Nicht Johnny Depp – Milena Moser!»

Das löste nur Schulterzucken aus – warum sollte jemand,

der die Schweiz vor zwanzig Jahren verlassen hatte, mich kennen? Das hinderte sie aber nicht daran, mich freundlich aufzunehmen und mit Insider-Tipps und guten Ratschlägen zu versorgen. Genau so hatte ich mir das gewünscht: Man lernt mich kennen, ohne schon alles über mich zu wissen zu glauben. Man mag mich, oder man mag mich nicht. Unabhängig von meinen Büchern.

Mit der Zeit finde ich aber immer öfter Briefe und Notizen in meinem Briefkasten und an meinem Tor. Von durchreisenden Schweizern, Touristen, die mich sozusagen als Sehenswürdigkeit eingeplant haben. «Wir sind so und so lange in der Stadt, bitte rufen Sie uns im Hotel an.» Darauf gehe ich eher nicht ein. Und nun also diese Frau in meinem Garten, die mich herausfordernd anschaut, ein bisschen verwirrt auch. Ich bin offensichtlich nicht, was sie sich vorgestellt hat.

«Es freut mich natürlich, dass Ihnen mein Buch gefallen hat», versuche ich zu erklären. «Aber das hier ist mein Zuhause, mein Rückzugsort, hier können Sie nicht einfach eindringen!»

«Ich will nur eine Begegnung mit Ihnen!»

Die haben Sie ja gerade, denke ich. «Schreiben Sie mir. Meine E-Mail-Adresse steht auf meiner Homepage. Ich verspreche, ich werde Ihnen antworten.» Ich weise der Frau das Tor. Wohl wissend, dass sie nie wieder ein Buch von mir lesen wird. «Diese Frau Moser hab ich mir aber auch netter vorgestellt», wird sie sagen. Geschrieben hat sie mir nie. Sorgfältig schließe ich hinter ihr ab. Das Tor, die Terrassentür. Ich ziehe mir eine lange Hose an.

«Ich muss mich bei dir entschuldigen», sagt Christopher später. «Ich hatte ja keine Ahnung.»

«Wie solltest du auch?»

«Dann bist du also berühmt?»

Ich zucke mit den Schultern. «Nicht wirklich.»

«Ach so, verstehe. Alles klar: Du bist inkognito hier!»

«Ganz genau!» Ich muss lachen.

Von nun an zwinkert er mir jedes Mal verschwörerisch zu, wenn er mich sieht. Und ich prüfe zweimal, ob ich das Tor auch abgeschlossen habe.

Starke Frauen tragen coole Schuhe

«Sag bloß, das sind United Nude», seufze ich.

Sie lächelt, streckt ihren Fuß aus, der in einer Sandale steckt, die scheinbar keinen Absatz hat, sondern in der Luft schwebt.

«Von einem holländischen Architekten entworfen», murmle ich. Was soll ich sagen – es ist eine Leidenschaft, es ist eine Sucht. Eine Sucht, der ich allerdings in Santa Fe nicht oft nachgehe. Die Plaza ist von teuren Läden gesäumt, die mich alle nicht in Versuchung führen können. Sie bieten den typischen Santa-Fe-Style an, der so heißt, obwohl sich niemand hier so anzieht – außer den Touristen. Cowboystiefel, Türkisschmuck, Wildlederjacken mit Fransen, silberbeschlagene Gürtel, pelzbesetzte Hüte. Und alles sehr teuer.

Es gibt nur einen Laden, an dem ich nicht vorbeigehen kann, ohne mindestens hineinzuschauen, das ist Goler. Zwei Frauen mit identischen kurzen Fransen über ausdrucksstarken Gesichtern bedienen. Mutter und Tochter, unverkennbar. Ich probiere mich durch das Ausverkaufssortiment, dann steht sie vor mir auf ihren schwebenden Füßen, und wir kommen ins Gespräch.

«Ich hab ihn mal getroffen», erzählt sie. «Den Architekten, der diese wahnwitzigen Schuhe entwirft. Leider war er nicht sehr freundlich.»

Plötzlich weiß ich wieder, warum sie mir so bekannt vorkommt: «Bist du nicht in dem Buch *Santa Fe Originals* vertreten?»

Der Laden ist klein und wie meistens zum Bersten voll. Wir stehen im Weg, wir halten den Betrieb auf. Also verabreden wir uns für den Abend.

Ich gehe schräg über den Platz vor der Kathedrale in mein Lieblingsmuseum und denke: Was für ein Glück. Was für ein Glück, auf spontane Einladungen eingehen zu können! Was für ein Luxus, nicht über Monate hinaus verplant zu sein! Das ist es, was ich mir gewünscht habe. Genau das. Als ich über den Platz gehe, bekomme ich plötzlich Nasenbluten. Das passiert in der dünnen, trockenen Luft der Hochwüste manchmal. Ich wühle in meiner viel zu großen Tasche nach einem Taschentuch und setze mich auf eine Parkbank vor der Kathedrale. Plötzlich erinnere ich mich an eine ähnliche Situation in Aarau. Als ich, wie immer etwas spät dran, mit nassen Haaren und wehenden Mantelschößen zum Bahnhof eilte und plötzlich Nasenbluten bekam. Damals konnte ich es mir nicht leisten, stehen zu bleiben, ein Taschentuch zu suchen, so presste ich mir einfach den Ärmel vor die Nase und hetzte weiter Richtung Bahnhof. Ich musste diesen Zug erwischen! Sonst … Heute weiß ich, dass die Welt natürlich auch nicht untergegangen wäre, wenn ich diesen Zug verpasst hätte, wenn ich eine halbe Stunde zu spät gekommen wäre. Dass es nur mir so absolut undenkbar schien, aus meinem Stundenplan auszubrechen. Keuchend, verschwitzt, aufgelöst sank ich auf einen freien Platz im Zug, den ich gerade noch erwischt hatte, das Gesicht blutverschmiert, die Haare wild. Ein Taschentuch fand ich nicht. Und so wartete ich, bis die Toilette frei wurde. Die ganze Zeit war ich mir der Blicke der Mitreisenden peinlich bewusst. Als ich mir dann in der übelriechenden Toilette das Gesicht wusch, schaute ich in den Spiegel und dachte: So geht das nicht weiter, Moser. So kann man nicht leben.

Zwei Jahre später sitze ich in derselben Situation gemütlich in der Sonne. Meine Haare sind trocken und ein Taschentuch habe ich auch eingepackt. Mein Leben gehört wieder mir. Jahrelang, vielleicht jahrzehntelang wachte ich morgens mit einem Gefühl der Beklemmung auf: Was muss ich heute? Damit meinte ich nicht nur meine tägliche Aufgabenliste. Es ging tiefer. Was wird heute von mir verlangt? Kann ich es leisten? Kann ich die Erwartungen, die an mich gestellt werden, erfüllen? Dieses Gefühl, das so sehr zu meinem täglichen Leben gehörte, dass ich es viel zu lange nicht hinterfragte, dieses Gefühl ist verschwunden. Wenn ich heutzutage morgens aufwache, weiß ich, wo ich bin. Und wer ich bin.

Es ist ein ganz einfaches, vielleicht ein bisschen langweiliges Leben, das ich hier führe. Aber das ist es genau, was ich mir gewünscht habe. Langeweile haben, viel Zeit. Morgens stehe ich relativ früh auf, ich meditiere, fahre zum Yogastudio, unterwegs kaufe ich mir meine Zeitung. Nach der Stunde suche ich eins meiner drei Lieblingscafés auf, frühstücke und schreibe, eine oder zwei Stunden lang. Zuhause trinke ich noch mehr Kaffee, setze mich in mein Gärtlein und schreibe weiter. Nachmittags treffe ich mich mit Freunden, mache Ausflüge, Einkäufe, Erledigungen. Alle zehn Tage oder so gönne ich mir einen Ausritt mit Twain. Abends bin ich meistens zuhause, ich gehe nur selten aus. Santa Fe ist nicht gerade für sein Nachtleben berühmt. Das ist mir gerade recht.

Manchmal gehe ich zu Fuß zur Plaza hinunter. Mitten im Touristenrummel habe ich auch hier ein paar Orte gefunden, an denen ich mich wohl fühle. Da ist der Kaffeestand an der Plaza, der von Better Day geführt wird, dessen Espresso so stark ist, dass er unters Betäubungsmittelgesetz fallen müsste. Das Museum of Contemporary Native Art mit seinem Skulpturengarten und seinen Ausstellungen, die so überschaubar sind, das ich sie auch oft besuche, wenn ich eigentlich auf dem Weg zu einer Verabredung bin. Dafür immer wieder. Weil ich immer wieder etwas lerne. Das Museum wird vom Institute for American Indian Art geführt und zeigt oft Werke von Studenten und Professoren. Zum Beispiel eine Retrospektive des Mitbegründers und langjährigen Direktors des Instituts, Lloyd Kiva New. Der Modedesigner hat für seine Stoffe traditionelle Muster verwendet und die Traditionen unterschiedlicher Stämme miteinander vermischt. Er sprengte schon in den vierziger Jahren den Rahmen dessen, was man von «indianischer Kunst» erwartete, und mischte moderne, urbane Elemente mit traditionellen. «Dieses Konservierungssyndrom grenzt schon an Einbalsamierung», sagte er. Ich gehe durch die von der Decke hängenden Stoffbahnen wie durch einen Märchenwald. Oft besuche ich auch einfach den Museumsshop, setze mich auf einen der bequemen Ledersessel und lese mich durch die ausliegenden Bücher. Die Angestellten sind entweder Studenten des Instituts oder freiwillige Helferinnen, meist weiß, meist etwas älter. Als ich einmal mit Victor auftauche, fragte die Frau an der Kasse beflissen, ob er «indigenous» sei, eingeboren, denn dann dürfe er gratis hinein. «Es wird Ihnen gefallen bei uns», beteuert sie. «Wir haben heute ein sehr gemischtes Publikum!» Nicht nur Touristen aus Texas, meinte sie wohl. Ich habe in dem Museum schon erlebt, dass sich Besucher unflätig äußerten und rassistische Bemerkungen machen. «Warum müssen wir uns das anschauen?», fragte einmal ein älterer Mann so laut, dass sich seine Frau erschrocken umdrehte. «Ist das jetzt Kunst, nur weil's ein Indianer gemacht hat?» Und umgekehrt die fast peinliche Beflissenheit der Frau an der Kasse. Eine natürliche Beziehung scheint nicht möglich.

Nach Ladenschluss treffe ich Guadalupe im Innenhof des Santacafé. Dieses alteingesessene und eher teure Restaurant bietet eine großzügige und vielfältige Happy Hour an, die auch rege genutzt wird. Hier treffen sich die Einheimischen zu einem Glas Wein und ein paar Häppchen, bevor dann der Dinner-Service beginnt, mehrheitlich für Touristen. Guadalupe kommt oft hierher. Die Kellnerin kennt sie und behandelt uns deshalb besonders gut. Unaufgefordert bringt sie uns Plättchen mit Frühlingsrollen und Potstickers und füllt unsere Drinks nach. Für Guadalupe bringt sie eine Schale mit grünen Chilischoten. Das erinnert mich an Victor, der stets eine grüne Chilischote in die Brusttasche seines Hemdes steckt, bevor er zum Essen ausgeht. Guadalupe runzelt die Stirn, als ich das erzähle. «Du hast einen mexikanischen Freund?», fragt sie nach. «Behandelt er dich auch anständig?» Ihre Landsmänner stehen offenbar nicht hoch im Kurs bei ihr. Sie nippt an ihrem Weißwein und erzählt mir ihre Geschichte:

Sie ist in Guadalajara in Mexiko aufgewachsen, wo ihr Großvater eine Schuhfabrik besaß und ihre Tante einen Schuhladen. In den Sommerferien arbeitete sie oft in der Fabrik, in der Verpackung. Sie erinnert sich an die Gerüche.

«Am besten gefiel mir die Verbundenheit, die Freundschaft zwischen den Arbeiterinnen.» Sie wurde streng erzogen, besuchte eine Klosterschule. «Etwas ist mir bis heute geblieben», sagt sie. «Die alten Nonnen sagten immer: ‹So wie du mich heute siehst, wirst du auch einmal aussehen. So wie ich dich heute sehe, habe ich auch einmal ausgesehen.› Das hat mich beeindruckt – denn es geht weit über das Äußerliche hinaus. Für mich bedeutet es: Du machst in deinem Leben alles einmal durch, Jugend und Alter, Glück und Unglück, Erfolg und Misserfolg …»

Immer wieder wird unser Gespräch unterbrochen. Frauen und Männer kommen an unseren Tisch, machen Guadalupe ihre Aufwartung, zeigen ihr die Schuhe, die sie tragen, die sie bei ihr gekauft haben, und schielen unter den Tisch, um zu sehen, was sie heute für Schuhe trägt.

«Weißt du, Männer, die im Laden mit mir flirten, beeindrucken mich gar nicht. Mir gefallen die, die ganz auf ihre Frauen konzentriert sind, nur Augen für sie haben!»

Mit siebzehn verliebte sie sich in einen gutaussehenden, charmanten und bereits einmal geschiedenen, zehn Jahre älteren Argentinier. «Ich war so verliebt, ich wollte nur noch ihn, mit ihm zusammen sein.» Sie fuhr mit ihm übers Wochenende ans Meer, zu einer Party. Den Eltern hatte sie erzählt, sie verbringe das Wochenende bei einer Kusine. Doch der kleine Bruder verriet sie. Mitten in der Nacht tauchten die Eltern an der Party auf und stellten Guadalupe vor ein Ultimatum: «Entweder du heiratest ihn, oder du siehst uns nie wieder!»

«Und so war ich mit siebzehn verheiratet! Wir zogen nach Santa Fe, wo er lebte, wo seine ganze Familie war. Das erste Jahr wohnten wir in einem Tipi im Garten seiner Schwester. Klingt romantisch, gell, das war es auch … Wir hatten überall

Kerzen … aber du weißt ja, wie kalt es hier im Winter wird.» Anfangs war Guadalupe trotz anhaltendem Flitterwochengefühl einsam. «Ich kannte niemanden hier, ich konnte kein Englisch, ich hatte keine eigenen Freunde, war immer mit seinen Verwandten zusammen, die natürlich alle Spanisch sprachen.» Ihr Mann importierte mexikanische Volkskunst und war oft lange unterwegs. Irgendwann erwähnte ihre Schwägerin beiläufig, dass man in der Bibliothek gratis Bücher ausleihen könne.

«Das waren meine ersten Freunde hier – die Bücher! So habe ich auch Englisch gelernt.»

Und der Laden?

«Ach ja, mein Mann hatte mal ein wirklich gutes Geschäft gemacht und fragte mich, was wir mit dem Geld machen sollten. Er erwartete wohl, dass ich sagte, wir kaufen ein neues Auto, wir renovieren das Bad oder so etwas. Aber ich sagte frech: ‹Gib es mir und ich mach einen Laden auf!›» Sie lacht. «Er hat wohl nicht geglaubt, dass ich das ernst meine. Aber es war nicht einfach: Im ersten Jahr hatte ich ständig Kopfschmerzen, und als ich in Mexiko meine Familie besuchte, schickte mich meine Mutter zum Arzt. Stellte sich heraus, ich hatte erhöhten Hirndruck! Ich musste ins Krankenhaus, wo man ein Loch in meine Schädeldecke bohrte.»

Ihr jüngerer Bruder, derselbe, der sie damals an die Eltern verraten hatte, flog an ihrer Stelle zurück nach Santa Fe, um den Laden weiterzuführen. «Meine Schwägerin musste für ihn übersetzen, er konnte kein Wort Englisch.» Wieder lacht sie. Ihr Bruder blieb in Santa Fe und heiratete eine Frau, die er im Laden kennengelernt hatte.

«Auch meine Paula hat ihren ersten Mann im Laden kennengelernt.»

Guadalupe ist eine auffällige Erscheinung und eine Institution in der Stadt. Sie ist in verschiedenen Vereinen, unter anderem gehört sie auch zu den Rotariern.

«Ich wusste nicht, dass die auch Frauen aufnehmen», sage ich erstaunt.

Sie lacht. «Ja, ich war eine der Ersten hier – und dann noch eine Mexikanerin – und dann noch so ...» Sie wedelt mit beiden Händen über ihr tiefschwarzes Haar, ihr stark geschminktes Gesicht, ihr Outfit, das an diesem Tag aus neonrosa Leggins und einem schwarzen Top besteht, mit einem limonengrünen Schal kombiniert. «Einmal war ich in Brüssel zu einem Vortrag eingeladen – die wussten überhaupt nicht, was sie mit mir anfangen sollten.»

Vor mehr als zwanzig Jahren hat sich Guadalupe von ihrem Mann scheiden lassen. Seinen Namen hat sie aber behalten: Der steht schließlich auf dem Ladenschild. Die gerade Sechzigjährige scheint unermüdlich. Morgens steht sie um fünf Uhr auf, um sechs ist sie im Fitnesszentrum, um halb acht im Laden, der jeden Tag geöffnet hat. «Der Laden ist mein Wohnzimmer, ich bin immer da.» Außer wenn sie auf einer Messe neue Modelle einkauft oder ihre Familie in Mexiko besucht.

«Wie machst du das mit dem Schreiben?», fragt sie plötzlich. «Folgst du einem Plan oder schreibst du einfach drauflos?»

«Einfach drauflos.»

Sie nickt. «Ich auch.» Guadalupe schreibt einen Blog, den sie sehr ernsthaft betreibt. Die Einträge reichen von frivoleren Erlebnissen wie dem Aufgeben eines zusätzlichen Koffers voller Lieblingsschuhe über politische Statements zu den bevorstehenden Präsidentschaftswahlen bis zu sehr persönlichen Gedanken über den Selbstmord eines Freundes, den Tod ihres geschiedenen Mannes. Es sind keine Werbetexte für den Laden. Es ist ihre persönliche Plattform. Ursprünglich wollte sie einmal Journalistin werden. «Das Leben hat anders entschieden.» Sie lacht, zuckt mit den Schultern, wischt die Bemerkung weg.

Frauen wie sie habe ich hier schon öfter getroffen. Frauen, die sich nicht unterkriegen lassen. Frauen, die hinter einem verspielten, koketten Auftreten einen unverwüstlichen Kern verbergen. Ein Rückgrat aus Stahl. Ist es das Erbe der Pionierinnen?

Zuhause nehme ich das Buch noch einmal hervor. Mein Eindruck hat mich nicht getäuscht: Starke Frauen haben in Santa Fe Tradition. Da war zum Beispiel Albina Lucero, die 1926 zum ersten weiblichen Hilfssheriff von Santa Fe gewählt wurde. Außerdem arbeitete sie als Hebamme, traditionelle Heilerin, Goldschürferin und Dichterin. Nebenbei war sie auch Mutter von vier Kindern. Adelina Nina Otero-Warren, die sich 1922 als erste Latina für einen Sitz im Abgeordnetenhaus aufstellen ließ und sich leidenschaftlich für das Wahlrecht der Frauen einsetzte. Oder Carol J. Vigil, die erste Frau, die erste *native american*, die die Rechtsanwaltsprüfung abgelegt hatte und später als Richterin an ein staatliches Gericht berufen wurde. Bei ihrer Vereidigung 1998 trug sie zwar die traditionelle schwarze Robe, die aber mit Motiven aus ihrem Pueblo bestickt war. Während ihres Studiums hatte sie miterlebt, wie ihre Mutter, eine Krankenschwester, die sich für eine bessere Gesundheitsversorgung der Pueblobewohner einsetzte, wegen ihres Engagements entlassen wurde. Diese Erfahrung politisierte sie. Trotzdem entschied sie später auch einmal gegen den Willen und den heftigen Protest der Pueblos zu Ungunsten der Kasinos. Sie hatte ihren eigenen Kopf. Oder Lisa Law, eine Fotografin, die ich an ihrer Ausstellung *Flashing back to the Sixties* kennengelernt habe. Sie hat in den sechziger Jahren in der Nähe von Truchas im Norden New Mexicos eine Landkommune gegründet, vier Kinder großgezogen, Biogemüse angebaut und auf den Märkten verkauft, die Festivalbesucher in Woodstock mit Suppe bekocht und ganz nebenbei eine unglaubliche Dokumentation der Bewegung und der Musik dieser Zeit angelegt. Bob Dylan, Janis Joplin und Dennis Hopper besuchten sie auf ihrer Farm. Der berühmte Kundalini-Yoga-Lehrer Yogi Bhajan besuchte New Mexico das erste Mal auf Einladung von Lisa und ihrem Mann und entschied sich dann, hierzubleiben und sein Ashram zu gründen. Nach der Scheidung war das Geld knapp, und so trat Lisa mit ihren Kindern in vielen lokalen Filmproduktionen in Statistenrollen auf. Und immer hatte sie ihre Kamera dabei. Selbst in ihren wildesten Hippie-Zeiten entwickelte sie jede Nacht ihre Filme und archivierte ihre Negative. Fast vierzigtausend hat sie heute in ihrem Haus.

Die Liste ist endlos. Jede Woche lerne ich Frauen kennen, die mich beeindrucken. So unterschiedlich ihre Geschichten sind, etwas verbindet sie alle: eine gewisse Unbeirrkarkeit. Sie lassen sich nicht unterkriegen. Und sie verlassen sich aufeinander. Vielleicht beschreibt das Frauen generell und überall. Doch hier fällt es mir besonders auf.

Warum ist das so? Etwas an dieser Gegend fordert einen heraus, stellt einen mit dem Rücken zur Wand, zwingt einen, in den Spiegel zu schauen. Entweder man stellt sich der Herausforderung, oder man reist ganz schnell wieder ab. Die Frauen, die ich hier kennenlerne, haben alle etwas gemeinsam: Sie sind sanft im Umgang und hart im Nehmen. Ich selber bin noch nicht lange genug hier, um einen gültigen Schluss aus dieser Beobachtung zu ziehen. Vielleicht sind das einfach die Frauen, die mich interessieren, deren Bekanntschaft ich suche, egal wo sie leben?

Zwei Tage später bekomme ich eine SMS von Guadalupe: «Übrigens, wir haben Ausverkauf!»

«Neiiiinn!», antworte ich. «Führe mich nicht in Versuchung!» Aber wie sagte Oskar Wilde? «Der einzige Weg, eine Versuchung loszuwerden, ist ihr nachzugeben.»

Kranke Kasse

Vielleicht sollte ich endlich einmal einen Arzt aufsuchen, denke ich. Nicht weil mir etwas fehlt. Nur für ein paar Routineuntersuchungen. Schließlich will ich etwas haben für mein Geld. Vor meiner Abreise habe ich extra eine teure internationale Versicherung abgeschlossen. Die Erfahrungen, die ich an Victors Seite mit dem amerikanischen Gesundheitswesen gemacht habe, haben mich nicht gerade zuversichtlich gestimmt. Weil ich über fünfzig bin und einmal mit einem Schwächeanfall im Notfall gelandet bin, dessen Ursache nicht exakt benannt werden konnte, gelte ich als unversicherbar. Zu hohes Risiko – mit dieser Diagnose lehnen mich alle größeren Versicherungen ab. So lande ich schließlich bei einer dänischen Firma, die mich mit einem Risikozuschlag von fünfundzwanzig Prozent aufnimmt. Ich knirsche mit den Zähnen. Aber ich bekomme freie Arztwahl weltweit. Dafür zahle ich 14000 Dollar für ein Jahr im voraus.

Ich nehme mir vor, die besten Ärzte an meinem neuen Wohnort ausfindig zu machen und alle Vorsorgetests zu durchlaufen, die in meinem Alter empfohlen werden. Aber dann vergesse ich es wieder. Denn ich bin geradezu lächerlich gesund. Und mit anderem beschäftigt. Und so ist ein halbes Jahr vergangen, ohne dass ich mich überhaupt darum gekümmert habe, einen Hausarzt in Santa Fe zu finden. Meine Freundin Pie hat eine einfache Regel, die ich auch befolge: «Geh nur dann zum Arzt, wenn nichts anderes mehr geht.»

Und dann ist es so weit. Ich will gerade zur Yogastunde fahren, als ich den Holzbalken sehe, der meinen Parkplatz von dem des Nachbarn abgrenzt. Der liegt ja ganz schräg in der Landschaft, denke ich. Ich bücke mich, um ihn anzuheben und zack, schon hat mich die Hexe erwischt. Nun müsste ich mich einfach zurück ins Häuschen schleppen und dort flach auf den harten Steinboden legen. Was tue ich stattdessen? Ich fahre in die Yogastunde. Einfach weil ich mich auf sie gefreut habe. Weil ich es so gewohnt bin. Selber schuld ist man immer selber! Obwohl ich während der Yogastunde vor allem flach auf der Matte liege, hat sich der Hexenschuss schon festgesetzt. So starke Schmerzen hatte ich schon lange nicht mehr. Und natürlich ist Wochenende. Ich fahre zur nächsten Apotheke und frage nach einem rezeptfreien Schmerzmittel.

«Wir haben neuerdings auch eine Klinik», heißt es. «Sie können gleich hier einen Arzt konsultieren.» Das freut mich. Ist ja ganz einfach, denke ich. Wenn auch nicht ganz das, was ich mir unter freier Arztwahl vorgestellt habe. Ächzend lasse ich mich in einen harten blauen Schalenstuhl sinken. Die anderen Wartenden wirken apathisch, als säßen sie schon lange hier. Eine alte Frau mit schmuddeligen Verbänden an den Füßen. Ein junges Paar im Drogenrausch. Alle paar Minuten schreckt er auf, schaut sich wild um und brüllt «Was glotzt ihr so, ihr Arschlöcher?» in die Runde. Dann streichelt sie besänftigend seinen Kopf. «Beruhig dich, Baby», sagt sie immer wieder, viel zu laut. Es klingt, als wolle sie sich selbst beweisen, dass sie alles unter Kontrolle hat. Ein dicker *native* presst ein Taschentuch gegen eine blutende Wunde unter seinem Auge.

Was tue ich hier?, denke ich. Mühselig kämpfe ich mich aus dem Schalenstuhl. Gebückt gehe ich die Regale entlang, kaufe rezeptfreie Schmerzmittel, Tigerbalsampflaster und ein Gerät, das Schmerzfreiheit mittels elektrischer Impulse verspricht. Auf dem Weg nach Hause bin ich den Tränen nahe. Dann ist auch noch meine Straße gesperrt. Ich stelle mein Auto auf den öffentlichen Parkplatz und gehe gebückt die Canyon Road entlang. Da kommen mir Claudia und Gyana entgegen. Sie winken.

«Ich kann nicht reden, mir geht's nicht gut», rufe ich auf die andere Straßenseite hinüber und gehe weiter, ohne mich umzudrehen. Gyana ist vermutlich der begnadetste Körpertherapeut in Santa Fe, einer Stadt, in der es vor Therapeuten wimmelt. Und der läuft mir in dem Moment über den Weg, als ich ihn am dringendsten brauche. Was tu ich Depp? Ducke mich weg. Warum habe ich nicht die Straße überquert und «Hilf mir, bitte!» gerufen?

Ich bin wie der Mann aus dem Witz, der während eines Hochwassers auf dem Dach seines Hauses ausharrt. Ein Rettungsboot kommt vorbei, doch er steigt nicht ein. «Gott wird mich schon retten», sagt er. Das Wasser steigt, er klettert höher. Aber auch ein zweites Rettungsboot schickt er weg. Schließlich ragt nur noch der Kamin aus dem Wasser. Dort kauert er, als ein Helikopter eine Strickleiter zu ihm herunterlässt. Aber der Mann ergreift sie nicht. «Gott wird mich schon retten», ruft er, und der Helikopter dreht ab. Das Wasser steigt weiter und schließlich ertrinkt der Mann. «Warum hast du mich nicht gerettet?» ist seine erste Frage am Himmelstor.

Da rauft sich Gott die Haare und schimpft: «Ich hab dir zwei Rettungsboote und einen Helikopter geschickt, Mann! Was willst du noch? Einsteigen musst du schon selber!»

Ich hab dir Gyana geschickt!, höre ich ihn rufen. Antworten musst du schon selber!

Als ich später Claudia anrufe, sagt sie, dass Gyana schon aufs Land gefahren sei, wo er die Wochenenden verbringt. Er würde aber bestimmt zurückkehren, wenn es dringend sei. Ist es dringend? Dringend genug, um Gyanas Wochenende abzukürzen? Das geht mir zu weit. Ist ja nur ein Rücken, denke ich. Früher hatte ich so was ständig. Claudia hat außerdem noch Voltarentabletten aus der Schweiz, die sie mir vorbeibringt.

Die nächsten Tage liege ich auf dem Sofa und telefoniere sämtliche Arztpraxen durch auf der Liste, die mir meine Versicherung gegeben hat. Warum eine Liste? Habe ich nicht freie Arztwahl? Nun, die Liste ist lang. Anfangs schaue ich noch auf dem Internet nach Beurteilungen. Ich will die bestmögliche Praxis finden. Aber bald gebe ich das auf.

«Was haben Sie für eine Versicherung?», ist immer die erste Frage. Und dann: «Tut uns leid, von der haben wir noch nie gehört.»

Ich rufe bei der Versicherung an, was sich ebenfalls als schwierig herausstellt. Das Telefon wird entweder von Robotern abgenommen oder von gestressten Indern, die mit schwer verständlichem Akzent einem Skript folgen. «Schauen Sie auf der entsprechenden Internetseite nach den Adressen in Ihrer Umgebung!»

«Aber das habe ich gerade getan!»

«Womit können wir Ihnen heute sonst behilflich sein?»

«Arrrggghhh!»

«Vielen Dank für Ihren Anruf!»

Ich maile, ich chatte, ich drohe, ich stampfe mit dem virtuellen Fuß auf. Jedes Mal bekomme ich eine neue, immer kürzere Liste von Ärzten in der Umgebung. Jedes Mal ist das Ergebnis dasselbe: «Tut uns leid, diese Versicherung nehmen wir nicht, kennen wir nicht, nie davon gehört.» Langsam dämmert mir, dass ich nicht versichert bin. Kein gutes Gefühl. Schon gar nicht, wenn ich 14000 Dollar dafür bezahlt habe. Und Schmerzen habe ich auch.

Schließlich finde ich eine Klinik in Albuquerque, die meine Versicherung akzeptiert. Jedenfalls behaupten sie das: «O ja, wir nehmen praktisch alles.» Trotzdem bekomme ich nicht sofort einen Termin. Erst muss ich ein telefonisches Vorgespräch absolvieren und Fragen beantworten wie: «Haben Sie je einen gewaltsamen Tod verursacht oder mit angesehen? Sind oder waren Sie in psychiatrischem Gewahrsam? Wurden Sie je wegen Drogen- oder Alkoholdelikten verhaftet oder verurteilt?»

Nachdem ich alles gewissenhaft beantwortet habe, bekomme ich einen Termin drei Tage später. Meinem Rücken geht es bereits etwas besser, aber die eineinhalbstündige Autofahrt nimmt er mir trotzdem übel. So betrete ich die Klinik wieder gebückt. Zum Glück muss ich nicht lange warten, bis mich Sarah empfängt. Sie ist eine PA, eine *physician's assistant*, also keine Ärztin. Sie stellt mir ein paar Fragen, dann misst sie meinen Blutdruck.

«Oje, der ist aber hoch! Das kann natürlich daran liegen, dass Sie Schmerzen haben.»

Oder weil ich gerade eine Stunde auf der Autobahn verbracht habe, denke ich.

Sarah schüttelt bedauernd den Kopf: «Mit diesem Blutdruck kann ich Ihnen keine kontrollierten Substanzen verschreiben.»

«Kontrollierte Substanzen?»

«Darunter fallen auch Schmerzmittel.»

«Und jetzt?»

«Haben Sie keinen Hausarzt?»

Ich zögere. Habe ich das nicht alles schon am Telefon erklärt? Sollte diese Klinik nicht als *primary care provider* wirken, die amerikanische Version des Hausarztes?

«Sie könnten natürlich einfach in die Notaufnahme fahren. Wenn Ihr Blutdruck dann immer noch so hoch ist, bekommen Sie ein Medikament, das ihn senkt, allerdings nur eine einzige Dosis. Aber dann können Sie wieder zu mir kommen, und ich verschreibe Ihnen das Schmerzmittel – oder Sie versuchen, das Schmerzmittel auch gleich im Notfall zu bekommen … Aber die rücken das nicht so leicht raus, Sie verstehen schon.»

Ich schüttle den Kopf: «Nein, nicht wirklich. Können Sie nicht etwas für meinen Blutdruck tun? Sind Sie jetzt nicht mein Hausarzt, sozusagen?»

«Oh, Honey, nein!» Sarah ist ehrlich erstaunt. «Wir sind eine Mental Health Clinic, wussten Sie das nicht? Wir bieten psychosoziale Therapien an, allerdings normalerweise eher für die randständige Bevölkerung … Sie könnten sich bestimmt einen richtigen Arzt leisten?»

Ich muss lachen. Das mag mein Rücken gar nicht. Aber genau das ist mir schon einmal passiert! Als wir in San Francisco lebten, hatte ich den magenkranken Cyril in die Neighbourhood Clinic gebracht, weil mir die Anzeige im Quartierblatt mit den lustigen Kinderzeichnungen so gefallen hatte – und weil ich sofort einen Termin bekam. Erst als ich das blasse, jammernde Kind ins Wartezimmer trug, fiel mir auf, dass wir die einzigen Weißen im Raum waren. Und auch die Einzigen, die nicht ihr gesamtes Hab und Gut bei sich trugen und auf den Stühlen links und rechts von sich ausgebreitet hatten. Damals wurden wir von erfahrenen Ärzten, die einen Tag pro Woche dort für umsonst arbeiteten, erstklassig behandelt. Sie versicherten uns auch, wie seien jederzeit willkommen: «Wir sind für alle Quartierbewohner da.»

Meine amerikanischen Freunde lachten mich damals aus: Man weiß doch, was Neighbourhood Clinic heißt. Und jetzt wird mir auch bewusst, dass sich diese Klinik in Albuquerque Community Clinic nennt. Ich verabschiede mich von Sarah. Im Gehen schaue ich mir das Wartezimmer genauer an. Stimmt, auch hier bin ich die einzige Weiße und eine der wenigen, die keine Wolldecke dabeihaben. Die Frau hinter dem Schalter aus kugelsicherem Glas ruft mich zurück: «Stellt sich heraus, wir nehmen Ihre Versicherung nicht», sagt sie. «Genau genommen, haben wir …»

«… nie davon gehört, ich weiß.» Der erste Besuch kostet dafür nur hundertsechzig Dollar, wenn ich wiederkomme, sinkt der Preis auf hundertzwanzig. Ich schließe nicht aus, dass ich in diesem Kampf noch den Verstand verliere. Aber erst einmal fahre ich nach Hause. Ganz langsam.

In den folgenden Wochen helfen mir die Behandlungen von Gyana und die Voltarentabletten aus der Schweiz. Freundinnen empfehlen Akupunkteure und Rückenübungen. Ich kaufe ein Blutdruckmessgerät und gebe die Werte einer befreundeten Ärztin in der Schweiz durch. Alles einigermaßen in Ordnung, befindet sie. Ich wurstle mich also durch. Wie so viele, die ich kenne. Ganz wohl ist mir nicht dabei. Ich habe trotz allem immer noch so viel Vertrauen ins System, dass ich denke, es wäre besser, einen Arzt aufzusuchen. Doch dieses Vertrauen bröckelt. Mein Rücken wird langsam besser. Zurück bleibt die beängstigende Gewissheit, dass ich in diesem fremden Land mit seinem undurchschaubaren, wenig vertrauenerweckenden Gesundheitswesen unversichert bin. Wofür ich 14000 Dollar bezahlt habe.

Von Auslandschweizern höre ich, dass diese dänische Firma einen schlechten Ruf habe. Das hätte ich selber herausfinden können, wenn ich mich nicht auf die Schweizer Versicherungsberatung verlassen hätte, die ich immerhin für diese Vorarbeit bezahlte. Ich teile ihnen die Sachlage mit, ohne Vorwurf, nur um zu verhindern, dass sie weitere Kunden in diese Falle tappen lassen – und höre nie wieder etwas. Das ist enttäuschend, gleichzeitig auch beruhigend. Es erstickt den immer wieder mal aufkommenden Gedanken «In der Schweiz wäre mir so etwas nicht passiert» im Keim. Ich bin in der Schweiz genau so ausgeliefert wie hier – nur weniger fremd.

Um mich nicht allzu hilflos zu fühlen, künde ich die teure Auslandversicherung per sofort und bekomme immerhin einen Teil meines Geldes zurück. Dann tue ich, was ich vielleicht schon früher hätte tun sollen: Ich frage Doris um Rat.

«Ruf Barry an», sagt sie. «Der hat uns allen hier geholfen, die richtige Police zu finden.» Barry ist der unabhängige Versicherungsberater vor Ort. Ein Engländer. Sein Akzent lässt mich sofort Vertrauen fassen. Dass ich mit Doris befreundet bin, garantiert mir auch ein offenes Ohr. Als ich ihm meine Situation schildere, schweigt er einen Moment. Dann bricht er in schallendes Gelächter aus.

Ich schlucke. Das kann kein gutes Zeichen sein. «Was ist denn so lustig?», frage ich, leicht beleidigt.

Er lacht noch lauter. «Lady, in den fünfundzwanzig Jahren, in denen ich jetzt in dieser Branche arbeite, habe ich noch nie, verstehen Sie, noch *nie* von dieser Versicherung gehört! Aber das ist noch nicht das Schlimmste.»

«Sondern?»

«Hm ... wie soll ich es Ihnen das sagen? Sie wissen hoffentlich, dass reguläre Krankenversicherungen nur in den Monaten November, Dezember und Januar abgeschlossen werden können?»

«Nein, das wusste ich nicht.» Es ist Ende Februar.

«Und Sie wissen auch, dass Sie mit zweieinhalb Prozent Ihres steuerbaren Einkommens gebüßt werden, wenn Sie nicht versichert sind?»

«Nein, auch das wusste ich nicht.» Im Gegensatz zu Barry finde ich das auch nicht lustig. «Und was soll ich denn jetzt tun?», frage ich mit schwacher Stimme.

Der Brite bleibt ungerührt. «Tja. Rufen Sie mich im November wieder an.»

Die meisten meiner Freunde sind von Obamacare begeistert, weil sie sich endlich eine Versicherung leisten können. Weil einige zum ersten Mal in zehn Jahren ganz normale Vorsorgeuntersuchungen machen können. Nur die Besserverdienenden schimpfen über die drastische Erhöhung ihrer Prämien und Selbstkosten. Es ist wie immer die Mittelschicht, die unter der Reform leidet, weil die meisten von ihnen ohnehin bereits hoch verschuldet sind. Präsident Obama zeigt kurz vor Ende seiner Amtszeit in einem Essay im *Journal of The American Medical Association* die Schwächen der Gesundheitsreform auf, die seinen Namen trägt, und macht zum Teil tiefgreifende Verbesserungsvorschläge. Dank Obamacare kosten Victors Medikamente nur noch fünfzig Dollar im Monat statt fünfhundert. Er war oft auf die Barmherzigkeit von Fremden angewiesen, in erster Linie auf die von John, dem Apotheker in der Post Transplant Clinic, der ihm immer wieder die doppelte Tablettenmenge zusteckte. Dass man einem Patienten zwar eine neue Niere einsetzt, ihm aber die Medikamente verweigert, die diese Niere dann funktionieren lassen, werde ich nie verstehen. Schlimm genug, wenn so etwas in einem Flüchtlingslager passiert. Aber in dieser reichen Stadt, in der mächtigsten Nation der Welt? Vor Einführung der Kassenpflicht habe ich mich über den Widerstand gewundert, den gebildete und engagierte Amerikaner ihr entgegenbrachten. Ich habe die Amerikaner immer als solidarisch erlebt. Das Bewusstsein, Teil einer Gemeinschaft zu sein, scheint mir hier größer als anderswo. Vielleicht gerade, weil es kein staatliches funktionierendes Auffangsystem gibt, auf das man sich verlassen könnte? Das Einsammeln von Abfall, den andere verursachen, ist hier eine recht gewöhnliche Wochenendbeschäftigung ganzer Familien. Es gibt sogar Singles-Gruppen, die sich zur gemeinnützigen Arbeit treffen. Unkompliziertes Kennenlernen beim Strandsäubern, warum nicht?

Mehr als einmal habe ich erlebt, dass in der Nachbarschaft, in der Schule oder im Internet für die Deckung von Gesundheitskosten gesammelt wurde, die ein Einzelner oder eine Familie nicht tragen konnte. Da ging es oft um Leben und Tod. Ich erinnere mich besonders an eine Mutter, die Brustkrebs hatte, operiert worden war und eine Chemotherapie durchlief. Nach drei von zwölf Zyklen verlor ihr Mann seinen Job und damit die Krankenversicherung für die ganze Familie.

Ohne zu zögern wurde der Chemotherapietropf zugedreht. Bis Bettelbriefe und ein Kuchenstand auf dem Parkplatz der Schule genügend Bargeld für die nächste Runde eingebracht hatten. Zum Glück fand ihr Mann bald wieder Arbeit.

Die Amerikaner helfen gern – wenn sie selber entscheiden können, wem sie helfen. Und sie lassen sich nicht gern vorschreiben, wie sie leben sollen. Sie wollen selber entscheiden, ob sie das Schicksal herausfordern und unversichert bleiben, ob sie ihr Geld lieber anders ausgeben. Die Entscheidung zwischen Essen auf dem Tisch jetzt oder einer Versicherung für einen möglichen Notfall in der Zukunft fällt nicht schwer. So ist die Zahl der Unversicherten in Amerika seit Einführung von Obamacare um zwanzig Millionen auf neunundzwanzig Millionen gesunken. Neunundzwanzig Millionen und eine – nämlich ich.

Wochen später ist der Rücken vergessen und das Blutdruckgerät verstaubt in der Schublade. Diesmal fahre ich mit dem Auto nach San Francisco. Ich will in Phoenix übernachten, weil ich da noch nie war. Und weil Victor dort zwei Metrostationen gestaltet hat, die ich mir anschauen will. Ich nehme mir Zeit für die Fahrt, genieße das Unterwegssein, das Unerreichbarsein, die wechselnde Landschaft. Trotzdem schießt mir immer wieder einmal der unangenehme Gedanke durch den Kopf: Und wenn ich jetzt einen Unfall hätte? Dann kann ich nur hoffen, dass ich ihn nicht überlebe. Denn einen Transport in einer Ambulanz, eine Operation, einen Spitalaufenthalt kann ich mir nicht leisten. Ich würde alles verlieren. Mein Haus, mein Leben hier, alles.

Plötzlich erinnere ich mich an Christian, einen Franzosen, den ich in San Francisco kannte. Er hatte sich zuletzt viele Jahre um einen Schlossgarten in der Bretagne gekümmert, bevor ihn eine Trennung aus der Bahn warf und er sich ohne lange nachzudenken nach Amerika aufmachte. So wie andere zur Fremdenlegion gehen. Eigentlich wollte er die Indianer erleben, aber dann blieb er in San Francisco hängen, wo ihn die dort ansäßigen Franzosen unter ihre Fittiche nahmen. Er arbeitete schwarz als Gärtner, auch für mich. Das heißt, seine Gartenpflege bestand darin, mich zu belehren und zu rügen: «Die Rosen sehen traurig aus, Milena! Hab ich dir nicht gesagt, du musst ihnen gut zureden?»

«Das tue ich doch.»

«Nein, das tust du nicht, das sehe ich!» Er beugte sich über meine Blumen und sprach ihnen auf Französisch Trost zu. Dann lud er mich mit dem Geld, dass ich ihm gerade gegeben hatte, zum Mittagessen ein. Ich mochte Christian, manchmal machte ich mir Sorgen um ihn. Er war nicht mehr der Jüngste, seine Existenz schien mir auf wackligen Füßen zu stehen. Genau wie seine Gesundheit.

Als ich in die Schweiz zurückzog, verlor ich den Kontakt zu ihm. Ein paar Jahre später traf ich ihn auf einer Party in San Francisco wieder. Ich hätte ihn beinahe nicht erkannt. Er hatte zugenommen, die Ringe unter seinen Augen waren verschwunden, er sah gesund aus, und vor allem war er ungewohnt guter Laune.

«Christian!», rief ich. «Du siehst ja super aus, was ist passiert?»

«Oh, ich habe Lungenkrebs bekommen», strahlte er mich an. Ich dachte erst, ich hätte mich verhört, aber nein: «Das was das Beste, was mir passieren konnte!» Damals stand er als unversicherter illegaler Einwanderer zuunterst auf der sozialen Rangleiter. Gerade das erlaubte ihm, an einem Programm teilzunehmen, das Menschen wie ihm bei schweren Erkrankungen Hilfe bot. Wie Cyril damals in der Obdachlosenklinik, profitierte er vom gemeinnützigen Einsatz der besten Ärzte am Ort. Er war definitiv besser versorgt als zum Beispiel mein alter Nachbar Jack, ein Marineveteran und pensionierter Ingenieur, der für seine Grippeimpfung jeweils eineinhalb Stunden auf der Straße in einer Schlange anstand.

Ob es heute wohl noch solche Programme gibt? Und ob es trotz Obamacare immer noch gilt, dass die Notaufnahme jeden behandeln muss, versichert oder nicht? Keine beruhigenden Gedanken, wenn man auf einer schnurgeraden einsamen Straße durch die Wüste fährt. Allein.

Am Ende rettet mich wieder das Netzwerk der Schweizerinnen in Santa Fe: «Ich hab da was Interessantes gelesen», erzählt mir Claudia. «Hast du schon einmal von Health Share gehört? Nicht Health Care, Health Share.»

Habe ich nicht. Eine Health Share Organisation ist keine traditionelle Krankenkasse, sondern beruht auf dem guten alten Prinzip der Nachbarschaftshilfe. Das Geld, das die Mitglieder einzahlen, wird, ohne den üblichen riesigen administrativen Apparat zu durchlaufen, der die Summe so gut wie auffrisst, auf einem Sperrkonto verwahrt. Wenn nun ein anderes Mitglied Hilfe braucht, nimmt man das Geld unkompliziert von einem dieser Konten. Die Organisation verhandelt mit Ärzten und Krankenhäusern direkt, erspart ihnen den zeitraubenden Papierkram, der viele Ärzte genauso überfordert wie die Patienten. Am Ende ist der Anteil, den die Ärzte erhalten, trotz geringerer Prämien höher als bei konventionellen Krankenkassen.

Unterdessen gibt es fünf solche Organisationen in Amerika, die mit Berufung auf das Recht der Religionsfreiheit von den Regeln der Obamacare ausgenommen sind. Drei davon sind militant evangelikal, verlangen ein Bekenntnis zum christlichen Glauben und verweigern die Unterstützung bei Verhütungsmitteln und Abtreibungen. Zwei weitere wurden zwar von christlichen Gemeinschaften gegründet, sind aber konfessionsübergreifend. Sie verlangen von ihren Mitgliedern nur eine schriftliche Verpflichtung, halbwegs gesund zu leben, eine spirituelle Praxis egal welcher Art zu pflegen und das System nicht auszunutzen. Das kann ich unbekümmert unterschreiben. Trotzdem: Das klingt einfach zu gut, um wahr zu sein, denke ich. Wenn es so einfach wäre – warum machen es nicht alle so? Diesmal will ich es besser machen. Ich recherchiere endlos. Ich frage befreundete Ärzte um Rat. Niemand kann einen Haken finden. Außer vielleicht dies: Wer raucht, muss aufhören, wer stark übergewichtig ist, muss abnehmen. Dabei wird man acht Wochen lang von einem Gesundheitscoach unterstützt und sozusagen aufgegleist, bevor man definitiv aufgenommen wird. Das scheint mir erst etwas harsch, aber auf den entsprechenden Informationsvideos erzählen fröhliche pausbäckige Midwesterner, wie toll es gewesen sei zu lernen, dass Ketchup kein Gemüse sei und man das Auto auch einen halben Block vom Büro entfernt parken und so jeden Tag einen zehnminütigen Spaziergang machen könne. Ich vergesse immer wieder, wie weit hierzulande die Lebensumstände der Menschen auseinanderklaffen. Wie wenig sich die Bedingungen ähneln.

Wenn ich allerdings, wie Victor, eine lange und komplizierte Krankengeschichte hätte, müsste ich erst ein Jahr lang einzahlen, bevor ich eine Forderung geltend machen könnte. Trotzdem – es ist immer noch menschlicher (oder christlicher?) als die Schweizer Firmen, die einen nach einem Schwächeanfall schon als unversicherbar einstufen.

Also melde ich mich an. «Elder Ralph» ruft mich zurück. Wir führen ein langes und ehrliches Gespräch, ich sage ihm, dass ich Alkohol und Kaffee trinke und «auf europäische Art» gesund lebe. Der Mennonite fühlt sich der Schweiz trotz allem verbunden, dem Land, das seine Vorfahren vertrieben hat. Wir reden über meine spirituelle Praxis, er weiß mehr über die Unterschiede zwischen den buddhistischen Schulen als ich. Dann fragt er mich, ob ich anonym bleiben möchte.

«Wie meinen Sie das?»

«Das heißt, dass Sie nicht wissen, wem Ihr Geld zugutekommt, und umgekehrt bleiben Ihre Forderungen auch anonym.»

«Ist das nicht immer so?»

«Nein, wir haben auch die Option, dass Sie wissen, wer Ihre Hilfe braucht. Das gibt Ihnen die Möglichkeit, dieser Person auch direkt beizustehen, eine Karte zu schicken, sie ins Gebet einzuschließen … Viele unserer Mitglieder schätzen diese Option besonders. Das Gefühl, in eine Gemeinschaft eingebunden zu sein, unterstützt den Heilungsprozess, wissen Sie!»

Das glaube ich gern. Trotzdem ist mir das dann doch etwas zu intim.

«I'm from Switzerland», erkläre ich. «Vielleicht nächstes Jahr.»

«Kein Problem, meine Liebe.»

Als ich das Gespräch beende, bin ich fast froh um das Drama der letzten Monate. Am Ende bin ich jetzt besser versorgt – vor allem habe ich etwas gelernt. Möglicherweise bin ich sogar Teil einer neuen Entwicklung. Nicht schlecht für eine Neuzuzüglerin.

Auf der Fahrt nach Cerrillos habe ich ein ungutes Gefühl. Dabei freue ich mich seit Wochen auf diesen Ausritt. Es ist fast ein Jahr her, dass wir den letzten Ritt bei Sonnenuntergang und Vollmond machen konnten. Es gibt nur wenige Abende, an denen das möglich ist – es sind immer die drei vor dem eigentlichen Vollmond. Nur dann geht die Sonne unter und der Mond im nächsten Augenblick auf. Es sind die einzigen Abende, an denen es nicht mal einen Moment lang stockdunkel wird. Denn das mögen die Pferde gar nicht. An den betreffenden Abenden war ich aus irgendwelchen Gründen nie da. Oder das Wetter hat nicht mitgespielt. Zweimal hat Harrold abgesagt. Nicht weil er uns oder den Pferden ein bisschen Regen oder Gegenwind nicht zumuten wollte, sondern weil wir schließlich für den Ritt bezahlen. Und weil er uns die bestmögliche Erfahrung für unser Geld bieten will. Aber jetzt ist es endlich so weit.

«Ich freu mich so», sagt Doris.

«M-hm.» Ich weiß nicht, was heute mit mir los ist. An diesem Nachmittag bin ich kurz eingeschlafen und vollkommen verwirrt aufgewacht. Wie ein Kind aus dem Mittagsschlaf, mit Schmollmund und roten Backen, die Gedanken von beunruhigenden Traumfetzen verhängt. Ich kann mich nicht erinnern, wann ich zuletzt so geschlafen habe. Ich schaue aus dem Autofenster.

«Meinst du, das Wetter hält?», frage ich. Und ich ertappe mich dabei, dass ich mir fast wünsche, es würde anfangen zu regnen. Was ist bloß mit mir los?

«Harrold hätte mich schon angerufen, wenn der Ritt abgesagt wird», sagt Doris. «Das hat er bisher immer gemacht.»

Es ist immer noch heiß, als wir bei den Ställen ankommen. «Perfektes Reitwetter», freut sich Rod. Er weiß, dass wir diesen Ritt schon zweimal verschoben haben.

Sobald ich auf dem Pferd sitze, fühle ich mich besser. Twain und ich sind unterdessen ein eingespieltes Team. Ich kenne seine Macken, abgewöhnen kann ich sie ihm nicht. Er fällt immer hinter den anderen zurück, nur um dann im Galopp aufzuholen. Nach kurzer Zeit ist er außer Atem und verschwitzt. Dann muss er wieder stehen bleiben und seinen Hals nach den trockenen Gräsern am Wegrand recken.

«Ich hoffe, es ist okay für euch, wenn wir es langsam angehen lassen», sagt Rod. Es war ein heißer Tag, die Temperatur beträgt auch abends um sieben immer noch fast dreißig Grad. Die Pferde werden schnell müde. Obwohl im Sommer Hochsaison ist und Harrold das Geld dringend braucht, werden die Ausritte der Hitze wegen nur frühmorgens und abends durchgeführt. Die Gesundheit der Pferde geht vor. Auch deshalb mag ich The Broken Saddle. Wie immer reitet Doris auf Lily hinter Rob in der Mitte, und ich zockle auf Twain hinterher. Die Abstände werden mal größer, mal kleiner. Ich höre die Unterhaltung zwischen Doris und Rod in Auszügen.

Rod ist gerade etwas unter Druck: Seine Frau erwartet ihr viertes Kind. Der Termin ist zwar erst in einer Woche, aber sie wünschte sich, es wäre endlich so weit. Die Hitze der letzten Wochen setzt ihr zu. Rod hat ihr versprochen, dass bis zur Geburt das Haus fertig sei, das er für seine Familie baut. Vor ein paar Jahren hat er ein Stück Land an der alten Postkutschenstraße nach Albuquerque gekauft. Er zeigt es uns, als wir auf einem Hügel anhalten.

«Da oben ist es, in der Kurve.» Er beschreibt den Grundriss des Hauses, das er auf traditionelle Art baut, mit Strohballen und Lehm. Leider dauert das viel länger als geplant, und so wohnt die ganze Familie seit zwei Jahren in einem Trailer, einem Wohnwagen. Einem *doublewide*, einem doppelt langen zwar, aber trotzdem ist der Platz beengt. Vor allem, seit eine Nichte aus dem Mittleren Westen eingezogen ist, eine stille junge Frau mit dem schönen Namen Sequoia, die hierherkam, um in Albuquerque zu studieren. Als sie ankam, fand sie heraus, dass die Studiengebühren deutlich geringer sind, wenn sie davor mindestens ein Jahr lang im Bundesstaat New Mexico gelebt und gearbeitet hat. Die Kredite, mit denen sich junge Amerikaner die Ausbildung finanzieren, sind eins der vielen großen Probleme dieses Landes. Die Zinsen gelten anderswo als Wucher und knüppeln ganze Generationen bis zur Mitte ihres Lebens. Natürlich ließ sich Sequoia auf das Angebot ein. Sie verschob ihr Studium um ein Jahr und wohnt nun auch bei Rod, hilft mit den kleineren Kindern und den Tieren und arbeitet außerdem als Pferdepflegerin im Broken Saddle.

«Sie ist eine große Hilfe», sagt Rod. «Aber es wird schon langsam eng. Und meine Frau hat bald die Nase voll. Gott sei Dank hat uns unsere Hebamme angeboten, die Geburt bei ihr zuhause durchzuführen und dann auch gleich ein paar Tage zu bleiben. Ihr Gästezimmer ist fast größer als unser ganzer Trailer. Und sie hat eine Klimaanlage.»

«Oh, ihr macht eine Hausgeburt?»

«Ja, beim Letzten auch schon. Die beiden Großen hatten wir im Krankenhaus – damals lebten wir halt noch in der Zivilisation», lacht Rob. «Aber hier … ihr wisst schon.» Er zuckt mit den Schultern.

Ich schalte mich aus dem Gespräch ein und wieder aus. Und entspanne mich langsam. Der *sunset ride* dauert etwas länger als die üblichen zwei Stunden, er richtet sich nach der Laune der Sonne und des Mondes. Das heißt, dass wir unbekannte Wege gehen. Immer neue Aussichten entdecken. Die Landschaft überrascht mich jedes Mal neu. Plötzlich tut sich eine grüne Oase vor uns auf, mit hohem Gras, das sich sanft im Wind bewegt, und jungen Espen mit weißen Stämmen.

«Eine unterirdische Quelle», erklärt Rod. Wir lassen die Pferde fressen, ziehen unsere Hüte aus, lassen den Wind durch unsere verschwitzten Haare fahren. Im nächsten Moment galoppieren wir durch einen weiten, sandigen Arroyo, ein trockenes Flussbett. Wie aus dem Nichts taucht ein Hügel vor uns auf, den wir gemächlich erklimmen. Rod erzählt, dass einige der Wrangler, die wir kennengelernt haben, unterdessen nicht mehr bei Harrold arbeiten. Scott, der mit seiner Frau aus Kalifornien hergezogen war, wo er auf einem Weingut gearbeitet und Ausritte inklusive Weinproben angeboten hatte, fand sich in dieser endlosen einsamen Hügelgegend nicht zurecht. Offenbar hat er sich immer wieder mal verirrt, und ein anderer Wrangler musste ihn retten. «Zum Glück haben wir Funkgeräte, denn mit Handys kommst du hier nicht weit.»

Carla habe sich am Knie verletzt und sei dann einfach nicht mehr aufgetaucht.

«Und was ist aus John geworden?», rufe ich von hinten.

«John? Du meinst John Wayne?»

«Ich meine diesen alten Mann, der mit seinen Pferden den ganzen Weg aus Michigan hergeritten ist.»

«Ja, das ist John Wayne.»

«Komm schon, der heißt nicht wirklich so?»

«Doch, ich schwör's! Das heißt, Wayne ist sein zweiter Vorname … seine Eltern hatten wohl Sinn für Humor.»

John Wayne hat eine Stelle als Gutsverwalter gefunden. Er lebt nun im Gärtnerhaus eines großen Anwesens nicht weit von hier.

«Dann lebt er also nicht mehr in seinem Tipi?»

«Oh, ich bin mir sicher, dass er es im Garten aufgebaut hat.»

Hier ist alles immer in Bewegung, in Veränderung. Genau so wie der Himmel. Wolken ziehen auf, ballen sich zusammen, lösen sich wieder auf. Leute kommen und gehen. Sie lassen sich nieder, sie ziehen weiter. Da verdunkelt sich der Himmel plötzlich. Die Sonne ist weg, ein Gewitter zieht auf. Die ersten Blitze zucken über die Hügel, im flachen Winkel, fast waagrecht.

«Wurde John Waynes Packpferd nicht von einem Blitz erschlagen?», fällt mir plötzlich ein.

Rod lacht. «O ja! Das ist aber nichts Besonderes – Pferde werden hier ständig vom Blitz erschlagen.»

In diesem Augenblick ändert sich alles. Im Bruchteil einer Sekunde verschwindet meine ganze neugewonnene Zuversicht, und die uralte Angst ist wieder da. Sie schiebt alles andere zur Seite. Dabei hatte ich noch nie Angst vor Gewittern. Aber jetzt fühle ich mich auf einen Schlag wieder so, wie ich mich damals als Kind fühlte, wenn ich zur Reitstunde musste.

Ich schaue drei Meilen voraus und male mir alle denkbaren Katastrophen aus. Dort drüben sieht es verdammt dunkel aus, reiten wir direkt in das Gewitter hinein? Wird es gleich wieder blitzen, wird es donnern? Wird der Donner lauter? Wird Twain aufschrecken, durchbrennen, mich abwerfen? Noch schlimmer: Wenn er stolpert und auf mich drauffällt? Das ist meine größte Angst. Twain hat schon einmal ein Hufeisen verloren, als wir unterwegs waren. Er knickt immer wieder mal in den Knien ein. Er ist halt nicht mehr der Jüngste. Dass der Blitz uns beide erschlagen könnte, ist noch meine geringste Sorge, das ginge wenigstens schnell. Aber wenn der Blitz uns nur streift? Wenn er ein anderes Pferd trifft? Wenn … Es ist, als säße die zehnjährige Milena im Sattel, verkrampft und unglücklich. Und die 53-jährige sitzt hinter ihr und hält sie fest. «Das sind alte Gefühle», flüstert sie immer wieder. «Das ist vorbei. Das ist nicht jetzt.»

Es hilft nichts. Ich sitze neben mir. Blind für die Landschaft, für die Natur, für die dramatischen Szenen, die sich am Himmel abspielen.

Als Rod sich zum dritten Mal umdreht und fragt, ob alles in Ordnung sei, sage ich nicht mehr: «Ja klar.» Ich sage nein. «Ich habe Angst vor dem Gewitter. Ich will zurück.»

«Kein Problem.» Vielleicht ist er ja heimlich erleichtert, dass er früher als geplant nach Hause kommt, denke ich. Auf jeden Fall wird seine Frau froh sein! Das Gewitter zieht an uns vorbei. Aber wir haben weder die Sonne noch den Mond gesehen.

Ich reite jetzt in der Mitte, hinter Rod. Er versucht mich abzulenken: «Schau mal da oben, siehst du diesen Vorsprung in der Felswand? Siehst du die schwarzen Flecken? Das sind Raben. Eine ganze Rabenfamilie. Die sind letzte Woche aus ihrem Nest in einer Amerikanischen Pappel hierher umgezogen – und das machen Raben eigentlich nie. Sie bleiben an einem Ort. Sie ziehen nicht um.»

«Location, location, location», lacht Doris.

Manche der Stämme hier, zum Beispiel die Zuni glauben, dass Tiere, die einem unverhofft oder immer wieder begegnen, eine Botschaft vermitteln. Ich versuche, mich zu erinnern, was ich über den Raben gelesen habe.

Der Rabe war von seinem Schatten so fasziniert, dass er ihn mit den Füßen kratzte und mit dem Schnabel pickte, bis dieser aufwachte, verärgert und schlechtgelaunt – und den Raben auffraß. Der Rabe ist also ein Scheintoter, von seinem eigenen Schatten verschluckt. Das passt irgendwie. Ich nehme mir vor, zuhause nachzulesen, welche Botschaft der Rabe für mich hat. So habe ich mich schon fast wieder gefangen, als Rod plötzlich sein Pferd zurückreißt. Twain schreckt hoch.

Zack, ist die Angst wieder da. «Was ist?»

«Wir machen jetzt einen kleinen Umweg», sagt Rod betont ruhig und führt uns in einem großen Bogen vom Pfad weg, auf dem eine knüppeldicke grüne Klapperschlange liegt. Warnend rasselt sie mit der Schwanzspitze, als wir vorsichtig um sie herumgehen. Weiter bewegt sie sich nicht. Sie scheint die Restwärme des Tages, die im Boden gespeichert ist, aufzusaugen. Greifen Klapperschlangen aus dem Liegen an? Oder rollen sie sich zusammen und richten sich auf? Ich weiß es nicht. Und schon sind wir an ihr vorbeigeritten. Der Stall ist in Sichtweite. Die Pferde laufen jetzt schneller. Wir schauen nicht zurück.

Sequoia nimmt uns in Empfang. Sie bindet die Pferde an. Als ich absteige, drückt Twain seine Nase an meine Brust und schubst mich sanft. Das hat er noch nie getan. Ich lege meine Arme um seinen Hals und lege meine Stirn auf seine. Er schnaubt in mein T-Shirt, als wolle er mein Herz wiederbeleben. Ich bin nicht allein, denke ich. Wir sind zusammen durch diese bizarre Erfahrung gegangen.

«Alles okay?», fragt Rod, das Handy schon wieder in der Hand.

Ich nicke tapfer. «Ich weiß auch nicht, was da passiert ist», sage ich. «Ich war wieder zehn Jahre alt und vollkommen verängstigt.»

Rod nickt, als sei das nichts Außergewöhnliches. «Am besten kommst du gleich nächste Woche wieder», sagt er. «Lass nicht zu, dass sich dieses Gefühl in dir festsetzt.»

Mir ist die Aufmerksamkeit ein wenig peinlich. «Nächste Woche hast du hoffentlich dein Baby», lenke ich von mir ab.

Hört das denn nie auf?, frage ich mich. Wie viele alte Ängste habe ich in meinem Leben schon überwunden. Kommen die alle wieder? Muss ich immer auf Feld eins zurück?

Zuhause nehme ich mein Buch über die Bedeutung der Totemtiere und lese nach, was die Raben uns zu sagen haben: Der Rabe, so glauben die Zuni, schaut mit einem Auge in die Zukunft und mit dem anderen in die Vergangenheit. Er steht zwischen dem Hier und dem Jenseits. Er sieht einen erst mit dem einen Auge und dann mit dem anderen an. So sieht er einen durch alle Zeiten und Lebensphasen hindurch. Wenn einem der Rabe erscheint, kündigt er eine Veränderung an und erinnert einen daran, dass man im Inneren immer dieselbe bleibt, auch wenn sich die Form ändert.

Hmm … das passt!

Und was sagt die Klapperschlange?

Die alten Wunden bluten

Auswandern ist nichts für schwache Nerven. Wie oft habe ich das gehört: «Du hast es gut, du kannst einfach gehen!» Einfach?, dachte ich dann. Was ist schon einfach. Natürlich bin ich privilegiert: Meinen Beruf kann ich überall ausüben, und das Visum Typ I – International Media – habe ich ohne

Schwierigkeiten erhalten. Trotzdem, einfach war es nicht, ist es nicht. Die Freiheit, sich selber neu zu erfinden, hat einen Preis: Man gibt sehr viel auf. Alles, eigentlich. Erst recht, wenn man nicht mehr am Anfang seines Lebens steht und auch nicht mehr in der Mitte. Der Preis ist umso höher, je mehr gelebtes Leben man zurücklässt, aufgibt, verliert. Warum tut man sich das an? Warum tun sich das besonders viele Schweizer an?

Erst kurz vor meiner Abreise hatte ich im Internet die Informationsseite für auswanderungswillige Schweizer entdeckt, die das Eidgenössische Departement für auswärtige Angelegenheiten betreibt. Sie ist voller nützlicher Hinweise, Tipps und Regeln. Das allein nimmt einen für die Schweiz ein: diese Großzügigkeit. Zu sagen: Du willst gehen? Na gut, dann werd ich dir ein paar Ratschläge mit auf den Weg geben. Sie könnte ja auch sagen: Dann geh doch, wenn du meinst, woanders sei es besser! Vielleicht denken viele Leute das ja auch. Aber die Behörde zumindest verhält sich nicht so.

Über dreißigtausend Schweizer wandern jedes Jahr aus, mehr als aus allen anderen Nationen, deren Bewohner nicht existenziell bedroht sind. Warum ausgerechnet die Schweiz? Haben wir nicht alles? Etwa deswegen? In der Schweiz herrscht eine der höchsten Selbstmordraten weltweit. Und zwar bei den über Sechzigjährigen. Dabei ist das Rentenalter fast nirgendwo sorgloser als bei uns. In der Schweiz kann einem nichts passieren: Das ist beruhigend. Es kann einen aber auch einengen. Macht uns diese Sicherheit depressiv, diese Sattheit? Das Gefühl, verschont zu werden, im Guten wie im Schlechten? Vielleicht braucht der Mensch ein gewisses Maß an Widerstand, an Herausforderung, um zumindest möglicherweise glücklich zu sein. Ein Leser der *Schweizer*

Familie hat das einmal so formuliert: «Die Summe der Probleme bleibt sich immer gleich.» Er heißt Schibli, deshalb nannte er es «das Schibli'sche Axiom». Nur wer keine ernsthaften Probleme hat – Krebs, Kündigung, Scheidungskrieg –, kann sich maßlos über die Verspätung des Interregio von Zürich Hauptbahnhof nach Zürich Flughafen aufregen. Die Summe der Probleme bleibt dieselbe.

Manchmal sind die Gründe fürs Auswandern ganz pragmatisch: ein Angebot, das man schlecht ablehnen kann. Eine gute Arbeit am anderen Ende der Welt. Oder die Liebe – eine Ferienliebe, die sich nicht im weißen Sand verläuft. Eine Begegnung, die mehr Schicksal als Zufall ist. Oft geht es um Träume, die die Landesgrenzen überwinden, die nach mehr Platz verlangen, einem größeren Himmel. Natürlich platzen diese Träume manchmal. Die Schweiz nimmt einen wieder auf. Vielleicht kann sie es sich aus diesem Grund erlauben, ihre zum Absprung bereiten Bürger so großmütig vorzubereiten und zu beraten?

Zehn Prozent der Schweizer Bürger leben im Ausland. Ich bin also nicht allein. Und ich bin auch nicht die Einzige, die ihre Gründe nur vage benennen kann. Wer auswandert, erfindet sich neu. Löst sich aus seinem festen Platz in einem festen Gefüge, legt die angenommene Rolle ab. Das Klischee stimmt: Sich selber nimmt man immer mit. Und seinen Rucksack auch. Aber in der Fremde kann man ihn leichter ablegen. Wo einen niemand kennt, der einen daran erinnert: «Hey, ist das nicht dein Rucksack?» Sich neu zu erfinden heißt manchmal nicht mehr, aber auch nicht weniger, als zu sich zurückzufinden. Sich selber sein zu dürfen. Eine größere Freiheit gibt es nicht.

Plötzlich sehe ich eine Landschaft vor mir. Zwei staubige Straßen, die sich kreuzen. Rötliche Felsen, silberne Büsche, steiniger Boden. Gleißendes Licht, vermutlich ist es Mittag. Im Vordergrund ein Schild, auf dem aber nichts steht.

Ich schließe die Augen, um besser zu sehen. Der Bleistift kratzt übers Papier. Ich schreibe blind. Umkreise die Kreuzung, das Schild, weiß mit schwarzem Rand, verbeult, rostig an den Rändern. Jetzt steht etwas darauf, aber ich kann es nicht lesen. Die Buchstaben sind verwischt. Ein Ortsname? Die Landschaft ist mir fremd und vertraut gleichzeitig. An dieser Kreuzung war ich noch nie – falls es sie denn gibt. Sie befindet sich aber eindeutig in New Mexico. Ich erkenne die Farben, das Licht. Rosa Erde, gelbes Gras, blauer Himmel.

Dann erklingt ein Gong. «Bleistifte weglegen!» Das war früher immer mein Spruch. Ich muss lächeln. Was macht eine Schriftstellerin, die sich eine Auszeit nimmt? Sie besucht einen Schreibkurs, logisch! *How to write your bestseller on a weekend!* – den Kurs hatte ich schon mehrmals ausgeschrieben gesehen in Santa Fe. Und immer gedacht: «Na!» Es ist schwer genug, in dreißig Tagen um die Welt zu reisen beziehungsweise einen Roman zu schreiben, wie ich das immer wieder mal im November versuche, dem National Novel Writing Month. Aber in zwei Tagen? Als ich den Kurs jetzt erneut ausgeschrieben sah, habe ich mich kurz entschlossen angemeldet. Und hier sitze ich nun. Keine Stunde ist vergangen, und der Besuch hat sich schon gelohnt. Am liebsten würde ich sofort nach Hause gehen und mich tiefer in diese Landschaft hineinschreiben, aber die Neugier siegt. Ich will wissen, wie man in zwei Tagen ein ganzes Buch schreibt!

Die Antwort ist einfach: Écriture automatique! Meine absolute Lieblingsschreibübung. Einfach den Bleistift nicht absetzen, das Klicken der Tastatur nicht verstummen lassen. Lieber hundertmal «Mir fällt nichts ein» schreiben als innehalten und darüber nachdenken, was man denn nun schreiben könnte. Und jedes Mal: Wo vorher gähnende Leere war, entsteht plötzlich etwas. Eine Szene, ein Bild, ein Satz. Eine fixfertige Figur manchmal. Der menschliche Geist ist nun mal nicht dafür gemacht, sich zu Tode zu langweilen. Nach zehn oder zwanzig «Mir fällt nichts ein» gibt er meist seufzend nach. «Na gut, du wolltest es ja nicht anders!», mault er und spuckt etwas aus. Nie das, was man gedacht hätte, was man sich erhofft hat. Aber immerhin etwas. Etwas, von dem man nicht wusste, dass es da war.

Manchmal haben sich die Kursteilnehmer dagegen gesperrt. «Na schön, irgendetwas kommt immer aufs Papier, aber was? Das ist Nonsens, das ist doch keine Literatur!» – «Ach ja? Und was ist mit Breton, Serner, Tzara, Ginsberg? Was wäre die Literatur ohne Dadaismus, Surrealismus, Beat-Poesie?»

Wie diese Technik genau entstanden ist und wann, ob sie sich vom Schamanismus ableitet, vom Okkultismus, von der frühen Psychoanalyse oder von zu viel Alkohol im Café Odeon ist ja egal. Die Methode schaltet das Denken zuverlässig aus. Oder überlistet es. Der Vorgang ist unberechenbar, das Ergebnis auf jeden Fall überraschend. Und nicht immer angenehm. Dem Text kann man nicht ausweichen. Er ist roh, kraftvoll, kann aber auch unbeschreiblich leicht sein, schillernd schön. In einem kontrollierten Schreibprozess wäre er nicht entstanden.

Im Gegensatz zu den Surrealisten habe ich nie dafür plädiert, das so Entstandene unbearbeitet zu veröffentlichen. Ich sehe es mehr als eine Methode, an das eigene Material heranzukommen. Denn das Bewusstsein kompostiert es als Dung. Natürlich können wir versuchen, uns zu schützen vor dem, was wir aufs Papier zwingen. Aber warum schreiben wir, wenn nicht, um etwas zu finden, von dem wir nicht wussten, dass es existiert? Etwas freizulegen, etwas preiszugeben?

Als ich meine Kolumne schrieb, begann ich jede Woche so: «Mir fällt nichts ein, mir fällt nichts ein, mein Kopf ist leer …» So lange, bis plötzlich etwas aufs Papier drängte: das Bild eines kleinen Jungen, der Fasnachtskonfetti von der Straße klaubt. Die Sorge um eine Freundin, die im Spital liegt. Die Fetzen einer Unterhaltung, die ich im Bus mitgehört habe. Ich verfolge diesen Faden, ohne zu wissen, ohne schon zu entscheiden, ob es als Thema für eine Kolumne taugt oder nicht. Meistens führt mich der Faden weit weg vom ersten Impuls. Aber immer an einen Ort, von dem ich nichts wusste. Oder, wie Friederike Mayröcker sagte: «Man will dorthin, wo man nicht weiß, wo es ist. Es ist eine Sucht.»

Tom Bird macht eine einfache Rechnung: Nachdem wir zehn Minuten so geschrieben haben, ohne Punkt, ohne Komma und ohne den Stift abzusetzen, lässt er uns die erreichte Wortzahl verzehnfachen: Das sei unsere Schreibgeschwindigkeit pro Stunde. Pro 100-Minuten-Stunde?, frage ich mich. Aber Kopfrechnen war noch nie meine Stärke. Jeder Teilnehmer muss der Reihe nach seine Zahl nennen, sie liegt zwischen 1400 und 4700. Da kommt unweigerlich Konkurrenzdenken auf. «Ich habe bestimmt falsch gezählt», verteidigt sich eine ältere Dame. Auch ich ertappe mich dabei, dass ich meine Zahl großzügig aufrunde.

«Ein Bestseller besteht aus fünfunddreißigtausend Worten», behauptet der Kursleiter. Das ist eine gewagte Annahme. Zum Vergleich: Während des National Novel Writing Month muss man es auf fünfzigtausend bringen. So umfangreich ist *Der Fänger im Roggen*. Ein sehr kurzer Roman. Aber ein Roman, zweifellos. Und ein Bestseller. Nun dividieren wir fünfunddreißig durch unsere Wortzahl pro Stunde und kommen zum Schluss: Auch der Langsamste unter uns ist in fünfundzwanzig Stunden fertig mit seinem Bestseller. Was zu beweisen war!

Nein, ich mache mich nicht lustig, ich habe mich in vielem, was der Kursleiter sagte, wiedererkannt. «Erst Schreiben, dann denken», sage ich. «Schreiben, nicht denken», sagt er. Seine Methode kommt direkt von Gott, meine aus Paris. Entscheidend ist, dass Schreiben nicht schwierig ist – wenn man sich nicht dauernd fragt, ob es auch gut sei, richtig, wichtig und von Bedeutung für die Menschheit. Das alles wusste ich schon, trotzdem ist es gut, sich an das, was man weiß, erinnern zu lassen.

Die von mir sonst heiß verehrte Dorothy Parker sagte einmal in einem Radiointerview: «Ach, diese jungen Leute, diese Beat-Poeten, das mag ja ganz lustig sein, aber Literatur ist das nicht. Schreiben können die nicht.» Berühmte letzte Worte!

Fast andächtig trage ich meinen Faden nach Hause, das Bild von dieser Straßenkreuzung. Nein, es ist mehr als ein Bild: Ich stehe an dieser Straßenkreuzung. Sie ist real. Ich spüre die Steine unter meinen Sohlen und den Wind auf meiner Haut, ich kneife die Augen gegen das grelle Sonnenlicht zusammen. Das ist mir noch nie passiert. Da war immer eine Stimme zuerst, eine Figur. Nicht ein Bild. Nicht eine Landschaft. Aber es hat mich auch noch keine Landschaft so fasziniert wie diese. Victor sagt, eine Landschaft könne einen Künstler verändern, einen Schriftsteller auch. Graham Greene habe schließlich auch anders geschrieben, als er in Mexiko lebte. Und so fange auch ich an, anders zu schreiben: Ich schreibe Gerüche und Farben und Licht. Ich schreibe mich an die Landschaft heran. Hinter der Kreuzung sehe ich Zugschienen. Immer noch keine Menschen. Ich habe diesen Faden in der Hand, und ich weiß, dass es mich in eine unbekannte Welt führt, in ein neues Abenteuer. Ich muss ihm nur folgen.

Diese Freiheit, zwischen die Seiten zu tauchen wie in eine andere Welt! Ich muss nicht aufstehen, um Frühstück zu machen oder die Kinder von der Schule abzuholen, ich muss nicht irgendwohin hetzen, um vor ein Publikum zu treten. Ich habe mir ein Werkjahr geschenkt: die Möglichkeit, meinem Schreiben freien Lauf zu lassen. Es gibt keinen größeren Luxus für mich. Und kein größeres Glück.

Jojo kommt mich besuchen, meine Schul- und Lesefreundin, mit der ich stundenlang über die Männer von Federica de Cesco diskutieren konnte. Sie hat mit ihrer Familie gerade den Grand Canyon durchwandert, bei fast vierzig Grad. Nun legen sie in meinem Garten eine kurze Pause ein.

«Warst du schon in Los Alamos?», fragt sie. Sie hält ein Buch in der Hand, das ich gerade fertiggelesen habe, *The Wives of Los Alamos*. «Ist das gut?»

«Ich fand's wahnsinnig spannend.» Die bisher ungehörten Ehefrauen der Wissenschaftler, die in den vierziger Jahren in diesem hintersten Winkel der Hochwüste versuchten, eine gewisse Normalität herzustellen, ein Familienleben zu führen oder wenigstens eins vorzutäuschen – während ihre Männer die Atombombe entwickelten.

«Nein, ich war noch nicht in Los Alamos, aber ich habe diese Serie gesehen, *Manhattan*.»

«Ich wusste nicht, dass du dich für die Entwicklung der Atombombe interessierst.»

Tue ich auch nicht wirklich. Um ehrlich zu sein, wusste ich bis vor kurzem nichts über das «Manhattan Project». Ich wusste nur, dass die Atombombe irgendwo hier in der Nähe entwickelt und auch getestet worden war. Bis ich im Flugzeug zwischen Oakland und Albuquerque neben einem Physiker saß, der seit dreißig oder vierzig Jahren in Los Alamos lebt. Und der zweieinhalb Stunden nicht aufhörte zu reden. Es machte mir nichts aus, ich war fasziniert. Endlich erfuhr ich von dieser künstlichen Stadt in der Hochwüste, die 1942 mit höchster Geheimhaltung aus dem steinigen Boden gestampft worden war. Die Wissenschaftler, die hierherberufen wurden, um in einem atemlosen Wettstreit mit Nazideutschland die Atombombe zu entwickeln, mussten ihren Aufenthaltsort verheimlichen. Alle hatten dieselbe offizielle Adresse: Postfach 1663, Santa Fe, New Mexico. Unter dieser Adresse sind auch sämtliche Babys registriert, die damals in Los Alamos geboren wurden.

Dann war der Krieg zu Ende, aber die Los Alamos National Laboratories blieben erhalten. Viele der Wissenschaftler arbeiteten weiter dort, neue kamen hinzu. Der Mann im Flugzeug schwärmte von den guten Schulen und der Luft, vor allem aber von der Verbundenheit, die unter den Nachbarn herrschte: «Es ist halt die totale Nerd-Zentrale», erzählte er. «Wir sprechen alle dieselbe Sprache. Jeder ist ein Wissenschaftler.»

Oder die Frau eines Wissenschaftlers, dachte ich. Oder der Gärtner eines Wissenschaftlers. Ich versuchte, mir eine für amerikanische Kleinstädte typische Grillparty vorzustellen. Worüber redet man bei Hamburgern und Bier? Über die nächste Atombombe oder über die Hortensien, die dieses Jahr nicht blühen? Wohnten die Biochemiker auf einer Mesa, die Astrophysiker auf der anderen? Waren die Wissenschaften durch tiefe Schluchten voneinander getrennt? Und gab man die ohnehin schon komplizierten morgendlichen Bestellungen im Coffee Shop gleich mit einer chemischen Formel auf?

«Da will ich unbedingt mal hin», sagte ich zu Doris, die mich am Flughafen abholte.

«Nach Los Alamos?» Sie verzog das Gesicht. «Da gibt es nicht viel zu sehen.»

Los Alamos drängte sich immer wieder in mein Denken, stupste mich an wie ein junger, ungestümer Hund, der Schatten einer Idee. Das Buch, die Fernsehserie. Die Geschichte der Atombombe – alles interessant, zweifellos, aber es verhakte sich nicht in mir, in meinen eigenen Bildern. Ich wurde das Gefühl nicht los, dass dort mehr war. Aber was?

«Wusstest du, dass sich mein Vater einmal für eine Stelle dort beworben hat?», fragt Jojo. «Er war Physiker, und in Los Alamos zu arbeiten der große Traum seines Lebens. Aber er wurde nicht angenommen. Zum Glück für mich.»

«Wieso ‹zum Glück›?»

«Na, weil ich sonst in Los Alamos aufgewachsen wäre. Stell dir mal vor.»

Ich versuche es. Als Kinder waren wir mehr wie Schwestern, es ist also fast, als versuchte ich mir vorzustellen, ich selber sei in Los Alamos aufgewachsen.

Was, wenn…? Die Frage, die jeder Geschichte zugrunde liegt. Was ist Schreiben anderes als das Ausmalen dieser weißen Flecken? Das Beantworten dieser Frage: Was, wenn …?

Und so fahre ich endlich nach Los Alamos. Wie es wohl aussieht? Eine Straßenkreuzung? Ein Bahnhof ohne Stationsnamen? Als ich ankomme, ist auf den ersten Blick nichts wie in meiner Vorstellung. Los Alamos ist dicht bewachsen, Pinienwälder, zerklüftete Canyons, viel Grün im gelben Gestein. Los Alamos ist eine wohlhabende Gemeinde in einem sehr armen Bundesstaat. Man merkt es schon auf der Ausfahrt von der Autobahn: Plötzlich ist die Straße glatt und sauber, wie frisch geteert. Keine Schlaglöcher, keine abgerissenen Leitplanken. Die Stadt wirkt wohlhabend, wenn auch etwas seltsam angelegt. Ich fahre jede einzelne Mesa bis zum Ende und wieder zurück. Lauter hübsche Häuser mit gepflegten Gärten und Straßennamen wie Oppenheimer Drive oder Manhattan Loop.

Ich fahre erneut zum Ortskern. Er besteht aus einer breiten Straße mit einem Park und einem Einkaufszentrum. Doris hatte recht: Viel gibt es da nicht zu sehen. Das Wissenschaftsmuseum, die Fuller Hall, das Historische Museum. Alles schließt um vier Uhr. «Starbucks hat bis acht geöffnet», scherzt die Verkäuferin im Art Center. «Das ist unser Nachtleben!» Ich schaffe es noch knapp ins Historische Museum, das zum Glück klein ist. Es befindet sich im ehemaligen Gästehaus der Los Alamos Ranch School. Los Alamos Ranch School?

Ich gehe zum Anfang der Ausstellung zurück. Die Wissenschaftler waren nicht die ersten hier! Natürlich nicht: Erst waren da die Pajarito-Indianer, dann kamen die Tewas, die später von den Apachen vertrieben wurden. Die Ruinen ihrer Städte sind im Bandelier National Monument erhalten, benannt nach dem Schweizer Anthropologen Joseph Bandelier, der diese Kulturen studierte. Später ließen sich ein paar spanische und amerikanische Siedler auf dem unwirtlichen Plateau nieder, doch die meisten zogen weiter ans Ufer des Rio Grande, wo das Klima besser war. Aber die Gegend war nicht unbewohnt, als Robert Oppenheimer Anfang der 1940er Jahre nach einem passenden Ort für seine Forschungsanlage suchte. Als er sich für Los Alamos entschied, tat er das nicht, weil er dort früher im Internat war, in der Los Alamos Ranch School for Boys, wie oft behauptet wird. Ihm gefiel die wilde Landschaft, er fand sie inspirierend und hoffte, sie würde die Arbeit der Wissenschaftler beflügeln. Für die Schule bedeutete es das Ende. Gore Vidal war ein Ranch School Boy, William S. Burroughs und der Gründer der berühmten Oper von Santa Fe, John Crosby. Die Schule war 1917 von Ashley Pond II gegründet worden, einem etwas zweifelhaften Pädagogen, der von der Idee einer reinen Männergesellschaft besessen war und der es als seine Mission verstand, den «verweichlichten amerikanischen Jungen von der Übermacht seiner Mutter zu befreien». Als ich diesen Satz lese, passiert es. Informationsfetzen klicken ineinander: Das ganze Jahr draußen schlafen … jeder Junge ist verantwortlich für sein Pferd … Frauenlose Gesellschaft … Missbrauchsvorwürfe … Mein Kopf summt. Fast wird mir schwindlig. Ich setze mich auf eine Bank und atme tief durch.

«Ist Ihnen nicht gut?», fragt eine der freundlichen freiwilligen Helferinnen.

«Doch … Danke. Mir geht's prima.» Besser könnte es mir nicht gehen. «Ich wusste gar nichts von dieser Schule», füge ich hinzu, und es ist, als hätte ich einen Schalter gedrückt. Ein wahrer Wortschwall ergießt sich über mich. Sie erzählt von

Skandalen, von Todesfällen, von einem Lehrer, der gegen den Willen des Schulleiters seine Frau und Tochter mitgebracht und so die Männergesellschaft gesprengt hatte.

«Wenn Sie mich fragen: Das ist alles mindestens so interessant wie die Atombombe!»

Ich lasse sie reden, lasse mir einen Stapel Bücher über die Schule einpacken, bin in Gedanken schon ganz woanders. Ich sehe die ganze Geschichte. Undeutlich wie durch eine schlechtgeputzte Brille und trotzdem erkennbar. Da ist ein Junge, da ist seine Mutter. Sie sitzen im Zug, sie fahren nach Santa Fe. Der Junge wird in die Ranch School geschickt. Da ist ein Mann, der im Zug auf die Mutter wartet. Der Junge ist im Weg. Und er weiß es. Was er in der Ranch School erlebt, prägt ihn für den Rest seines Lebens. Nicht nur ihn – da ist … seine Tochter? Nein, seine Schwiegertochter! Sie lebt in einer Hippie-Kommune. Sie hat ein Kind, ein Mädchen, verloren im Chaos – kann es zu viel Freiheit geben? Und da ist es wieder, dieses Mädchen – eine Frau im mittleren Alter jetzt, sie sitzt im selben Zug wie ihr Großvater damals.

Es ist alles da. Ich muss es nur noch aufschreiben.

Atemlose Antworten

Ob ich denn Sport triebe, fragt Pie. Nur so wegen des Blutdrucks.

«Hast du nicht gesagt, meine Werte seien okay?»

«Na ja, trotzdem.»

«Also, ich mach halt Bauchübungen – für den Rücken. Du weißt schon.»

«Gehst du laufen?»

Noch so etwas, das ich vor ein paar Jahren scheinbar ganz gegen meine Natur ausprobiert und für gut befunden habe. Nachhaltig traumatisiert von den Turnstunden und Sporttagen meiner Kindheit und Jugend habe ich mich bis kurz vor fünfzig geweigert, auch nur zu rennen, um ein Bus oder einen Zug zu erwischen. Selbst wenn ich das Abfahrtsgleis schon erreicht hatte, wenn der Zugführer die Trillerpfeife blies, selbst wenn ich die Tür schon beinahe berühren konnte, beschleunigte ich meine Schritte nicht. Aus Prinzip. Meine Würde zu bewahren war mir wichtiger, als mein Ziel pünktlich zu erreichen. Dabei gehört Laufen zu den Grundbedürfnissen des Menschen.

Vor ein paar Jahren begann Eric, der Mann meiner Zen-Lehrerin, der an der Uni Basel Sport studierte, nebenbei als Coach zu arbeiten. Er legte einen besonderen Ehrgeiz in das Ziel, notorisch unsportliche Menschen zum Laufen zu bewegen. Er wollte mit Menschen arbeiten, die nicht von vornherein schon jung, gesund und sportlich waren. Kurz: er wollte mit mir arbeiten.

Ich stellte mich als Versuchskaninchen zur Verfügung. «Wenn du mich zum Laufen bringen kannst», sagte ich, «dann kannst du jeden zum Laufen bringen.» Heimlich ging ich davon aus, dass er es nicht schaffen würde. Pie versuchte es seit Jahren. Sie erzählte vom Laufen wie von einer heimlichen Affäre, die sie mit dem Wald hinter ihrer Haustür führte. Ein tägliches Ausbrechen aus dem Alltag, das ihre Laune hob und ihren Verstand schärfte. Sie wappnete sich gegen die Anfechtungen, denen sie ausgesetzt war. Pie kann nicht begreifen, dass es Menschen gibt, die nicht laufen wollen. Einfach aus Lust. So gern ich ihr zuhörte, so wenig versucht war ich, ihr nachzueifern.

Stellte sich heraus: Es war gar nicht so schwer. Jedenfalls nicht nach Erics Methode. Wir begannen ganz langsam, eine Minute gehen, eine Minute laufen, zehnmal wiederholen, fertig. Ich war nassgeschwitzt und außer Atem, aber gleichzeitig auch euphorisch. So gut hatte ich mich schon lange nicht mehr gefühlt. Jede Woche wurde die Laufzeit länger, während die Gehzeit gleich blieb. Recht bald lief ich alleine los, jeden zweiten Tag, überwacht von einer App, die Eric mir installiert hatte. Die Tatsache, dass er jeden Lauf kommentierte, motivierte mich. Er wusste auch immer noch einen Rat, noch einen Trick, wie ich es mir leichter machen konnte. Trotzdem verzichtete ich nie auf meine Gehpausen. Ich hatte keinerlei weiteren Ehrgeiz als den, dieses Erlebnis, dieses Hochgefühl zu wiederholen. Das war für mich schon außergewöhnlich genug: dass ich Lust auf Laufen hatte.

Das Aareufer begann fast vor meiner Haustür. Die Wege waren flach. Ich liebte die Vertrautheit mit dieser Landschaft, die sich nach kurzer Zeit einstellte und die mich die geringsten Veränderungen wahrnehmen ließ. Ob der Fluss mehr Wasser führte, ob die Blätter sich verfärbten, ob der Waldboden sumpfig wurde. Ich war mit meiner Umgebung verbunden. Endlich verstand ich, was Pie meinte, wenn sie von ihrem Wald sprach wie von einem geliebten Wesen. Ich entwickelte dem Aareufer gegenüber ganz ähnliche Gefühle. Die größte Herausforderung für mich waren die anderen Jogger, die Spaziergänger, die Hundehalter. Oft blieben sie stehen, wenn sie mich von weitem kommen sahen, und warteten, bis ich vorbei war. Als könnte ich sie in meinem Zeitlupentempo niederwalzen. Jedes Mal fühlte ich mich in meine Kindheit zurückversetzt. Hörte das Lachen der anderen, wenn ich mich unerträglich langsam auf die Ziellinie zuschleppte. Laufen hatte sich immer angefühlt, als bewegte ich mich durch feuchten Zement. Ein Gefühl, dass sich bis heute in meinen Träumen hält. Manchmal wich ich deshalb vom Weg ab und verirrte mich im Dickicht zwischen den Bäumen. Aber auch das verschaffte mir ein bisher unbekanntes Hochgefühl.

Laufen fühlt sich nicht wie eine sportliche Betätigung an. Es ist eher etwas wie Yoga, etwas, das meine Ausgeglichenheit spürbar fördert. Yoga, Laufen, Meditation: Das sind meine Stützen, sie bilden das Geländer, an dem ich mich weiterhangle. Während meiner Rückenkrise habe ich zwei dieser drei Stützen aufgeben müssen. Es machte mich ungeduldig und unruhig, ich sorgte mich um alles und nichts, meine Gedanken mäanderten in den immer selben Bahnen.

Ich schaue auf. Draußen wirbeln Schneeflocken. Schneeflocken, im Frühling? Das kann hier schon mal vorkommen. Aber es sind die wattebauschartigen Blüten einer Amerikanischen Pappel, die irgendwo in der Nachbarschaft stehen muss. Ich kann sie nicht sehen, und trotzdem füllt sie oft meinen Sitzplatz mit den weißen Bäuschen. Wenn ich die Tür öffne, weht der Wind einen Armvoll in meine Stube. Drei-, vier-, fünfmal wische ich sie zusammen. Sie sind etwa so leicht einzufangen wie Seifenblasen oder Löwenzahnsamen.

Der Wind lässt keine Sekunde nach, so scheint es mir. Er rüttelt auch an meinem Nervengerüst, er bringt mich aus dem Gleichgewicht. Die anhaltenden Frühjahrswinde sind gefürchtet hier.

Warum bläst der Wind in New Mexico so gnadenlos? Die Antwort lässt sich kaum übersetzen: «Because Arizona blows and Texas sucks!» Ich bin nicht die Einzige, die schlechte Laune hat: Die ganze Stadt und ihre Umgebung leidet unter dem Wind und unter Heuschnupfen. Die Regale in den Drogerien sind mit Antiallergiemitteln bestückt, Akupunkteure und Masseure versprechen Linderung. Nicht dem Winter versucht man hier zu entgehen, so hart er auch sein kann. Nein, es ist der Frühling, der die Leute aus der Stadt vertreibt. Jetzt fällt mir ein, dass meine Mutter den Frühling nie mochte: Er sei unberechenbar und heimtückisch, sagte sie. Verspreche etwas und halte es dann nicht.

Außerdem ist es immer noch empfindlich kalt. Das sage ich auch zu Pie: «Es ist zu kalt zum Laufen», sage ich. «Und dann der Wind ...»

Das Schweigen am anderen Ende dehnt sich aus.

Ich seufze. «Okay, okay, okay. Schon gut! Dann geh ich eben und treibe Sport!»

Beleidigt lege ich den Hörer auf. Dabei weiß ich genau, dass sie recht hat. Ich muss mich bewegen. Ich muss aus dem Haus. Ich muss vor allem von der Couch aufstehen. Seit Wochen lümmle ich auf ihr herum, schreibe und schaue Fernsehserien im Akkord. Als würde ich dafür bezahlt. Tatsächlich werde ich das auch: Der einzige Auftrag, den ich vor meiner Abreise nicht beendet habe, ist die Fernsehsünden-Kolumne für *Frame*. Allerdings wird diese nur alle zwei bis drei Monate verlangt. Trotzdem bin ich es meinem beruflichen Gewissen schuldig, über alle neuen Serien auf dem Laufenden zu sein.

Für diese unwiderlegbare Ausrede müsste ich eigentlich die Redaktion bezahlen, nicht umgekehrt.

Schon gut, schon gut! Ich steh ja schon auf! Schon will ich Doris anrufen und sie nach der Adresse ihres Sportstudios fragen, da finde ich auf meinem Schreibtisch einen Gutschein für ein relativ neues Fitnessstudio, das ganz in meiner Nähe liegt, gleich neben der La Montañita, der örtlichen alternativen Lebensmittelkooperative, und Doris' Lieblingscafé. Eine

Yogalehrerin hat mir den Gutschein einmal gegeben, aber Yoga traue ich mir noch nicht zu. Schon gar nicht die Schwitz-Variante, die dort angeboten wird. Abgesehen davon hat das Studio aber nur Spin-Klassen im Programm. Sind das nicht diese wahnsinnigen Velorennen ins Nichts und Nirgendwo? Wo man zu hämmernden Bässen von schreienden Lehrern angebrüllt und zu Höchstleistungen angetrieben wird? Ich bin nie gern Velo gefahren, schon als Kind nicht, zuletzt nur noch mit Elektromotor, und auch das seit Jahren nicht mehr. Dass die spindeldürre und immer etwas angespannt wirkende Schauspielerin Renée Zellweger auf diese Fitnessmethode schwört, nimmt mich auch nicht unbedingt dafür ein. Noch weniger, seit sie kürzlich in der sonst so vornehmen *Vogue* ausplauderte, sie trage auf dem Velosattel grundsätzlich Maxi-Binden. «Für den Komfort, verstehen Sie?» Ja, das versteht man auch als Leserin – auch wenn man auf die Kenntnis solcher Intimität doch lieber verzichtet hätte.

Aber was soll's, denke ich. Ausprobieren kann man alles. Das habe ich mir nun oft genug bewiesen. So oft, dass ich es schon fast als mein Lebensmotto ansehe. Was soll schon passieren? Außerdem dauern diese Stunden, genau wie klassische Psychoanalyse-Sitzungen, nur 45 Minuten. 45 Minuten lang kann man alles aushalten, denke ich.

Ha!

Als ich mich für den nächsten Morgen anmelde, bekomme ich postwendend eine Mail mit der Aufforderung, spezielle gepolsterte Hosen anzuziehen (ein Rat, den Renée Zellweger offenbar nicht kennt) und Veloschuhe mit Clips mitzubringen. Außerdem soll ich zehn Minuten vor Beginn da sein. Das fängt ja gut an, denke ich. Einzig die Aussicht auf einen der hervorragenden, im Haus gebackenen Muffins aus dem Better-Day-Coffeeshop nach der Folterstunde lockt mich aus dem Haus.

Als ich aber im Studio ankomme, sind alle außergewöhnlich nett: die junge Frau am Empfang, die mich gleich beruhigt, die spezielle Ausrüstung sei nicht obligatorisch, ich solle erst mal schauen, ob es mir überhaupt gefällt. Und die anderen Teilnehmerinnen, die bereits auf den Holzbänken sitzen und ihre Schuhe wechseln. «Bist du neu hier?» – «Ist das deine erste Spin-Stunde?»

Es ist eine sehr gemischte Gruppe, von Teenagern in übergroßen Sporthemden ihrer Schulmannschaften bis zu einer bestimmt achtzigjährigen Frau mit perfekt toupiertem, schwarzgefärbtem Haar und dezentem Lippenstift. Sie trägt ein Goldkreuz an einer Kette über ihrem schwarzen Pullover, dazu eine blickdichte schwarze Strumpfhose und Ballerinas an den Füßen. So schlimm kann es nicht sein, denke ich.

«Soll ich dich Michele vorstellen?»

Dankbar nehme ich an. «Ist es wahr, dass man während der Stunde angeschrien wird?», flüstere ich. Die drahtige Frau, die ihre Sonnenbrille auch in dem verdunkelten Raum nicht abnimmt, den wir jetzt betreten, lacht.

«Michele, schreist du uns heute an?», fragt sie die Trainerin, die gerade ihr Mikrophon prüft.

«Wie bitte?», hallt es verstärkt durch den Raum. Das fängt ja wieder mal gut an!

«Sorry, ich … hab nur … wollte nicht …»

Michele winkt nur lachend ab. Sie ist ein kompaktes kleines Energiebündel, das keine Sekunde stillhält. Ihr Alter ist schwer zu schätzen, da sie ihr Gesicht unter einer Schirmmütze versteckt. Ihre Lippen sind geschminkt, ihr Körper ist der einer Tänzerin. Blitzschnell und kompetent richtet sie mir eins der Folterräder ein, fragt nach meinem Namen, was ich mache, wo ich herkomme. Smalltalk, denke ich.

Dann denke ich nichts mehr, denn es geht los. Der Raum ist komplett dunkel, bis auf eine Diskokugel an der Decke, die das Licht eines Scheinwerfers reflektiert, der alle drei Minuten die Farbe wechselt. Die Musik ist laut, aber nicht zu laut. Und mit einem gewissen Sinn für Humor ausgesucht: Das Thema ist offenbar Lola. Zum Aufwärmen singt Marlene Dietrich auf Englisch das Lied von der feschen – «naughty» – Lola und ihrem Pianola. Dann folgt «Whatever Lola wants, Lola gets» aus dem Musical *Damn Yankees*. Zwei langsame Lieder, die meiner Meinung nach nicht dazu angetan sind, uns in halsbrecherischem Tempo in die Pedalen zu zwingen. Aber whatever Michele wants, Michele gets.

«Wer will auch eine Lola sein?», ruft Michele. Und als sich drei Männer melden, folgen logischerweise die Kinks. Dieses Lied tröstet mich über den geradezu absurden Widerstand hinweg, den unsere Räder uns bieten. Nach diesem Lied, das ich während meiner ersten Schwangerschaft dauernd hörte, habe ich meinen ersten Sohn benannt – benennen wollen, meine ich. Ich war mir ganz sicher, ein Mädchen zu bekommen. Weibliche Intuition und so. Wäre mein Englisch besser gewesen, hätte ich den Text verstanden, wäre ich wohl nicht so überrascht gewesen, als die Hebamme sagte: «Es ist ein Junge!» Ja, logisch: «Boys will be girls and girls will be boys.» Die Erinnerung würde mich zum Lachen bringen, wenn ich nicht so nahe daran wäre, mich zu übergeben. Die Kinks werden von Barry Manilow abgelöst, der nun erzählt: «Her name was Lola, she was a showgirl.» Was Michele dazu inspiriert, uns Liegestützen auf der Lenkstange abzufordern. Ich bin nahe daran, ohnmächtig vom Rad zu fallen. Unauffällig schiele ich zur Wanduhr: Erst siebzehn Minuten sind vergangen. Ich nehme alles zurück, was ich heute Morgen noch behauptet habe. Fünfundvierzig Minuten sind sehr viel länger, als man glaubt. Und es ist überhaupt nicht bewiesen, dass man alles fünfundvierzig Minuten lang aushalten kann. Zum Beispiel würde man fünfundvierzig Minuten unter Wasser wohl kaum überleben. Oder fünfundvierzig Minuten allein mit einem hungrigen Krokodil. Oder … Meine Beine brennen, ich schwitze, wie ich selbst in der Yogasauna noch nie geschwitzt habe. Michele erzählt gerade, dass ihr Mann sie neulich bei einer Radtour fünfzehn Meilen weit geschoben hat. «Das ist Liebe!», ruft jemand. Wie können die noch reden?, denke ich. Als ob sie meine Gedanken gelesen hätte, bringt Michele das Gespräch auf einen Artikel, den sie in der *New York Times* gelesen hat.

«Leute, was meint ihr – soll Prostitution legalisiert werden? Romy, du bist Anwältin, was denkst du?»

Spinnen die jetzt alle?, denke ich. Romy erklärt wohlüberlegt und ausführlich die gesetzliche Ausgangslage und wie sie verändert werden könnte. Dabei strampeln ihre Beine in unverändertem Galopp weiter, und sie gerät nur sanft außer Atem.

«Mir machen die jungen Mädchen Sorgen», mischt sich eine Hippie-Großmutter ein. «Werden nicht sehr viel mehr von ihnen in die Prostitution abwandern, wenn sie erst legal ist?»

«Im Gegenteil, denk mal an die Prohibition! Nie wurde mehr gesoffen als damals!»

Das Gespräch lenkt mich tatsächlich von meinen brennenden Oberschenkeln ab – oder vielleicht habe ich auch vor lauter Zuhören aufgehört zu strampeln.

Dann höre ich meinen Namen: «Milena – du bist doch aus Schweden, nicht?»

«Switzerland», japse ich. Aber ich bin beeindruckt, dass sie sich überhaupt so viel gemerkt hat. Und dass sie meinen Namen richtig ausspricht. Ich habe amerikanische Freunde, die mich nach Jahren noch M'layna oder Malina nennen.

«Und, wie ist die Situation da? Kannst du uns das erklären?»

Macht sie Witze? Sieht sie nicht, dass ich einem Herzinfarkt nahe bin? «Me ... Me ... Menschenhandel», keuche ich. «Ist ... das Problem ... nicht Pro... hhh.»

«... stitution, das stimmt, da hast du recht! Interessanter Punkt!»

Die Diskussion wird lebhaft weitergeführt, kreuz und quer durch den Raum, dazwischen ändert immer wieder mal das Licht – und plötzlich ist es vorbei. Ich lasse mich halb vom Rad fallen, meine Beine sind sich nicht sicher, ob sie mich noch tragen können. Aber ich habe es überlebt. Und da mich beim Hinausgehen mehrere Teilnehmerinnen so wie das nette Mädchen am Empfang fragen, ob ich wiederkommen würde, kaufe ich mir halt ein Abo.

Den Muffin habe ich mir verdient. Fast noch mehr genieße ich aber aber Doris' Bewunderung. «Wow, ist das nicht wahnsinnig anstrengend? Das könnte ich nie!»

«Tja», sage ich gedehnt und etwas herablassend. «Na ja!»

Ein andermal fordert Michele mich auf, etwas über die Schweiz zu erzählen, was man hier noch nie gehört habe. «It's not Sweden», könnte ich jetzt sagen, aber da ich mich immer noch in jeder Stunde mehrmals am Tod vorbeischrammen fühle, lässt mich meine Schlagfertigkeit im Stich.

«Direkte Demokratie», japse ich stattdessen. Großer Fehler!

«Was heißt das? Das musst du uns erklären!»

Ich verfluche mich. «Wir stimmen über alles ab, ständig, nicht nur alle vier Jahre», keuche ich. Darauf reagieren gleich mehrere Radrennfahrer gleichzeitig. Tony, ein gesetzter älterer Herr, der jeden Tag kommt und seine Sätze gern mit «Ich als Mitglied der ersten Stunde ...» beginnt, knurrt etwas, das wie «Dann geh halt wieder zurück, wenn es dir hier nicht passt!» klingt. Ich kann mich auch verhört haben. Auf dem Weg zum Studio bin ich heute hinter einem Jeep mit einem *Donald Trump 2016*-Kleber hergefahren, die man hier eher selten sieht. Schon gar nicht auf Autos mit dem Kennzeichen von New Mexico. Auf Fahrzeugen aus Texas sieht man sie schon eher, zum Beispiel neben einem *I love Guns and Coffee*-Kleber, der sich über das Waffenverbot von Starbucks lustig macht.

Waffenverbot im Starbucks?

Wo lebe ich eigentlich?

Und – war das etwa Tonys Jeep?

«Heißt das, das die Schweizer über alles Bescheid wissen, was in ihrem Land passiert?»

«Theoretisch, ja.»

«Und über alles mitbestimmen? Das ist revolutionär!» Der Mann, der das sagt, ist großgewachsen, er trägt einen langen Bart und einen weißen Turban. Er ist einer der vielen westlichen Sikhs, die im Norden New Mexicos zum Straßenbild gehören. Yogi Bhajan ließ sich in den siebziger Jahren in Española nieder, wo er ein Ashram gründete, das bis heute besteht. Es ist die größte Kundalini-Yoga-Schule in Amerika und der einzige Ort, an dem Westler zum Sikh-Glauben übertreten können. Über 150 Familien leben dort. Der Nachname Khalsa, den alle Sikhs tragen, ist bald häufiger als Garcia oder

Martinez. Sie sind Ärzte, Yogalehrer, Politiker, Sicherheitsbeamte. Vor ein paar Jahren hatte Española sogar einen turbantragenden Sikh im Polizeikorps.

Während ich also japsend und keuchend das politische System der Schweiz zu erklären versuche, wird mir wieder einmal bewusst, wie viel ein bisschen Abstand verändern kann. Selten schätze ich mein Land mehr, als wenn ich länger nicht da war. Das ist ein bekanntes Phänomen unter Auslandschweizern. Man neigt dazu, seine Heimat zu idealisieren, wenn man sie erst einmal hinter sich gelassen hat. Aber deswegen gleich zurückgehen, wie Tony es vorgeschlagen hat?

«Wenn wir das auch hätten, steckten wir jetzt nicht in dieser Sch… diesem Schlamassel!», ruft eine hochelegante Frau, die keine Schweißdrüsen zu haben scheint und auch in dem verdunkelten Raum ihre Sonnenbrille aufbehält. Die Diskussion wendet sich unweigerlich Donald Trump zu. Jetzt klinke ich mich aus der Unterhaltung aus. Ich muss schließlich auf meinen Blutdruck achten.

Wenn (bekiffte) Engel reisen

Der Flug nach Albuquerque ist nicht ausgebucht. «Die Mittelsitze bleiben frei», freut sich die Flugbegleiterin. «Verteilt euch, Leute!» Ich finde einen Platz am Gang, am Fenster sitzt bereits ein blasser junger Mann mit einer Baseballkappe. Er schaut kurz auf, als ich mich setze und vertieft sich dann wieder in sein Computerspiel. Sein dünner Körper ist auf die absurde Art in den engen Platz hineingebrezelt, wie sie nur Teenager eigen ist. Ich nehme mein Buch aus der Tasche.

Kurz denke ich darüber nach, dass ich nirgendwo so viele Menschen Bücher lesen sehe, richtige Bücher, wie auf den Flügen der Southwest Airlines. Die Vielflieger dieser Linie reduzieren ihr Handgepäck auf das absolute Minimum, Kaffeebecher und Buch, um so schnell wie möglich einen Platz zu finden. Um beim Aussteigen nicht warten zu müssen, bis man die Gepäckablage öffnen und seine Taschen herunterwuchten kann. Sie betreten und verlassen das Flugzeug, als wäre es ein Bus. Da ich unterdessen auch alle drei oder vier Wochen zu Victor nach San Francisco fliege, habe ich mich ihnen angepasst. Je weniger Aufwand ich betreibe, umso leichter fällt mir die Reise.

Plötzlich geht ein Raunen durch die Maschine. Ich schaue auf: Eine Gruppe unendlich langer Lulatsche schlurft gebückt durch den Mittelgang nach hinten. Einige Passagiere applaudieren: Es sind Los Lobos, die Wölfe, die Basketballmannschaft der Universität von New Mexico. Sie haben offenbar gerade ein Spiel gewonnen. Ich versuche mir vorzustellen, wie sich diese Zweimeterlümmel in die engen Flugzeugsitze quetschen. Dann wende ich mich wieder meinem Buch zu. Plötzlich knistert der Lautsprecher wieder.

«Da wir noch auf ein paar verspätete Passagiere aus Kalifornien warten müssen, bieten wir zur Überbrückung einen Getränkeservice an», sagt die Flugbegleiterin. Das lässt auf eine längere Verspätung schließen. Jetzt bereue ich schon, dass ich lediglich ein schon halb zu Ende gelesenes Buch dabeihabe. Mürrisch zermalme ich die Erdnüsse zwischen den Zähnen, die das größte Verkaufsargument dieser Fluglinie sind: «Free Peanuts!», steht fett auf ihren Plakaten. Denn das ist heutzutage etwas Besonderes: Gratisnüsschen … Meine Laune verschlechtert sich mit jeder Minute.

Endlich kommen die verspäteten Fluggäste: ein glamouröses junges Paar mit verspiegelten Pilotenbrillen und wildgemusterten Kapuzenpullovern. Die Frau geht voraus, ihre Laune scheint meiner zu ähneln. Die straff zurückgekämmten Haare betonen die hohen Wangenknochen der Indianerin. Ihr Begleiter scheint dagegen in fröhlicher Stimmung, wenn auch nicht ganz nüchtern.

«Baby, hier sind noch Plätze frei», sagt er und zeigt auf die Mittelsitze links und rechts vom Gang. Sie seufzt genervt: «Nein, da hinten sind ganze Reihen frei, da können wir nebeneinandersitzen.» Ohne seine Antwort abzuwarten, geht sie weiter.

Er schaut ihr nach, zögert einen Augenblick, dann grinst er mich an. «Ist hier noch frei?»

Am liebsten hätte ich nein gesagt. Ich stehe nicht einmal auf, sondern drehe nur meine Knie zur Seite, so dass er über mich hinwegsteigen kann. Seiner Körperlänge nach müsste er zu den Basketballspielern gehören. Umständlich faltet er sich in den Mittelsitz, seufzend rutsche ich noch mehr zur Seite. Das kann ja heiter werden, denke ich. Ich vertiefe mich wieder in mein Buch oder tue wenigstens so. Während ich wieder und wieder denselben Satz lese, höre ich mit einem Ohr zu, wie die beiden jungen Männer neben mir mit ihrem Drogenkonsum angeben.

«Mann, ich hab den ganzen Rucksack voll Gras, die kontrollieren ja gar nicht!»

Ich rolle die Augen, grummle vor mich hin, gebe meinem Unmut so viel Ausdruck, wie eine wohlerzogene Schweizerin sich gerade noch erlauben kann. Jetzt hätte ich sehr gern ein Glas Wein, aber der angekündigte Getränkeservice ist für den Abflug wieder eingestellt worden. Ich habe noch Getränkegutscheine, fällt mir ein. Definitiv werde ich mir später ein Glas Wein bestellen!

«… meine Mutter besuchen», höre ich den Teenager erzählen. «Sie züchtet Lamas außerhalb von Taos, da gibt es keine guten Schulen, deshalb bin ich in Phoenix in einem Internat.»

«Lamas, hä?»

«Meine Mutter ist der totale Hippie.»

Unterdessen haben wir unsere Reiseflughöhe erreicht. Vorn in der Maschine nimmt die Flugbegleiterin Getränkewünsche entgegen. Ich halte mir das Buch pro forma vor die Nase, jetzt beginnt mich die Unterhaltung der jungen Männer doch zu interessieren. Vielleicht weil einer von ihnen mich daran erinnert, dass jeder noch so ungezogene Lümmel der Sohn einer Mutter ist? Der Teenager bewundert jetzt den wildgemusterten Hoodie des Indianers. Der ist mir auch aufgefallen – die Muster wirken traditionell, geometrisch, sie erinnern an die klassischen Webteppiche der Navajo. Aber die Farben leuchten grell und lebhaft, sogar auf den gemusterten Bändeln der Kapuze.

«Echt, Mann?», freut sich der. «Den hab ich selber entworfen.»

«Hast du nicht.»

«Hab ich doch.» Und dann erzählt er, dass er eine Firma gegründet habe, zusammen mit einem Schulfreund, einem professionellen Basketballspieler. «Ich war auch recht gut, aber ganz hab ich's nicht geschafft.» Sein Freund trainiert Spieler jeden Alters, er designt die Klamotten. Er durchwühlt seine Taschen nach einer Visitenkarte.

«Ich hab grad meinen ersten großen Auftrag bekommen: Mannschaftskleidung für siebentausend Dollar! Ich kann's noch gar nicht richtig fassen! Meine Frau ist so stolz auf mich! Mann, die hat einen durchgemacht mit mir. Sie ist Anwältin, weißt du. Die hat wichtige Freunde, Leute, die gut verdienen. Und immer, wenn die fragen ‹Was macht denn dein Mann?›, musste sie sagen: ‹Ach der, der zeichnet so vor sich hin.› Und jetzt, endlich, wird sie belohnt.» Er verdreht seinen Kopf, sucht die Sitzreihen hinter ihm nach seiner Frau ab. «Thank you, Baby!», ruft er nach hinten.

«Wirklich cool», sagt der Junge. «So einen Pulli hab ich noch gar nie gesehen.»

«Weißt du was?» Der Designer verrenkt sich im Sitz, zieht sich den Pullover über den Kopf und reicht ihn dem Teenager. «Hier, nimm ihn.»

Der Junge ist sprachlos. Ich auch. Ich bin hingerissen. Meine schlechte Laune ist verflogen. Stattdessen möchte ich den Mann umarmen. Wie konnte ich ihn so falsch einschätzen? Nur weil er sich in meinen knappen persönlichen Raum drängte? Ich tue immer noch so, als würde ich lesen, aber ein kindisches Grinsen kann ich nicht unterdrücken. Der Junge hat unterdessen seine Sprache wiedergefunden.

«Das kann ich nicht annehmen», stottert er, während er den Pullover schon an sich drückt.

«Natürlich kannst du das! Du wirst das Teil rocken, Mann.»

Der Junge lässt sich nicht länger bitten, zieht den Pullover über den Kopf, er ist ihm viel zu groß.

«Weißt du, das ist das Design, mit dem ich am meisten Mühe hatte – alle fanden es zu wild, zu grell. Drum bedeutet es mir etwas, dass du es trägst.»

Die beiden jungen Männer beginnen sich auf komplizierte und ernsthafte Art die Hände zu schütteln. Ich schlucke leer.

Die Flugbegleiterin arbeitet sich unterdessen durch die Sitzreihen zu uns durch.

«Dann lass mich dir wenigstens einen Drink zahlen», sagt der Junge.

«Haha, klar, das kannst du gern tun.» Er bestellt eine Cola Rum, der Junge, der nicht aussieht, als sei er schon einundzwanzig, auch. Die Flugbegleiterin hat ein Gefühl für die Bedeutung des Moments und fragt nicht nach.

«Das macht zwölf Dollar», sagt sie freundlich. Drinks müssen im voraus bezahlt werden. Im Gegensatz zu den Erdnüssen sind sie nicht gratis. «Kreditkarte oder Gutschein?»

«Oh sh…», murmelt der Junge. «Ich hab gar keine Kreditkarte. Sie nehmen kein Cash, oder?»

«Tut mir leid.»

«Scheckkarte?»

Die Flugbegleiterin schüttelt den Kopf. «Auch nicht.» Das ist mein Stichwort. Ich zücke meine Getränkegutscheine. «Erlauben Sie, meine Herren», sage ich formvollendet und bezahle die Drinks. Einen Augenblick lang herrscht verblüfftes Schweigen, dann werde ich unter Gejohle umarmt. Im nächsten Moment stoßen wir miteinander an. Leo, der Junge, der tatsächlich noch nicht einundzwanzig ist, sondern in Phoenix die Highschool besucht, will später einmal einen eigenen Fernsehsender gründen. Heute schon interviewt er «Leute, die etwas zu sagen haben» mit seinem Handy und stellt die Interviews ins Netz.

Adrian, der Designer, versucht mir das Konzept des Rezball zu erklären – eine etwas abgewandelte, schnellere Version von Basketball, die in den Indianerreservaten gespielt wird. Lino war im Basketballteam seiner Highschool, als wir in San Francisco lebten. Ich habe viele Dutzend Spiele gesehen, und trotzdem könnte ich bis heute niemandem die Regeln erklären. Peinlich, aber wahr: Mich interessiert immer nur, für wen ich mitfiebere. Nur das macht ein Spiel – ein Buch, eine Fernsehserie, das Leben – für mich interessant. Deshalb könnte ich auch Adrians detaillierte Erklärung der Sonderregeln, die Rezball von Basketball unterscheiden, nicht wiedergeben. Viel mehr interessierte mich die Bedeutung, die Rezball für die jungen Leute hat, die im Reservat aufwachsen.

New Mexico ist nach Alaska der Bundesstaat mit dem zweitgrößten Anteil Native Americans. Im Landesdurchschnitt ist der Anteil auf unter ein Prozent gesunken. Auch in New Mexico macht er nur etwas über zehn Prozent aus – wenig mehr als der Anteil der Deutschen. Das ist kein Zufall. Ich sage: Karl May ist schuld. Er hat unser Bild vom Wilden Westen geprägt wie kein anderer. Obwohl er ihn, als er seine Romane schrieb, noch gar nicht besucht hatte. Aber dieser imaginäre Wilde Westen unserer Kinderträume, der sich in unseren Köpfen festgesetzt hat, den finden wir hier. Hier sieht es genau so aus, wie wir uns das immer vorgestellt haben. Ob der *caucus* auch Deutschschweizer Einwanderer zu den *german residents* zählt, weiß ich nicht. Für sie trägt Federica de Cesco jedenfalls eine Mitverantwortung, da bin ich mir sicher. Wenigstens, was die Frauen betrifft.

In New Mexico nennen sich die Native Americans mit der hier üblichen Prise Galgenhumor immer noch Indians. Ein beliebter Witz geht so: «Nennt uns ruhig ‹Indianer›, nur weil ihr damals geglaubt habt, Indien entdeckt zu haben. Wir sind ja schon froh, dass ihr nicht gemeint habt, ihr wärt auf den Virgin Islands gelandet.» Trotzdem halte ich mich als Weiße lieber an die politisch korrekte Bezeichnung. In New Mexico leben zweiundzwanzig verschiedene Stämme, die neunzehn Pueblos, die Mescalero und die Jicarillo Apaches und die Navajo Nation. Letztere nennen sich selber Diné, das Volk. Navajo ist ein Name, der die Pueblobewohner ihnen gegeben haben. Er bedeutet «der Ort mit den großen, bepflanzten Feldern» – auch das ein vermutlich ironisch gemeinter Begriff, da die Diné nicht sesshaft waren und die ackerbauernden Pueblos überfielen, um ihnen die Früchte ihrer Arbeit zu rauben. Trotzdem hat sich der Name Navajo offiziell durchgesetzt. Die Pueblos sind eigenständige Stämme, mit eigenen Traditionen und Sprachen. Den missverständlichen zusammenfassenden Namen haben ihnen die Spanier gegeben. Was sie verbindet, ist die Sesshaftigkeit. Sie sind die Nachfahren der Anasazi, die in Höhlen gelebt haben. Wobei dieser Name wiederum von den Navajo stammt, die die leerstehenden Höhlen entdeckt haben. Manche Pueblostämme lehnen den Namen ab, der so viel wie «fremde Vorfahren» oder «feindliche Ahnen» bedeutet. Die gegenseitige unschmeichelhafte Bezeichnung hat Tradition. Nicht nur hier.

Die Pueblostämme sind also die eigentlichen Ureinwohner von New Mexico. Sie haben die Invasion der Navajo und der Apachen überlebt, die zwischen 1300 und 1500 aus dem Nordwesten einfielen. 1598 kamen die Spanier und 1846 die Amerikaner. Trotzdem leben die Pueblobewohner mehrheitlich noch auf ihrem angestammten Land – wenn auch nur auf einem winzigen Teil davon. Sie wurden nicht vertrieben wie die nicht sesshaften Stämme. Aber sie wurden ebenfalls zwangsmissioniert, versklavt, misshandelt, ausgenutzt. Die Spanier herrschten grausam und waren verhasst. 1675 wurden 47 Pueblobewohner der Hexerei angezeigt und auf der

Plaza von Santa Fe öffentlich ausgepeitscht. Vier von ihnen wurden erhängt. Einer der Überlebenden war Popé, ein traditioneller Heiler des Ohke Pueblo, der sich von Anfang an gegen die Zwangsmissionierung gewehrt hatte. Er begann, Gleichgesinnte zu mobilisieren. Zum ersten Mal schlossen sich die Pueblos zusammen. 1680 vertrieben sie die Spanier und konnten sie immerhin zwölf Jahre lang fernhalten. In dieser Zeit wurden auch die Traditionen, die die Spanier verboten hatten, wiederaufgenommen. Selbst als die Spanier zwölf Jahre später wiederkamen, gelang es ihnen nicht mehr, sie ganz zu unterdrücken.

Pueblo oder Reservat bedeutet heute keinen großen Unterschied. Beide sind von der grundlegenden Versorgung abgeschnitten. Ausbildung, Gesundheit, Arbeit, selbst Läden, um halbwegs gesunde Lebensmittel einzukaufen – alles fehlt. Der Anteil an Alkoholikern und Drogensüchtigen ist höher als anderswo, ebenso an Schulaussteigern, Diabetikern, schwangeren Teenagern – die Abgründe der modernen Gesellschaft klaffen hier besonders tief. Amerika hat es beinahe geschafft, seine Ureinwohner mitsamt ihren Traditionen und ihrer Kultur auszurotten. Fast, aber nicht ganz. Obwohl die Reservate nicht umsonst in den unwirtlichsten, oft auch von radioaktivem Müll verseuchten oder von Uranminen untergrabenen Landstrichen angelegt wurden, ist der Überlebenswille groß und der Ideenreichtum auch. Ihr politischer Status als souveräne Staaten mit eigener Regierung und Gesetzen erlaubt ihnen zum Beispiel, Kasinos zu betreiben. In den letzten Jahren sind auch in New Mexico einige Stämme in das Geschäft mit den Kurzzeitdarlehen eingestiegen. Das schafft Arbeitsplätze und gewisse minimale soziale Strukturen – und einen Haufen neuer Probleme. Die amerikanische Regierung sieht es nicht gern, dass in den Reservaten Geld verdient wird, und droht mit Sanktionen und neuen Gesetzen. Das Leben dort, «on the rez», hat mit Winnetou-Romantik nicht das Mindeste zu tun. Das merken auch wir Neueinwanderer schnell. Das verklärte Bild aus den Büchern unserer Kindheit lässt sich aber nicht so rasch durch ein realistisches ersetzen. Vielleicht höre ich deshalb Adrian so begierig zu.

Rezball ist oft die einzige Möglichkeit, die junge Natives haben, um aus dem Reservat oder dem Pueblo rauszukommen, ein Stipendium für ein College zu ergattern, einen Beruf zu lernen. Dem immer noch vorherrschenden Teufelskreis von Armut, Arbeitslosigkeit und Abhängigkeit zu entkommen. «Wenn sie Ball spielen, trinken sie nicht, nehmen keine Drogen», erklärt Adrian treuherzig, seinen Drink in der Hand.

Zu den Spielen kommen nicht nur alle Angehörigen der Spieler, sondern alle, die im Umkreis leben. Es ist nicht ungewöhnlich, dass ein Basketballstadion mehr Plätze hat als das Reservat Bewohner. Und trotzdem steht man an Spieltagen morgens um sieben schon an, um Karten zu bekommen. Rezball bringt die Gemeinschaft zusammen. Rezball erhitzt aber auch die Gemüter. So hat die Indian School in Santa Fe dieses Jahr ihre beiden Basketballtrainer wegen «unsportlichen Verhaltens» entlassen. Das Ehepaar Ceci Moses und Rick Schimmel sind die Eltern der Rezballstars Jude und Shoni Schimmel, die durch den Dokumentarfilm *Off the Rez* eine gewisse Berühmtheit erlangt und den Sport ins öffentliche Bewusstsein gerückt haben. Bei einem Auswärtsspiel soll der Trainer der St. Michaels Highschool die Spieler der Indian School angeschnauzt haben: «Räumt gefälligst die Halle, das ist hier nicht das Reservat!» Sein Bruder soll sie gar als «Prärie-Nigger» bezeichnet haben. Daraufhin kam es zu Handgreiflichkeiten. Warum aber nicht die Trainer von St. Michaels ihren Job verloren haben, sondern die anderen, ist bis heute nicht geklärt. Dafür tragen Schimmel-Supporter jetzt T-Shirts, auf denen steht: *NOT A PRAIRIE NIG*… So oder so: Rezball stiftet Identität. Eine neue Identität: «Mich stört es, dass wir nur zwei Wege sehen», sagt Adrian. «Ich sehe nicht ein, warum es nur den strengen Traditionalismus gibt oder dann das Gegenteil, das Abwenden von jeder Tradition, das Anpassen an Amerika. Ich finde, meine Generation muss einen neuen Weg gehen, einen Weg, der beides verbindet. Darum versuche ich, traditionelle Muster neu umzusetzen, mit einem modernen Kick. Mein Traum ist, dass Ballspieler auf der ganzen Welt Sportkleider mit indianischen Mustern tragen, dass unsere Kultur aus der Rez rauskommt.»

Ich erinnere mich an die Ausstellung über den Textildesigner Lloyd Kiva New, der vor achtzig Jahren eine ähnliche Idee hatte. Adrian kennt ihn nicht. «Das kannst du nicht vergleichen», sagt er. «Ich bin kein Künstler.»

«Natürlich bist du das.»

«Meine Frau sagt das auch …» Wieder dreht er sich um und prostet in die hinteren Reihen. Ich erzähle ihm von Victor und seinen Scherenschnitten, die so tief in seiner Tradition verwurzelt sind und sie doch sprengen. Wenig mehr als eine Stunde hat es gedauert, bis dieser junge Mann vom Ärgernis zum Freund wurde.

Kurz vor Albuquerque, als das Flugzeug über die letzte Bergkette hüpft, bei der mir immer der Magen absackt, seufzt Adrian auf: «Endlich zuhause. Hey, wisst ihr was? Das meine ich wörtlich: Ich hab ein eigenes Haus. Es hat Wände! Und die Decke ist so hoch! Wenn ihr je einen Platz zum Schlafen braucht, kommt ungeniert zu mir: Ich bin ein gottverdammter Hausbesitzer. Yeah!»

An der Gepäckausgabe umarmen wir uns. Adrians Frau steht ungeduldig daneben. Leo wird von seiner Mutter abgeholt, die auf mich gar nicht wie «der letzte Hippie» wirkt, eher wie eine etwas erschöpfte Geschäftsfrau. Auf mich warten Arie und Gary, die fast gleichzeitig wie ich von einer längeren Familienzusammenkunft zurückgekommen sind.

«O Gott, war das anstrengend», seufzt Arie.

«Und nass», sagt Gary. «In Seattle hat es jeden Tag geregnet!»

Schweigend fahren wir den I25 hinauf, zwischen den blauen Bergketten hindurch, den Sonnenuntergang im Rückspiegel. Erst kurz vor Santa Fe bricht einer von uns das Schweigen. «Ist das schön hier! Ist das schön, wieder zuhause zu sein!» Es könnte jeder von uns gesagt haben.

Zwei Monate später schicke ich Adrian ein Foto von meinen Söhnen, die in seinen Kapuzenpullis auf der Zürcher Uraniabrücke stehen. «Rezball goes Switzerland», schreibe ich.

Wo der Wolf heult

«Unglaublich, deine Schwester hat es beim ersten Besuch schon geschnallt?»

«Na ja, sie hat sich eben wirklich alles angesehen.»

Ich schaue zum Nebentisch hinüber. Ich weiß sofort, worüber sie reden. Ungebeten mische ich mich ins Gespräch. «Ich war gestern zum ersten Mal da!», rufe ich aufgeregt. «Und ich habe nicht die Hälfte kapiert! Ist der Vater nun ein Fernsehguru oder nicht? Ist der Sohn in Wirklichkeit ein Mädchen?»

«Meine Schwester war halt auch über sechs Stunden lang da drin», sagt der junge Mann, halb verlegen, halb stolz. «Sie ist erst elf. Und der totale Nerd!»

«Da drin»: Im House of Eternal Returns. Die Installation wurde im Frühjahr 2016 eröffnet, acht Jahre, nachdem das Künstlerkollektiv Meow Wolf die Idee dazu hatte. Realisiert werden konnte es erst, als George R. R. Martin, der Autor von *Game of Thrones*, 2,7 Millionen Dollar beisteuerte, um eine alte Kegelbahn zu kaufen. Der scheue, zurückgezogene Bestsellerautor hat seiner Stadt schon ein Kino geschenkt. Das verfallene Jean-Cocteau-Cinema wurde mit seinem Geld renoviert und zeigt hauptsächlich unabhängige und fremdsprachige Produktionen. Auch dieses Kino zieht, wie die meisten kulturellen Veranstaltungen dieser Stadt, ein eher grauhaariges Publikum an. Das Durchschnittsalter in Santa Fe beträgt 43,6 Jahre, das ist sechs Jahre höher als in den gesamten Vereinigten Staaten und zehn Jahre höher als in Städten wie Portland oder Denver. Daran stört sich der Bestsellerautor, der auch als «inoffizieller Kulturminister» bekannt ist und der einmal gesagt hat, er sei «in seinem Innersten ein ewiger Zwölfjähriger». Denn als er 1979 nach Santa Fe zog, war die Stadt noch lebendig, bezahlbar und innovativ. «Wo sind die jungen Leute? Wo sind die Künstler?» Also machte er sich auf die Suche nach ihnen und kam so mit Vince Kadlubek, einem der Gründer von Meow Wolf, in Kontakt, der ihn irgendwann anrief und fragte: «Du möchtest nicht zufällig eine leerstehende Kegelbahn kaufen?»

In einem zweijährigen Prozess setzten 135 Künstler und Handwerker das größenwahnsinnige Konzept um, das unter anderem als Geisterbahn, Vergnügungspark und komplette Kunstimmersion beschrieben wurde. Tatsächlich braucht man mehr als ein Wort, um dieses Erlebnis zu fassen: von außen sieht die Installation aus wie eine viktorianische Villa. Man geht durch die Haustür und befindet sich einem durchschnittlichen amerikanischen Wohnzimmer. Neben dem Sofa steht eine offene Reisetasche. Sie sieht aus, als wäre sie durchwühlt worden. Der Fernseher läuft – ein Amateur-Familienfilm, der eine ganz normale, glückliche Familie zeigt. Oder etwa nicht? Plötzlich kommt es einem so vor, als sei das Haus fluchtartig verlassen worden. Wo sind die Bewohner? Das Esszimmer sieht aus wie geschmolzen. Die Wände verzerrt, der Boden gewölbt. Was ist hier passiert? Um das herauszufinden, lässt man sich von Zimmer zu Zimmer treiben. Hier darf man nicht – hier muss man alles anfassen und anschauen. Die Briefe, die auf dem Pult liegen. Die Bilder, die an der Wand hängen. Die Kleider, die in den Schränken hängen. Die Webseiten, die auf den Computern aufgeschaltet sind. Die Zeitungssausschnitte am Kühlschrank. Ja, man muss sogar seinen Kopf in die WC-Schüssel stecken, um einen weiteren Hinweis zu entdecken. Man kann diese Realität aber auch verlassen, durch den Kamin im Wohnzimmer, den Kühlschrank in der Küche, den Kleiderschrank im Kinderzimmer oder irgendeins der anderen Portale kriechen. Und dann befindet man sich in einer anderen Welt. Ein Dinosaurierskelett leuchtet im Dunkeln, die Rippen dienen als Xylophon. Auch hier: Anfassen erwünscht. Draufhauen auch! Man wandelt durch eine Unterwasserwelt, durch eine Allee von sanft wogenden neonleuchtenden Algen und steht plötzlich vor einem altmodischen Aluminiumwohnwagen in der Wüste. Man setzt sich in ein Plastikei und wird von einem Prinzessinnen-

Hologramm auf eine Insel entführt. Man klettert in eine Raumkapsel oder in eine umgestürzte Lastwagenkabine und betätigt wie ein Kind alle Schalter. Man setzt sich auf ein Sofa, das in einem ausgehöhlten Baum steht. Man legt sich auf ein künstliches Mooskissen nieder. Hinter jeder Ecke ploppt eine neue Szene auf. Wie in einem Traum ändert sich die Umgebung ständig, ohne dass es über die Maßen verwirrt. Hier möchte man ewig bleiben!

Und damit ist man nicht allein. Nirgendwo sonst in Santa Fe habe ich so viele junge Leute gesehen, so viele Großfamilien, so viele Einheimische. Diese Installation hat nichts Elitäres. Ein Journalist hat sie als «Disneyland für echte Spinner» beschrieben. Und davon leben hier genügend. Die ganze Stadt redet darüber.

«War der Hase bei dir auch kaputt?»

«Wie fandest du die Eiszapfen?»

«Bist du durch den Kleiderschrank gekrochen?»

Plötzlich spüre ich etwas von dem, was die Oldtimer beschreiben. Dieses elektrisch aufgeladene Summen, diese kollektive Begeisterung, dieses Gefühl, es passiere etwas. Gerade hier, gerade jetzt. Etwas Wichtiges, etwas Aufregendes, Beglückendes.

Kunst.

Kunst, die bewegt, die über den Besuch der Ausstellung hinaus beschäftigt, die Stadtgespräch wird. Kunst, die mich in das Gespräch von Fremden platzen lässt, die zufällig am Nebentisch sitzen.

«Ich bin so froh, dass sich endlich etwas bewegt hier», sagt die Freundin des stolzen großen Bruders. «Wir haben genug tote Kunst hier.»

«Wem sagst du das – ich lebe an der Canyon Road.»

«Wow! Trägst du Scheuklappen, wenn du das Haus verlässt?»

Ich muss lachen. Trotzdem liebe ich meine Straße gerade wegen ihres Kitschfaktors. «Im Gegenteil», sage ich. «Ich tätschle jedem einzelnen Bronzebären die Nase.» Ich weiß selbstverständlich, dass das nicht – mehr – das wirkliche Santa Fe ist. Es ist eine Art Heimatmuseum, eine Installation für Touristen, ein erstarrter Ausschnitt aus der Geschichte dieser Stadt. Rund um das House of Eternal Return bildet sich ein neues, lebendiges Künstlerviertel. In den unlängst noch leerstehenden Lagerhäusern arbeiten jetzt Handwerker und Künstler. Unter anderem befinden sich darin die Werkstätten des Meow-Wolf-Kollektivs und das ihm angeschlossene Gemeinschaftsatelier Makerspace, das wie ein Fitnessclub funktioniert: Man zahlt eine monatliche Mitgliedsgebühr und kann dafür den Raum und die Werkzeuge nutzen. Die Montañita-Cooperative hat ihre Gewächshäuser hier, Gemeinschaftsgärten entstehen. Bezahlbarer Wohn- und Arbeitsraum wird gebaut, und ein innovatives Theater, das Adobe Rose, wurde Anfang des Jahres eröffnet. Zehn Minuten von der Plaza entfernt, wähnt man sich in einer anderen Stadt. Noch besteht das kulinarische Angebot hauptsächlich aus Taco-Trucks, doch bereits gibt es ein Hipster-Café und eine Filiale der Duel Brewery. Sichere Anzeichen, dass hier das neue In-Viertel entsteht. Weit weg von Türkisschmuck und Fred-Feuerstein-Architektur. Nur auf einen Namen konnte man sich noch nicht einigen. Die einen nennen es Sidi (Siler District) oder Midi (Midtown District) die anderen Rad (Rufina Art District). Mir gefällt am besten der Vorschlag des *Santa Fe*-Reporters: *City Mid-Different*.

«Hast du die Latzhosen eingepackt?», frage ich Doris. Es ist eine rhetorische Frage: Wir haben schon einen Overall aus Victors Fundus für sie bereitgelegt. Doris ist nach San Francisco geflogen, um Victor bei seiner jährlichen Installation für die Ausstellung zum Día de los Muertos zu helfen. Ich bin bereits seit einer Woche hier, wir haben das Material besorgt, die Holzlatten und Neonröhren, neue Blätter für die Kreissäge, buntes Seidenpapier, zwanzig Klebestifte. Für mich ist es schon das zweite Mal, dass ich mich in die Latzhosen stürze.

Im Jahr zuvor, im September 2014, war das sozusagen unser erstes Date gewesen: Sechs Wochen lang skypten wir ein- oder zweimal täglich. Dann fiel ein Workshop aus, und die Schule, an der ich einen Kurs gab, machte Ferien. Spontan beschloss ich, für eine Woche nach San Francisco zu fliegen und Victor bei seiner Installation zu helfen. Es war Wahnsinn – dreizehn Stunden Flug, neun Stunden Zeitverschiebung, vom Geld, das so ein Spontanflug kostet, ganz zu schweigen. Aber es musste sein. Ich konnte nicht noch einmal sechs Wochen lang warten. Ich musste diesen Mann jetzt sehen. Ich musste wissen, ob diese virtuelle Liebe real war.

Es war die denkbar ungünstigste Zeit für ein Rendezvous: Victor arbeitete Tag und Nacht. Ich wusste nicht einmal, ob ich ihm überhaupt helfen konnte. Ich bin nicht gerade geschickt mit den Händen. Meine handwerklichen Erfahrungen beschränkten sich auf das Zusammenschrauben von Ikea-Regalen, die dann mitten in der Nacht in sich zusammenfielen. Und, ja, einmal habe ich eine Lampe angeschlossen. Und nur zweieinhalb Stunden dafür gebraucht.

«Haben Sie Ihr Ticket dabei?», fragte der Flight Attendant mit verschwörerischem Blick. Ich zuckte sofort zusammen. Tatsächlich hatte ich in letzter Zeit mehr noch als sonst vergessen, verwechselt, verhühnert und verpasst. Dann fiel es mir wieder ein: Ohne Ticket lassen sie dich gar nicht ins Flugzeug! Der Flight Attendant zwinkerte mir zu. «Ich habe Ihre Kolumne gelesen.»

Dort hatte ich erzählt, warum ich wieder ständig zur falschen Zeit im falschen Zug saß: weil ich verliebt war. Nun saßen der junge Mann und sein Kollege, sobald ihre Arbeit es zuließ, auf meiner Armlehne und fragten mich nach Victor aus. Ich zeigte ihnen sogar Fotos. Die beiden Herren, in der Liebe ein etwas forscheres Vorgehen gewöhnt, fragten nach: «Nicht mal geküsst? Und – wo wohnen Sie denn, bei ihm? Die ganze Zeit?»

Plötzlich wurde ich auch nervös: Was, wenn sich unsere Lippen nicht mögen? Was, wenn unsere Liebe nur theoretisch funktioniert, über die Entfernung, die Zeitverschiebung, den Äther hinweg? Was, wenn es schwierig wird, unangenehm, peinlich?

«Haben Sie denn keinen Plan B?»

Ich hatte keinen Plan B. Nicht in diesem Moment, und auch sonst nie. Das Konzept war mir so fremd wie das des Fünf-Jahres-Plans, den mir einmal eine Schriftstellerkollegin an einer Messe erklärt hatte. «Erst schreibst du ein Skandalbuch, dann bleibst du in den Medien, indem du immer wieder …» Schon hatte ich mich aus der Unterhaltung ausgeklinkt. Es interessierte mich nicht. Ich spiele auch nicht Schach. Die Fähigkeit, strategisch zu denken, verschiedene Möglichkeiten vorauszusehen und abzuschätzen, fehlt mir vollkommen. «Tobias warf seine Mütze über Bord» – dieser

Satz steht in einem Buch von meinem Vater. Meine Mutter hat ihn mir vor Jahren einmal herausgeschrieben und gesagt, das erinnere sie an mich. So bin ich. Nur werfe ich nicht nur meine Mütze über Bord, ich springe ihr gleich hinterher. Ohne nachzudenken. Plötzlich überkamen mich Zweifel. Hoch über dem ewigen Eis. Ich schaute aus dem Fenster in all das milchige Grün, so tief unter mir. War ich nicht zu alt, um kopflos über Bord zu springen? Aber jetzt war es zu spät.

Wir landeten in San Francisco. Die Flight Attendants wünschten mir alles Gute. Ich hatte Victor verboten, mich abzuholen. Er solle die Zeit lieber zum Arbeiten im Atelier nutzen. Im Taxi wurde ich dann aber so nervös, dass ich fürchtete, ohnmächtig zu werden. Mit zitternden Knien stieg ich aus. Er öffnete die Tür, bevor ich klingeln konnte. Er kam direkt aus der Werkstatt und trug Latzhosen. Genau, wie es eine Freundin vorhergesagt hatte: «Dein nächster Mann wird lustig und praktisch sein. Ich seh ihn direkt vor mir, in Latzhosen und Arbeitsstiefeln.»

Die Nervosität fiel von mir ab. Da war nur noch knochentiefe Erleichterung: Dem Himmel sei Dank! Da bist du ja endlich!

Wo ist zuhause, Mama?

Vielleicht in diesen Armen?

Acht Tage lang waren wir zusammen, vierundzwanzig Stunden am Tag. Wir arbeiteten acht, zwölf, sechzehn Stunden lang. Es war harte Arbeit. Wir küssten und wir stritten uns, wir hatten so ungefähr alle Stufen des Kennenlernens übersprungen, wir waren ein Paar.

Abgesehen von der romantischen Erinnerung war es auch deshalb eine beglückende Erfahrung, weil ich so viel Spaß an der Arbeit hatte. Weil sich herausstellte, dass man mit dem richtigen Werkzeug und einer genauen – und freundlichen – Anleitung tatsächlich alles kann. Ich lernte viel in dieser Woche. Ich arbeitete mit der Nagelpistole und mit der Kreissäge. Die hübschen Kleidchen, die ich eingepackt hatte, die hochhackigen Stiefel blieben die ganze Woche im Koffer. Stattdessen trug ich Victors viel zu große Latzhosen. Bleistifte in der Brusttasche, Handschuhe im Gürtel, vielleicht noch ein Schraubenzieher – ich fühlte mich unverwundbar. Ich traute mir alles zu.

Eines Nachmittags kam Tyler vorbei, um uns beim Kleben zu helfen, der Sohn einer Freundin von Victor. Er hatte als Kind einen Hirntumor, dessen Entfernung seine Entwicklung beeinträchtigt hat. Er ist ein Kind im Körper eines vierzigjährigen Mannes. Und wie ein Kind hat er eine unbestechliche Beobachtungsgabe, die noch nicht durch anerzogene Zurückhaltung getrübt wurde. Er half uns eine Weile beim Aufkleben der Scherenschnitte, dann wurde ihm langweilig dabei.

«Ihr zwei scheint ja ganz schön Spaß zu haben», sagte er und fotografierte uns unbemerkt mit dem Handy, während wir in der Werkstatt herumblödelten und uns immer wieder küssten. Dann schüttelte er mit fast väterlicher Nachsicht den Kopf. «Dieser Victor ist schon eine Nummer!»

«Schau dir unsere Frau Moser an», sagte mein Freund Willi, als er später diese Bilder sah. «Wenn sie mit den Händen arbeiten darf, ist sie glücklich.»

Obwohl ich als Schreibtischtäterin körperliche Arbeit nicht gewohnt bin, werde ich nicht müde. Es macht einfach Spaß. Da mir die Fähigkeit zur räumlichen Vorstellung und zur Visualisierung von Plänen weitgehend fehlt, kann ich mir während der Arbeit nie so recht ausmalen, wo sie hinführen wird.

Warum muss ich jetzt die Schraublöcher schräg in die Holzlatten bohren? Ach, damit wir sie in einem Winkel miteinander verschrauben können. Und schon haben wir ein Gerüst! Erst mit der Zeit entwickle ich ein Gefühl für das Ganze, sehe ich den fertigen Altar vor mir, während ich an einer Ecke arbeite. Es gibt eine Studie, die behauptet, um es in einem beliebigen Gebiet zur Meisterschaft zu bringen, seien 10 000 Stunden Üben Voraussetzung. Vielleicht stimmt das ja. Ich habe seit Kindheit hauptsächlich geschrieben und gelesen. Was, wenn ich ebenso viel Zeit in einer Werkstatt geübt hätte?

Es war eine der besten Wochen meines Lebens.

«Du wirst es lieben», sage ich zu Doris. Ich bin froh, dass sie hier ist. Denn dieses Jahr ist Victors Projekt noch ehrgeiziger: Ein Liederhaus will er bauen, ein traditionelles Schulzimmer der Tolteken, in dem sich die Jugendlichen am Nachmittag einfanden, um Lieder zu erlernen und zu tanzen. Die anstrengenden Schulfächer wie Mathematik wurden morgens unterrichtet, in einem anderen Haus. Der Unterricht im Liederhaus wurde aber genauso ernst genommen, und die Teilnahme war obligatorisch. Schließlich sind Lieder in diesem Glauben etwas vom wenigen, was über den Tod hinaus besteht. Je mehr Lieder jemand singen kann, desto erfolgreicher ist sein Leben. Die traditionelle Scherenschnittkunst hat Victor von seiner Großmutter gelernt, aber er setzt sie auf seine eigene Art ein, indem er die dünnen Seidenpapiere übereinanderklebt und neue Farbmuster kreiert. Seine Großmutter hat ihn auch zum toltekischen Glauben zurückgeführt.

Als Victor fünf Jahre alt war, mussten ihm die Mandeln entfernt werden. Im Krankenhaus entdeckten die Ärzte nicht nur einen bei Kindern seltenen Herzfehler, sondern dazu eine beunruhigende Ansammlung von Narben und Blutergüssen. Seine Mutter verprügelte ihn regelmäßig so heftig, dass die Ärzte vermuteten, die Angst vor ihrer Willkür habe das Vorhofflimmern ausgelöst. In einer damals ungewöhnlichen Maßnahme wurde er nach der Operation nicht nach Hause entlassen, sondern zu seiner geliebten Großmutter aufs Land geschickt. Er werde ohnehin nicht lange leben, hieß es. Seine Großmutter brachte ihn zu einem Schamanen.

«Der Junge hat Hitze in den Händen. Das ist einer von uns!», lautete der Befund des Heilers. Er werde dem Jungen helfen, aber er müsse, wenn er achtzehn sei, zu ihnen zurückkehren, Teil der Gemeinschaft werden, die Zeremonien lernen. So wurde es vereinbart, und so kam es dann auch.

«Vier Tage tanzen und fasten, puh … da bist du froh, wenn du zwischendurch einen Schluck Mezcal bekommst.» Victor spricht beiläufig über seine Tradition, er spielt sich nicht zum großen Häuptling auf, das gefällt mir. Obwohl er bereits als Nachfolger seines Capitans aufgestellt war, konnte Victor die Kunst nicht aufgeben. Schließlich bekam er den erhofften Segen: «Geh nur, du kannst unsere Tradition auf deine Art vielleicht noch besser vermitteln.»

Wir bauen also einen vier Meter hohen achteckigen Tempel, der mit bunten Scherenschnitten beklebt und von innen beleuchtet wird. Man kann ihn betreten, das Innere ist mit weißer Seide ausgekleidet, auf die ein heiliger Berg aufgetragen ist. Auf der Seite ist ein Vorsprung angebracht, dort kann man sich hinsetzen und aztekische Gedichte lesen.

Es ist nicht wahr, es ist nicht wahr,
Dass wir hierherkommen, um zu leben.
Wir kommen zum Schlafen, zum Träumen nur.

In der Tradition der Nahua ist das Leben nur ein Traum und der Tod das eigentliche Erwachen. Das Einzige, was es in diesem Traum, den wir Leben nennen, zu erreichen gibt, das Einzige, das beim Aufwachen noch da ist, ist der Geruch der Blumen, sind Lieder, sind Freundschaften. Ein erfolgreiches Leben ist eins mit vielen Freunden, Liedern, Blumen.

Werde ich gehen müssen wie die Blumen, die verblühen?
Wird nichts von meinem Namen bleiben,
Nichts von meinem Ruhm hier auf dieser Erde?
Wenigstens meine Blumen, wenigstens meine Lieder!

Doris und ich ergänzen uns gut. Sie arbeitet genauer als ich, überlegter. «Nächstes Jahr möchte ich etwas früher wissen, was du vorhast», sagt sie zu Victor. «Damit wir ein bisschen vorausplanen können.» Sie steht früh auf und macht uns Frühstück. Ich halte dafür abends länger durch. Victor arbeitet so viel wie wir beide. Er scheint unermüdlich. Kein Mensch würde auf die Idee kommen, dass das ein schwerkranker Mann ist, der morgens um drei noch versucht, ein Dach auf die vier Meter hohe Konstruktion zu hieven.

Als wir die ersten Teile des Gerüsts in die Galerie bringen, um sie vor Ort aufzubauen, ruft Michael, einer der technischen Berater: «Hier kommt Victor mit seinem Möglichmacher-Team!» Halb bewundernd, halb resigniert. Jedes Jahr sprengt Victor den vorgesehenen Rahmen. Er will wissen, was möglich ist. Jedes Jahr geht er ein Stück weiter. «Enabler» ist ein Begriff aus der Suchttherapie. Er bezeichnet die Leute in der Umgebung des Betroffenen, die seine Sucht unterstützen und ermöglichen.

So genau Victor auch vorausplant, es geht doch immer etwas schief. Eine Neonröhre fällt zu Boden, zerschellt. Sie hat vierzig Dollar gekostet. Das Papier, mit dem wir das Gerüst bespannt haben, lässt zu wenig Licht durch. Das Dach ist zu groß für die Pfeiler. Eine Holzlatte zersplittert unter dem Bohrer.

Der Druck ist groß, die Zeit rast davon. Trotzdem verliert Victor nie die Nerven. Er findet immer eine Lösung. Manchmal stellt sich die vermeintliche Katastrophe als rettende Idee heraus, und das abgewandelte Ergebnis ist sogar besser als das ursprünglich geplante. Auch hier beneide ich die bildenden Künstler um diese Klarheit: Eine Lampe, die nicht brennt, ist ein objektiv wahrnehmbares Problem. Ein Satz, der nicht ganz richtig über die Lippen rollt, wenn man ihn laut ausspricht, ein subjektives. Trotzdem gibt es Momente, in denen Doris und ich uns nur anschauen. Was nun? Das Gerüst ist zu hoch, das Dach wird mit den Lichtschienen unter der Decke kollidieren. Aber jetzt aufgeben?

«Wir müssen das Dach wieder auseinandernehmen, die Teile einzeln unter den Schienen hindurchmanövrieren und es dann direkt auf der Konstruktion wieder zusammenbauen.»

«Oder wir können versuchen, es zu kippen.»

Nur einmal streiken Doris und ich: Als Victor uns zeigen will, wie man die Scherenschnitte herstellt, die die Außenwände bedecken sollen.

«Wirklich nicht», sagen wir. «Das ist deine Arbeit: Du bist der Künstler!» Alles andere kann er delegieren, das nicht: Denn Victor weiß im voraus nie, wie er schneiden wird. Er hat keine Muster, er zeichnet nichts vor, er entscheidet spontan, wie er das Papier, das er in der Hand hält, falten, wie er es schneiden will. Meist summt er dazu etwas, ohne es zu merken. Manchmal, wenn er sehr müde ist und seine Hände zittern, bittet er im Geist seine Großmutter, die Schere in die Hand zu nehmen.

Er entscheidet auch erst im letzten Moment, intuitiv, welche Farben wie übereinandergelegt werden. Doris und ich kleben – sie etwas genauer, ich etwas schneller. Man sieht später sehr gut, welche Teile von ihr sind und welche von mir.

«Es ist Volkskunst», sagt Victor. «Es darf gar nicht perfekt sein.»

Am Tag der Eröffnung arbeiten wir auch dieses Jahr wieder, bis schon die ersten Besucher eingelassen werden. Dann fahren wir nach Hause, duschen, ziehen uns um und stürzen uns in den Vernissagenrummel. Victor hat unsere Namen unter seinen auf die Tafel neben dem Altar setzen lassen.

«Seid ihr jetzt etwa auch Künstler?», fragt eine Besucherin etwas schnippisch.

«Nein. Aber wir sind die Möglichmacher», antworten wir.

Trotzdem ist dieses Liederhaus auch unseres. Der Altar steht einen Monat lang in der Ausstellung, dann wird er auseinandergenommen. Die Scherenschnitte werden blattweise aufgerollt, nächstes Jahr werden sie Victors Hausaltar schmücken. Doris und ich nehmen Teile nach Hause und hängen sie in unsere Fenster, bis sie verblassen. Alles andere kommt weg. Die Holzlatten werden wieder auseinandergeschraubt, wir werden sie nächstes Jahr noch einmal brauchen. Nichts bleibt von diesem Kunstwerk als ein paar Bilder. «Diese Erde ist das Gebiet des flüchtigen Moments», heißt es in einem aztekischen Lied.

Es weihnachtet … gar nicht so sehr

Es ist Dezember, über ein Jahr später, ich bin in Santa Fe und Victor ist in San Francisco. Das hat sich ganz gut eingespielt – aber die bevorstehenden Feiertage wühlen etwas in mir auf. Kommt er nun oder kommt er nicht? Er weiß es nicht. Er kämpft mit einem Abgabetermin und mit Behördenkram, der vor Ende Jahr erledigt sein muss. Sein vier Meter langer Arbeitstisch ist mit Rechnungen und Belegen bedeckt. Die Flüge werden immer teurer, je näher Weihnachten rückt. Und ich werde immer ungeduldiger. Ich will vorausplanen, auch wenn ich unterdessen weiß, dass sich das Leben nicht an meine Pläne hält.

Seit zwanzig Jahren lädt Victor am letzten Sonntag vor Weihnachten zu einer Atelierparty ein. Das ist seine Tradition. Es wäre so viel einfacher, wenn ich zu ihm fliegen würde – ich könnte in seine Tradition hineinschlüpfen wie in einen bequemen Morgenmantel, vertraut und ungezwungen. Und er müsste seine Arbeit nicht unterbrechen. Letztes Jahr habe ich das getan. Und genossen. Aber jetzt, nachdem ich mein altes Leben ganz hinter mir gelassen habe, habe ich plötzlich ein starkes Bedürfnis nach neuen, eigenen Traditionen. Vor zwei Jahren haben mich meine Söhne in Santa Fe besucht. Doch das war eine Ausnahme. Ich weiß nicht, warum ich geglaubt habe, sie würden dieses Jahr wiederkommen. Sie sind erwachsen. Sie begründen gerade ihre eigenen Traditionen. Die Mutter am Ende der Welt zu besuchen gehört nicht dazu. Ich überlege, in die Schweiz zu fliegen. Aber wir würde das genau aussehen? Würde ich wie ein Scheidungskind einen Feiertag mit Cyril und seinem Vater verbringen, den anderen mit Lino und Maria und ihrer Familie?

Da ich im November kurz in der Schweiz war, konnte ich meine Söhne danach fragen. Sie meinten beide, es würde den Weihnachtsstress nur verstärken, wenn ich käme.

«Der Dezember ist auch nur ein Monat», höre ich plötzlich wieder einen alten Freund sagen. «Der vergeht so schnell wie jeder andere.» Da wird mir plötzlich klar, was den Dezember, was Weihnachten so besonders machte: Es waren die Kinder. Der 24. Dezember ohne Familie ist vielleicht nicht ein Tag wie jeder andere, aber es ist nicht Weihnachten. Nicht für mich. Das heißt, ich kann tun und lassen, was ich will. Ich kann es auf mich zukommen lassen. Ich muss keine neuen Traditionen erzwingen – sie werden sich von selber ergeben.

Im selben Moment, in dem ich meine Vorstellungen aus dem Fenster werfe, meine Trauer über die verlorenen Traditionen loslasse, wird mir diese Freiheit bewusst, dieses Geschenk: Der Monat Dezember ist ein Monat wie jeder andere. Ich habe keine Listen abzuhaken, keine Termine einzuhalten, keinen Einkaufswahnsinn, keinen Stress, keine Überforderung.

Ich drapiere eine bunt blinkende Lichterkette um den Kaminsims – das ist meine einzige Weihnachtsdekoration. Ich mache keine Geschenke – ich hatte im November Gelegenheit, die traditionellen Adventskalender für meine Söhne zusammenzustellen und ihnen zu überreichen. Jetzt muss ich nichts mehr. Es ist, als wäre ich aufgewacht und schaute mich verwundert um: Wie schön es hier ist! Das merke ich erst jetzt.

«Wie ist eigentlich der Winter in Santa Fe?», fragen Sommergäste oft.

«Ach … das behalten wir lieber für uns!»

Der Winter ist intensiv, aber relativ kurz. Mehr als sonst

sind wir der Natur ausgeliefert. Oder sagen wir, dem Mangel an Infrastruktur. Es kann sehr kalt werden, minus zehn, minus fünfzehn Grad. Der Schnee fällt, wenn er fällt, dicht und heftig. Es ist der Schnee meiner Kindheit, weiß und kompakt, er glitzert in der Sonne – und dann schmilzt er weg. Die Nebenstraßen werden nicht geräumt. Im Idealfall trocknen sie, bevor es nachts Stein und Bein gefriert. Sonst bildet sich eben eine Eisschicht, die dann von neuem Schnee bedeckt wird. Und so weiter. So gibt es immer wieder Tage, an denen man nicht wegkommt. Nicht zur Arbeit, nicht zur Schule, nicht zum Flughafen. Höhere Gewalt – wie selten sind wir ihr noch ausgesetzt? Es hat etwas ungeheuer Entspannendes, nur provisorische Pläne machen zu können. Mit dem Nachsatz: «Wenn das Wetter es erlaubt.»

Es ist eine gemütliche Zeit. Zu gemütlich? Ich sitze auf dem Sofa und lese mich durch den Zeitungsberg, der sich in meiner Abwesenheit aufgetürmt hat. Da fällt mein Blick in die Küche. Der Boden wellt sich unschön, ich habe einen bunten Plastikteppich über die hässlichen Platten gelegt. Irgendetwas an meinem Blickwinkel lässt die Bodenwellen höher erscheinen, als sie wirklich sind. Ich springe vom Sofa, gehe in die Küche, hebe den Teppich. Die Linoleumplatten lösen sich hier und da. Die müssen weg, beschließe ich. Ich will einen neuen Küchenboden! Nein, ich *brauche* einen neuen Küchenboden. Unbedingt, jetzt sofort!

So bin ich. Als ich in mir in den Kopf gesetzt hatte, meine dreißig Quadratmeter große Terrasse in Aarau mit Holzplatten zu belegen und neu zu bepflanzen, machte ich mir nicht einmal die Mühe, die Fläche auszumessen. Dreimal musste ich mir ein Mobility-Auto reservieren, zu Ikea fahren und zehn weitere Schachteln mit Bodenplatten kaufen.

Geduld ist nun mal nicht meine Stärke. Meist wende ich am Ende sehr viel mehr Zeit auf als jemand, der umsichtig vorausplant.

Ich ziehe einen Pullover über, einen Fellmantel, Fellstiefel, Mütze, Handschuhe. Deshalb gehen wir im Winter so selten aus dem Haus: Es dauert immer ewig, bis man sich wetterfest eingepackt hat. Aber jetzt kann mich nichts aufhalten. Ich vergesse sogar, dass ich nicht gern über die verschneite Straße fahre, und mache mich auf den Weg zum Home Depot, dem amerikanischen Hobby- und Baumarkt. Meine Freundin Claudia nennt den Laden «Second Home Depot», weil sie so viel Zeit dort verbringt. Er ist wie alle amerikanischen Einkaufstempel hundertmal größer, als ich es gewohnt bin oder verarbeiten kann. Ich schaue mich bei den Bodenbelägen um – endlose Reihen von Materialien. Steinplatten, Holzdielen, Bambus, Kork, Linoleum … Bald schon bin ich in einer Art Trance versunken.

Da spricht Tom mich an, einer der Verkäufer. Er ist schon etwas älter und lispelt. Er scheint nicht mehr alle Zähne im Mund zu haben. Aber er versteht etwas vom Fach, das merkt man sofort. Er strahlt die Gelassenheit derer aus, die jedes denkbare Problem schon auf drei verschiedene Arten gelöst haben.

«Was haben Sie sich denn vorgestellt?», fragt er mich freundlich.

«Das weiß ich eben nicht.»

Ich hätte es ihm nicht übelgenommen, wenn er nun die Augen verdrehte. Er bleibt entspannt. Fragt, wie groß die Fläche sei. Ob ich Türschwellen hätte, und auf welche Seite und wie hoch … Lauter Fragen, die ich nicht beantworten kann.

«Tut mir leid», rede ich mich heraus. «Mein Englisch ist nicht so gut, ich kenne diese Fachausdrücke nicht.» Dabei ist es offensichtlich, dass ich schlicht keine Ahnung habe, wovon er redet. Selbst das schreckt Tom nicht ab.

«Kein Problem, Ma'am. Schauen wir uns erst mal die Materialien an.» Er spricht über die Eigenschaften, die Vor- und Nachteile von Bambus und Terrakotta, Parkett und Laminat, Linol und Kork. Mich zieht es automatisch zu den gröberen Holzböden. Wie ein guter Psychologe interpretiert Tom meine Körpersprache, stellt ein paar gezielte Fragen, lenkt mich dann in eine andere Richtung – und in erstaunlich kurzer Zeit habe ich mich für eine graugebeizte Eiche entschieden. Als hätte ich immer schon gewusst, dass sie in meine Küche gehört. Ich will sie sofort mit nach Hause nehmen, aber so schnell geht das natürlich nicht.

Wir setzen uns an Toms Pult, wo er eine provisorische Bestellung ausfüllt. Immer wieder werden wir von jüngeren Verkäufern unterbrochen, die seinen Rat brauchen. Er bleibt freundlich und geduldig, behandelt jeden gleich.

«Wir haben Glück, die Eiche ist am Lager», sagt er zu mir.

«Was heißt das?»

«Die können Sie nächste Woche schon abholen.»

«Nächste Woche? Ich dachte, ich könnte den Boden heute noch verlegen!»

«Ja, aber erst müssen wir die Frage der Türschwellen noch klären.» Tom schickt mich nach Hause, um diese zu fotografieren und auszumessen. Er hat wohl nicht erwartet, dass ich am selben Nachmittag schon wieder vor ihm stehe. Als ich zurückkomme, ist Tom gerade mit einer anderen Kundin beschäftigt, die noch verwirrter scheint als ich. Und außerdem stark verschnupft. Als sie in ihrer Manteltasche nach einem

Taschentuch sucht, zieht sie stattdessen – eine lebende Schildkröte hervor!

«Oh, sorry! Das ist Cäsar, unser Klassenzimmer-Haustier, ich habe glatt vergessen, dass ich ihn eingesteckt habe. Ich nehme ihn übers Wochenende immer mit nach Hause, wissen Sie. Ich unterrichte Kindergarten und erste Klasse.» Sie setzt Cäsar auf dem Schreibtisch ab, den er träge erkundet. Bevor er Toms Tischkalender anknabbert, zieht einer der jüngeren Verkäufer, der an seinem Pult zu Mittag isst, ein schlaffes Salatblatt aus seinem Sandwich und legt es vor Cäsar hin. Tom lässt sich auch dadurch nicht aus der Ruhe bringen. Überhaupt scheine ich die Einzige zu sein, die an dieser Szene etwas Bemerkenswertes findet.

Only in Santa Fe!, denke ich.

Dann bin ich an der Reihe. Tom hat den von mir ausgesuchten Bodenbelag bereits bestellt, jetzt brauchen wir nur noch die richtigen Leisten und Schwellen. Er studiert meine Handyfotos und die Maße, die ich notiert habe. Hoffentlich richtig. Auf dem Computer zeigt er mir die verschiedenen Varianten und erklärt mir geduldig die Unterschiede, die Vor- und Nachteile. Trotzdem bitte ich ihn, für mich zu entscheiden.

«Wer installiert den Boden denn für Sie?», fragt er.

«Lachen Sie mich jetzt bitte nicht aus, Tom», sage ich. «Aber ich möchte das selber machen.»

Er schaut mich an, er bleibt ganz ruhig, was er denkt, ist ihm nicht anzusehen.

«Sie sind ganz offensichtlich eine gescheite Frau, Sie werden das schon hinkriegen.»

Wenn ich schon mal bei Home Depot bin … Dieser Gedanke ist schon vielen zum Verhängnis geworden. Wie oft kam jemand hierher, um eine Zweiliterflasche Bodenputzmittel zu kaufen und entschied dann spontan, eine neue Dusche mit Dampfbadfunktion einzubauen? Eine Terrasse anzulegen? Oder Hochbeete? Eine Dachluke zu öffnen? Es ist beinahe unmöglich, an den endlosen Regalreihen entlangzugehen, all die Einrichtungen und Errungenschaften zu sehen, deren Existenz man nicht einmal ahnte. Neben den behandelten Holzbalken zum Beispiel sind einfache Zeichnungen angebracht, die einem vorgaukeln, man könne an einem Wochenende ganz einfach eine Terrasse auf Stelzen anbauen, wenn man nur das richtige Werkzeug und Zubehör kauft.

Schon beginne ich zu phantasieren. Wenn ich den Küchenboden sowieso nicht sofort verlegen kann … Hmm … Dann könnte ich die Küche noch schnell streichen. Ich müsste ja nicht mal den Boden abdecken. Als ich das Haus kaufte, fand ich zwar, es gäbe gar nichts daran zu verbessern. Erst seit ich wirklich in ihm lebe, will ich es mir zu eigen machen. Die Küche ist zweckmäßig, aber langweilig. Die Schränke aus hellem Naturholz betteln geradezu nach Farbe. Auch das Badezimmer könnte ein bisschen Farbe vertragen. Nach langem Schwelgen in Farbmustern entscheide ich mich für ein helles Limonengrün, ein dunkles Türkis und ein sattes, warmes Rot.

«Für welche Farbe hast du dich entschieden?», fragt Lino, dem ich ein Foto schicke.

Ha, ha, guter Witz, mein Sohn! Für alle natürlich!

Es ist lange her, dass ich selber gestrichen habe. Ich kaufe Abdeckfolie und Klebeband, Roller und Pinsel. Moment – muss man nicht erst die alte Farbe abschleifen? Vielleicht geht es mit einer elektrischen Schleifmaschine schneller? Dann brauche ich aber auch Staubmasken … Ich kaufe also Schleifpapier in verschiedenen Körnungen und einfach aus Prinzip eine weiße Malerhose. Ich finde immer einen Vorwand, mich neu einzukleiden. Sogar, wenn ich zu einem Meditationstraining antrete – schließlich gelten in einem Zen-Kloster ganz bestimmte Kleidungsvorschriften.

Als ich wieder nach Hause komme, ist es später Nachmittag. Das Licht schwindet. Egal. Ich ziehe meine neue Malerhose an, binde meine Haare zusammen und fange an, die Badezimmerwände abzuschmirgeln. Das verursacht so viel Staub, dass ich die brillante Idee habe, das Badezimmer leerzuräumen, bevor ich weitermache. Ich lege meine Handtücher und Fußmatten in die Mitte des Schlafzimmerteppichs. Dann klebe ich die Spiegelschränke zu und mache weiter. Lustigerweise kommen unter dem matten Grauweiß der Badezimmerwände Überreste eines hellen Grüns hervor, ganz ähnlich wie die Farbe, die ich gekauft habe. Ich höre erst auf, als meine Arme schmerzen. Es ist fast Mitternacht. Ich rufe Victor an, der mich ebenso geduldig unterstützt wie Tom.

«Denk dran, alles gut abzukleben», sagt er.

«Das kann ich, gell?»

«Natürlich kannst du das!»

Und natürlich hat er recht: Ich kann es. Vielleicht gehe ich nicht unbedingt planvoll vor, vielleicht ist das Ergebnis nicht perfekt, aber ich kann es. Es dauert viel länger, als ich dachte, und ich habe unter anderem nicht berücksichtigt, dass ich Küche und Bad während der Renovierung nicht benutzen kann. Ich stelle die Mikrowelle ins Wohnzimmer und fahre zum Duschen ins traditionelle japanische Bad Ten Thousand Waves, das etwas außerhalb der Stadt auf einem Hügel liegt. Von luxuriösen Behandlungen bis zum einfachen Einweichen im öffentlichen Heißwasserbecken bietet es alles an. So mischen sich Einheimische mit Touristen, und eine gewisse Funkyness, eine sympathische Note des Abgenutzten bleibt dem Ort trotz aller Veränderungen erhalten. Dank meines Führerscheins habe ich unterdessen ein Abo zum Einheimischenpreis für das öffentliche Becken, das ich regelmäßig nutze. Im Winter ist es besonders schön, im heißen Becken zu sitzen. Dicke Schneeflocken fallen auf mein Gesicht. Ich schließe die Augen. Die Stimmen um mich herum vermischen sich zu einem Klangteppich, aus dem ich nur noch einzelne Fetzen aufnehme.

«Wie lange seid ihr schon ... Aus Florida! ... Wart ihr schon ...» Wie oft habe ich diese Fragen schon beantwortet: Wo ich herkomme, wie lange ich hierbleibe, wie es mir hier gefällt. Die Fragen blieben gleich, meine Antworten änderten sich radikal: Von «Oh, nur eine Woche» über «Diesmal zwei Monate» bis zu «Also wirklich, ich lebe hier!» Manchmal kann ich es selber kaum glauben, dass ich meine Träume tatsächlich wahr gemacht habe. Dann wird mir wieder bewusst, wie viel sich in den letzten Jahren verändert hat. Alles, eigentlich. Die Erkenntnis überwältigt mich. Ich halte den Atem an und tauche im kalten Becken unter.

Doris ist auch hier. Wir beschließen, im Restaurant Izanami nebenan noch einen Burger zu essen. Nicht unbedingt das, was man im japanischen Restaurant bestellt. Aber er ist einfach gut. Wir sitzen an der Bar und reden. Merken nicht, wie das Wetter kippt. Als wir herauskommen, schneit es nicht mehr nur ein bisschen, es ist ein richtiger Schneesturm imgange. Der Wind heult, die Flocken wirbeln, wir tapsen durch den knöchelhohen Schnee zu unseren Autos. Dunkel ist es auch. Plötzlich habe ich Angst, die kurvige, steile, ungepflügte

Straße hinunterzufahren. Ich bleibe stehen. Was soll ich denn jetzt tun?

«Komm, ich fahr dich nach Hause», bietet Doris an. «Wir können dein Auto morgen abholen, ich habe Zeit.»

«Nein, das ist doof! Und ich muss das selber können, ich lebe schließlich jetzt hier.»

«Ach was, das kannst du auch bei Tageslicht lernen», befindet Doris und fährt mich sehr langsam und sicher den tiefverschneiten Hügel hinunter nach Hause. Ich bin erleichtert, und gleichzeitig schäme ich mich ein bisschen. Doch als ich später mit Victor telefoniere, sagt er, er sei Doris sehr dankbar, dass sie mir «nicht erlaubt habe, meinen Kopf durchzusetzen».

«Wie meinst du das?»

«Du musst nicht immer alles können.»

«Ha!» Normalerweise ermahne ich ihn, rechtzeitig um Hilfe zu bitten. Dabei bin ich genauso stur wie er. Die unbestimmte Scham, die in mir aufsteigt, wenn ich etwas nicht hinkriege, dieses Gefühl, nie gut genug zu sein, holt mich immer wieder einmal ein.

«Und was hast du für Pläne? Für die Feiertage?»

Ich zucke mit den Schultern. «Keine. Ich lass es auf mich zukommen.»

«Okay, aber wenn du an Weihnachten allein bist, kommst du zu uns.»

Ich sammle Einladungen links und rechts, sage aber niemandem fest zu. Die Amerikaner sind in solchen Dingen entspannt. Die Schweizer auch, die lange genug in Amerika gelebt haben. Weihnachten ist zwar ein Familienfest, aber der Begriff wird etwas großzügiger interpretiert. Das Bedürfnis, an den Feiertagen unter sich zu bleiben, ist nicht so ausgeprägt. Am 24. Dezember versammelt sich ja ohnehin die ganze Stadt vor meiner Haustür zum traditionellen Farolito-Walk. Tausende flackernde Kerzen in braunen Papiertüten säumen meine Straße. Offene Feuer auf dem Trottoir dienen den Spaziergängern zum Aufwärmen. Immer wieder versammeln sich kleine Chöre zum Singen von Weihnachtsliedern. Die Galerien und Läden sind geöffnet, überall wird Glühwein oder heiße Schokolade angeboten.

Das ist auch eine Tradition, denke ich. Was will ich mehr? In der Masse untertauchen, mit der ganzen Stadt feiern – und mich jederzeit in meine Casita zurückziehen können. Weihnachten feiern und doch keine Weihnachtsfeier.

«Könnten wir uns an Heiligabend eventuell bei dir einnisten?» Claudia hat Besuch von ihrer Tochter aus der Schweiz und von einer Freundin, die gehbehindert ist. Sie selber geht auch gerade an Krücken, nachdem sie sich zwei Zehen gebrochen hat. «Du stellst dein Haus zur Verfügung, und wir kümmern uns dafür um Essen und Trinken.»

Da sage ich nicht nein. Meine Casita wird Aufwärm- und Ausruhzentrale für den Farolito-Walk. Die Gäste bringen Glühwein mit, Schweizer Weihnachtsguetzli und selbstgebackene Lachskrapfen. Diejenigen, die gut zu Fuß sind, stürzen sich ins Getümmel. Schnell haben wir uns in der Masse verloren. Ich rede mit ein paar Nachbarn, trinke einen Glühwein, fotografiere die skurrilsten Beleuchtungen. Aber bald wird es mir zu kalt, und ich gehe nach Hause. Den Weg zurück über den Parkplatz habe ich am Nachmittag noch mit Farolitos bestückt. Sie sind fast heruntergebrannt. Lange sitzen wir an diesem Abend noch in meiner Stube vor dem Feuer und reden über Krieg und Frieden, Gott und die Welt, Väter und

Söhne und kreative Arbeit. Das habe ich vermisst, wird mir bewusst. Diese ausufernden Abende, die keinem Drehbuch folgen. Und die vielleicht nur unter Europäern möglich sind.

«Morgen wollen wir zu einem der traditionellen Tänze in ein Pueblo fahren», sagt Claudia im Gehen. «Willst du mitkommen?»

Das will ich. Die traditionellen Winterzeremonien der Pueblos fallen nicht zufällig mit den christlichen Feiertagen zusammen. Viele Pueblos haben – gezwungenermaßen – schon seit dem 16. Jahrhundert katholische Heilige und christliche Ikonen in ihren Zeremonien zusammengespannt – obwohl die Pueblos nach dem Aufstand von 1680 erst einmal alles vernichteten, was spanischen Ursprungs war. Damals hielten die Medizinmänner überall Enttaufungsrituale ab, um die Zwangsbekehrten vom Einfluss der Missionare zu befreien. Zwölf Jahre später kamen die Spanier zurück. Auch wenn sie der Bevölkerung nicht mit derselben Brutalität ihre Religion und Kultur aufzwangen wie zuvor, forderten sie doch eine gewisse Anpassung.

«Was stört uns die Madonna beim Tanzen?» Diese Kompromissbereitschaft hat den Pueblos erlaubt, ihre Traditionen weiterzuführen. «Die Heilige Jungfrau zu verehren fühlt sich nicht fundamental anders an, als die Mais-Mutter zu feiern», steht in einem Statement zum sogenannten Pueblo-Katholizismus.

Schon vor zwei Jahren wollte ich mit meinen Söhnen eine solche Zeremonie besuchen. Aber dann war das Pueblo, das ich ausgesucht hatte, für Besucher geschlossen. Und Lino hatte ohnehin Vorbehalte gehabt. Es komme ihm vor wie ein Besuch im Menschenzoo, diesen Ritualen zuzuschauen, die etwas Intimes haben. Sicherheitshalber frage ich Victor um Rat, der als junger Mann in Mexiko an vielen solchen Zeremonien teilgenommen hat.

«Je mehr Leute zuschauen, desto besser», sagt er. «Es gibt den Tänzern Energie. Ihr werdet euch bestimmt anständig verhalten.»

Das San-Ildefonso-Pueblo wirkt ausgestorben, als wir ankommen. Eine Szenerie wie beim Showdown in einem Spaghettiwestern: Die Plaza, gesäumt von silbern schimmernden Cottonwood Trees, liegt verlassen. Ein eisiger Wind wirbelt den Sand auf, dramatische Wolken verdunkeln den eben noch blauen Himmel, der nächste Schneesturm zieht auf. Wir wissen nicht, ob heute wirklich eine Zeremonie stattfindet. Langsam finden sich mehr und mehr Zuschauer ein. Junge Frauen, die keine Wintermäntel tragen, sondern in Decken eingehüllt sind. Stoisch trotzen sie dem Wind, unverrückbar wie Felsen stehen sie am Rand der Plaza, ihre Silhouetten sind zeitlos. Auch wenn sie keine Wolldecken mit traditionellen Webmustern tragen, sondern billige, grelle Faserpelzdecken mit aufgedruckten Comicfiguren. Immer mehr Touristen finden sich ein. Eine Frau hört nicht auf zu telefonieren. «Hallo? Ja ... wie? Was?», schreit sie. «Ich kann dich nicht hören ... Ich bin grad in einem Pueblo! Ja, ich glaub, sie fangen gleich an!» Am liebsten würde ich zu ihr hinübergehen und ihr einen Vortrag über passendes Benehmen bei religiösen Zeremonien halten. Ich verklemme mir diesen urschweizerischen Impuls. Ist es nicht das, was mich an meinen Landsleuten am meisten irritiert, dieser Hang zum öffentlichen Zurechtweisen und Belehren, diese Gewissheit, am besten zu wissen, wie man sich zu verhalten hat? Nun entdecke ich diesen Zug an mir selber. Ebenso wie andere typisch schweizerische Eigenschaften, die mir gar nicht bewusst waren, als ich noch in der Schweiz lebte. Es stimmt schon, in der Fremde lernt man erst einmal sich selber kennen.

Endlich hören wir die Trommeln. Sie begleiten den Aufmarsch von acht weißgekleideten Tänzern auf den Platz, geschmückt mit breiten schwarzen Gürteln und schwarzen Stirnbändern, manche habe eine Feder hineingesteckt. In den Händen halten sie Rosmarinzweige. Der Rhythmus der Trommeln hat etwas Hypnotierendes. Dazu gesellt sich Gesang, leise und monoton. Die Tänzer bewegen sich kaum, nur manchmal strecken sie die gebeugten Arme aus und schütteln die Zweige, die sie in den Händen halten. Sie tanzen vor und zurück, vor und zurück. Nach einer Weile drehen sie einen Viertelkreis und wiederholen den Ablauf. Katholische Heilige sind nicht dabei, dafür verteilt ein junger Mann mit Nikolausmütze Süßigkeiten an die Zuschauer.

Nachdem die Männer in alle vier Himmelsrichtungen getanzt haben, gehen sie in einer Reihe auf die andere Seite des Platzes und verschwinden in einem Haus. Wir warten noch eine Weile, aber der eisige Wind treibt uns zum Auto zurück. Ich finde einen silbernen Ohrring, der mit Türkisen und Korallen besetzt ist, und bringe ihn in den kleinen Laden am Ausgang des Pueblos.

«Super, jetzt haben wir ein Paar!», sagt der Mann und hält das Gegenstück hoch, das vor wenigen Minuten abgegeben wurde. Ich versuche mir vorzustellen, wie man beide Ohrringe verliert – beim Telefonieren vielleicht?

Auf dem Heimweg fährt Gyana einen kleinen Umweg über den White Rock Canyon und am Rio Grande entlang. Ein kleines Sightseeing. Die Landschaft ist endlos, einsam, zerklüftet. Es gibt noch so vieles, was ich nicht gesehen habe. Ich lehne mich zurück und schaue aus dem Fenster. Ich muss nichts organisieren und nichts entscheiden. Ich bin einfach dabei. Eine Rolle, die mir sehr gut gefällt. Ich werde sogar abgeholt und gefahren. Und so lasse ich mich auch gern zum Festessen am Abend einladen.

Es waren großartige Tage – ob ich sie nun Weihnachten nenne oder nicht, spielt keine Rolle.

Nicht wissen

Einatmen, ausatmen, eins. Einatmen, ausatmen, zwei. Einatmen … Shit … Wo war ich? Ich sitze auf einem schwarzen Kissen, die Beine gekreuzt, die Hände ineinandergelegt, die Augen halb geschlossen. Ich atme ein, ich atme aus. Meine Hüfte tut weh. Wie lang sitze ich schon hier? Sollte man nicht meinen, jemand, der so viel Yoga macht wie ich, sollte eine halbe Stunde still sitzen können? Da niest jemand. Zum Glück ist das nicht mir passiert. Soll man unwillkürliche Regungen wie Schlucken, Niesen, Husten nicht unterdrücken? Jetzt kitzelt es in meiner Nase. Ist Niesen ansteckend, wie Gähnen? O Gott, nur nicht an Gähnen denken! Ich presse die Kiefer zusammen, meine Augen tränen. Ein unwiderstehliches Bedürfnis, den Arm zu heben, die Tränen wegzuwischen, die beim Trocknen auf meiner Haut ein unangenehmes Jucken hinterlassen. Wenn ich mich jetzt nicht kratze, sterbe ich. Ein, aus, eins. Ein, aus, zwei. Ein, aus … Der Geist sei wie eine Schlange, hat meine Lehrerin einmal gesagt, ständig in Bewegung, ohne sich dessen bewusst zu sein. Steckt man nun diese Schlange in das Bambusrohr der Meditationspraxis, werden ihr diese Bewegungen erst bewusst. Wenn sie von innen ans Rohr stößt. Als Kind wollte ich immer eine Schlange als Haustier haben, die Nachbarn hatten eine Boa Constrictor, außerdem einen kleinen Alligator, den sie in der Badewanne hielten. Ein, aus. Eins. Ein, aus, zwei. Ein, aus … Mein Atem zischt durch die Nasenlöcher. Warum atme ich so laut? Wie lange sitze ich schon hier? Mein Fuß ist eingeschlafen. Einatmen, ausatmen. Eins. Zwei. Drei.

Plötzlich ist es still.

Ganz still.

Mein Atem löst sich auf. Ich löse mich auf.

Nichts.

Und dann bin ich plötzlich bei achtzehn. Achtzehn? Einatmen, ausatmen, eins …

Es ist früher Morgen in National City, einer Vorstadt von San Diego. Das Postkartenkalifornien, mit seinen Sandstränden und Palmen, mit weißgetünchten Villen und knallrosa Bougainvilleen ist weit weg. Das Sweetwater Zen Center ist eine einfache Schule. Kein Schnickschnack. Die Meditationshalle ist eine Yurte – eine offene Konstruktion aus einem Holzboden und Zeltdach. Von der einen Seite hört man die aufgebrachten Stimmen aus der Obdachlosenklinik, auf der anderen Seite befindet sich eine Autospenglerei. Aus dem Radio dringt mexikanischer Hiphop, Automotoren jaulen, Abgase kitzeln uns in der Nase. So früh am Morgen ist es allerdings noch still. Die Luft ist leicht salzig. Und kalt! Was habe ich mich gefreut, der eisigen Kälte von New Mexico zu entrinnen. Aber hier friere ich noch mehr, weil es keine Heizungen gibt. Trotzdem bin ich glücklich, hier zu sein. Ich nenne es das «Mutterhaus», der Ort, an dem Kokyo, meine Zen-Lehrerin aus Aarau, gelebt und gelernt hat. Und sie ist jetzt auch hier. Seit einem halben Jahr habe ich sie nicht gesehen. Sie hat mir gefehlt.

Nicht nur sie. Mit den Mitgliedern der kleinen Aarauer Sangha fühle ich mich auf seltsame Art verbunden. Obwohl – oder gerade? – weil wir die meiste Zeit, die wir zusammen verbrachten, gar nicht miteinander redeten. Durch das gemeinsame Sitzen wächst eine Verbundenheit, die ich sonst nicht kenne. Meine Freundschaften beruhen für gewöhnlich darauf, dass man miteinander redet. Sich im anderen wiedererkennt. Mit diesen Leuten verbindet mich nichts – außer dass wir am selben Ort wohnen und dieselbe Zen-Schule besuchen. Was ich in Aarau gefunden habe, ist etwas Seltenes. Etwas Wertvolles. Wie konnte ich es so leichtfertig hinter mir lassen? Die Sangha, die Gemeinschaft, ist einer der drei immerwährenden Schätze des Buddhismus. Darf man so einen Schatz einfach fallenlassen?

Fast in Gehweite meiner Casita in Santa Fe befindet sich das Upaya Zen Center, eine der renommiertesten Schulen Amerikas, und erst noch aus derselben Linie wie mein Zen-Center in Aarau. Aber so oft ich es auch versuche, ich werde damit nicht warm. Ich werde nicht heimisch. Vielleicht, weil ich es immer noch mit «meinem» Zen-Center in Aarau vergleiche?

Erst kürzlich habe ich davon geträumt. Ich träumte, dass Kokyo und ihr Mann und überhaupt die ganze Zen-Sangha aus Aarau ins «Mutterhaus» gezogen wären. Dieses befand sich aber nicht in San Diego, sondern gleich hier in Santa Fe, gleich nebenan! Sie waren alle zusammen mit mir ausgewandert! Eine unendliche Erleichterung erfüllte mich, als mir das klar wurde. Jetzt war alles gut! Sofort wollte ich hinüberrennen und mit der Meditation beginnen – in diesem Moment wurde mir erst das unglaubliche Chaos in meiner Casita bewusst. Überall lag schmutzige Wäsche, stapelte sich Geschirr, der Fußboden war voller Hundedreck – und in meinem Bett lag ein toter Hund. Er war riesig und gelb. Unmöglich konnte ich hier weg. Ich rief also Kokyo an und erklärte ihr, warum ich nun doch nicht kommen könne. «Ich muss hier erst Ordnung machen. In meinem Bett liegt ein toter Hund!», sagte ich. Kaum hatte ich sie ausgesprochen, schien mir diese Entschuldigung fadenscheinig und ungenügend. «Und auch eine Katze – nein, zwei Katzen!», erfand ich dazu.

Wo ist zuhause, Mama? Vielleicht auf diesem schwarzen Kissen?

Ich habe erst spät und über Umwege zum Zen-Buddhismus gefunden. Obwohl ich bereits mit Anfang dreißig während einer Lebenskrise das Buch *Anweisungen für den Koch* von Bernie Glassmann gelesen habe. Das schien mir so einleuchtend und hilfreich, dass ich sofort mit der Zen-Meditation beginnen wollte – aber ich befand mich in einer fremden Stadt. Also suchte ich (im Telefonbuch einer Telefonkabine) nach dem nächsten Zentrum. Fand auch tatsächlich eins, rief dort an: Ja, ich könne gleich vorbeikommen, beschied man mir. Doch auf dem Weg dort hin verirrte ich mich, und dann schlug das Leben wieder über mir zusammen, die nächste Welle trug mich fort, und ich vergaß das Ganze wieder. Nein, nicht ganz: Immer wieder einmal folgte ich den Anweisungen aus dem Buch. Blieb nach dem Aufwachen auf dem Bettrand sitzen, legte die Hände in den Schoß, richtete den Blick nach unten und zählte meine Atemzüge von eins bis zehn. Oder eins bis siebenundzwanzig. Manchmal wurde mir sehr unwohl dabei. Manchmal musste ich sofort aufspringen und etwas tun. Meditation ist nichts für mich, entschied ich. In meinem Kopf ist zu viel los! Ein ähnlich widersinniges Argument wie: «Ich bin zu unbeweglich, um Yoga zu machen.» Gerade dann sollte man doch!

Ein paar Jahre später begann ich tatsächlich mit Yoga. Da erlebte ich zum ersten Mal, was für eine Erleichterung es bedeutet, die sieben Tonspuren, die meist gleichzeitig in meinem Kopf ablaufen, vorübergehend zu bündeln, auf eine einzige zu reduzieren – wenn schon nicht zum Schweigen zu bringen. Der vorgeschriebene Ablauf der Bewegungen im Einklang mit den Atemzügen forderte meine volle Konzentration. Am Ende der Stunde war mein Körper ruhig genug, um zehn Minuten still zu sitzen. «Sitzenbleiben, weiteratmen: das ist Yoga», sagte meine Lehrerin. In späteren Yogastunden wurde ich mit anderen, meist geführten Formen der Meditation vertraut gemacht. Damals konnte ich den Stimmen der jeweiligen Lehrer nur schwer folgen, ich schweifte ab, ich träumte. Besonders, wenn Bilder aus dem tibetanischen Buddhismus beschworen wurden, produzierte mein Geist die unglaublichsten Filme. Diese zehn Minuten waren nicht mein Lieblingsstück der Stunde. Es blieb die nagende Ahnung, dass da mehr sein müsste. Dass Meditieren noch etwas anderes war. Die Spur von Bernie Glassmann verfolgte ich nicht weiter, denn unterdessen hatte ich mir ein klares Bild vom Zen-Buddhismus gemacht: O Gott, ist das alles furchtbar streng und freudlos, dachte ich. Das ist nur etwas für asketische Menschen mit kurzgeschorenem Haar, die schwarze Kleider tragen und nur japanisches Essgeschirr im Schrank haben. Jahre später, als ich schon wieder in der Schweiz lebte, nahm mich meine Mutter mit zu einer Yogastunde in Aarau. Die Lehrerin, Sara Kokyo Wildi, gefiel mir auf Anhieb. Sie hatte etwas Feenhaftes und gleichzeitig Bodenständiges, sie unterrichtete unprätentiös und ehrlich, sie lachte viel, am meisten über sich.

Als ich mich nach der Probelektion einschrieb, erwähnte sie, dass sie auch ein Zen-Center führe, im Stockwerk darüber. Ach so, deshalb bin ich hier gelandet!, dachte ich. Als ich nach Hause kam, schaute ich mir ihre Webseite genauer an. Sie hatte lange in einem Zen-Kloster in Kalifornien gelebt, wo ich selber wichtige Jahre meines Lebens verbracht hatte. Und ihre Lehrerin war wiederum eine Schülerin von Bernie Glassmann.

Wenn das kein Zeichen war!

Es dauerte ein weiteres Jahr, bis ich mit der Meditationspraxis begann. Was mich schließlich dazu bewog, die kalte Steintreppe zum Zendo hinaufzusteigen, weiß ich nicht mehr. Ich war wohl einfach bereit.

«Setz dich hin», sagte Kokyo. «Leg die Hände in den Schoß, so dass sich deine Daumen berühren. Richte den Blick auf den Boden vor dir. Gut so. Und jetzt zählst du einfach deine Atemzüge von eins bis zehn. Und dann fängst du wieder bei eins an.»

«Das ist alles?»

Sie unterdrückte ein Lächeln: «Das ist alles!»

Das Wesen der Meditation ist, dass sie nicht zielgerichtet ist. In diesem Sinne mache ich alles falsch: Ich meditiere, weil es mir guttut. Ich gehe ins Zen-Center, weil es mir in der Gruppe leichter fällt als allein. Das ist alles. Ich will kein besserer Mensch werden, ich glaube nicht an Erleuchtung, ich will nur glücklich sein.

Nur? Diesmal habe ich mir noch mehr vorgenommen. Ein halbes Jahr ist vergangen, seit ich die Schweiz verlassen habe.

Aber ich fühle mich noch nicht ganz angekommen. Wenn ich in Santa Fe bin, vermisse ich Victor. Wenn ich in San Francisco bin, vermisse ich Santa Fe, meine Casita, mein Leben dort. Egal, wo ich bin, vermisse ich meine Kinder. Alle paar Wochen fliege ich zweitausend Kilometer hin oder zurück. Ich fühle mich oft rastlos und unverwurzelt. Mein altes Leben habe ich hinter mir gelassen, aber mein neues kann ich nicht beginnen, so scheint mir, bevor ich nicht weiß, wo ich nun zuhause bin. Die Tage zwischen den Jahren drängen sich für eine solche Bestandsaufnahme auf. Ich will jetzt Klarheit, ich will wissen, wo mein Zuhause ist. Wie mein neues Leben aussieht. Wenn ich nur lange genug dasitze, denke ich, werde ich es schon herausfinden. Muss ich es herausfinden. San Francisco oder Santa Fe? Die große Liebe oder die große Freiheit? Oder – Moment, ich könnte nach San Diego ziehen! In eins der einfachen Cottages, die das Zen-Center billig vermietet. Ich könnte in dieser Gemeinschaft aufgehen, in der ich mich so wohl fühle. Ich würde jeden Tag meditieren und im Garten arbeiten … Eine schwarze Robe tragen, meine Haare millimeterkurz abscheren … Einatmen, ausatmen. Eins. Einatmen, ausatmen. Zwei.

Ich bin am Vorabend angekommen, habe meine Lebensmittel im gemeinsamen Kühlschrank verstaut und mein Bett bezogen. Dann habe ich noch einmal den Stundenplan studiert:

05.30 Tagwache
06.00 Zazen
06.30 Kinhin
06.40 Zazen
07.10 Kinhin
07.20 Zazen

Zazen heißt Zen-Meditation im Sitzen, Kinhin ist die Geh-Meditation. Weitere japanische Ausdrücke, die ich gelernt habe, sind Samu, Arbeit im Haus oder Garten, und Daisan, Einzelgespräch mit der Lehrerin. Der Stundenplan geht in diesem Stil, in Zwanzigminutenabschnitten weiter bis 21 Uhr: Nachtruhe. Um 21 Uhr, das habe ich gestern festgestellt, ist es hier noch hell. Wann bin ich zuletzt schlafen gegangen, als es noch hell war? Ich soll hier weder lesen noch schreiben. Geschweige denn elektronische Geräte benutzen. Aber ich habe einen E-Reader eingeschmuggelt. Gestern habe ich damit unter der Bettdecke gelesen, wie ein Kind. Heimlich, verboten. Das Wissen, dass das Licht von außen sichtbar ist, trägt zum Vergnügen bei. Wann war Lesen zuletzt etwas Verbotenes? Ich schlafe in einem Raum mit vier Frauen, die ich nicht kenne. Das hätte mich vor ein paar Jahren noch mit Panik erfüllt. Als ich das letzte Mal hier war, hat Kokyo zwei Leintücher vor mein Bett gespannt. Diesen Schutz brauche ich heute nicht mehr. Dass wir nicht miteinander reden, ja uns nicht einmal direkt anschauen sollen, vereinfacht das Zusammensein immens. Ich bin mir der Worte, die sich in meinem Mund stauen, zwischen meine Lippen drängen, unangenehm bewusst. «Sorry!» ist immer das erste. Sorry, sorry, sorry! Ich schlucke jedes einzelne wieder hinunter. Das Bedürfnis, mich zu erklären, ist sehr groß: «Ich bin aus der Schweiz», will ich sagen. «Ich kenne mich noch nicht so richtig aus. Ich bin auch nur ein Zen-Baby! Sorry! Sorry!» Wer bin ich, wenn ich mich nicht erklären kann?

Sind es die Engländer, die sagen: «Never explain, never complain»? Erkläre nichts, beklage dich nicht. Keine schlechte Devise. Entschuldige dich nicht, setze ich hinzu. Jedenfalls nicht automatisch.

Weitere Vorschriften: Ich darf keine grelle oder gemusterte Kleidung tragen. Arme und Beine sollen bedeckt sein. Meine Freunde machen sich Sorgen. In was für eine Sekte bin ich da geraten? Sie bestehen darauf, dass wir ein Codewort vereinbaren. «Wir holen dich da raus», sagen sie. «Jederzeit! Tag oder Nacht!» Sie freuen sich schon auf das Abenteuer. Ich enttäusche sie nur ungern: «Ich kann jederzeit abreisen», sage ich. «Ich geh ja nicht ins Gefängnis.»

Das habe ich vor Jahren mit einer Romanfigur durchgespielt, mit der pathologisch zerstreuten Poppy, die unschuldig im Gefängnis landet und dort endlich Ruhe findet. Durch Routine, einen geregelten Tagesablauf, durch eine drastische Einschränkung von Dingen, Möglichkeiten, Ablenkungen. Sie fühlt sich so wohl, dass sie gar nicht mehr wegwill. Ironisch kommentierte sie, andere würden für so etwas viel Geld ausgeben, für einen solchen Rückzug.

Rückzug: Ich entziehe mich meinem Alltag, ich ziehe mich in mich selbst zurück. Auf dem Kissen sitzend, kann ich mir nicht ausweichen. Früher oder später wird mein Unbewusstes doch hoffentlich die Antworten ausspucken, auf die ich warte? Außerdem habe ich ein tägliches Gespräch zugute, nicht nur mit der Roshi, sondern auch mit Kokyo. Ich zähle auf ihre geballte Weisheit. Die werden mir schon sagen, wo es langgeht!

Am ersten Tag habe ich alle zwei Stunden eine Erleuchtung: Jetzt weiß ich es! Ich ziehe zu Victor und räume sein ganzes Haus aus und auf und um! Gott sei Dank, endlich habe ich einen Plan. Eine Stunde später fällt es mir wie Schuppen von den Augen: Ich werde nie mich selber sein, mein eigenes Leben leben können, wenn ich mit einem Mann – egal, welchem – zusammen bin. Ich werde mich also von Victor trennen und allein leben. Nur schreiben und ... weinen? Die Tränen laufen mir über die Wangen, mein Herz ist schwer. Dann erklingt der Gong und auch diese Erkenntnis löst sich in Luft auf. Ebenso wie die nächsten drei.

«Wie lautet noch mal der erste Grundsatz?», fragt mich die Roshi am ersten Abend.

«Nicht wissen», sage ich automatisch. Sie schaut mich nur an.

«Pfffhh!», schnaube ich, genervt von mir selber. Mindestens zehn Minuten lang habe ich ihr vorgejammert, dass ich immer noch nicht weiß, wo ich hingehöre – und dabei hatte ich die Antwort die ganze Zeit! Die Zen-Peacemaker, denen unsere Schule angehört, haben zu den klassischen zehn Grundsätzen noch drei hinzugefügt, die ich besonders liebe. Gerade den ersten: «Nicht wissen.» Er rückt alles in eine lebbare Perspektive. Und doch habe ich ihn genau dann vergessen, als ich ihn am meisten brauchte. Das Nichtwissen auszuhalten ist erst einmal ungewohnt, es fordert eine gewisse Kühnheit – oder einfach Vertrauen. Je mehr man sich mit dem Konzept anfreundet, desto mehr wird einem bewusst, wie wenig man wirklich weiß. «Ich weiß, dass ich nichts weiß» – man muss nicht Sokrates und auch nicht Buddhist sein, um diese Erkenntnis zu teilen. Wie wenig ich mich auf die scheinbaren Gewissheiten in meinem Leben verlassen kann, habe ich in den letzten Jahren nur zu gut gelernt. Und trotzdem greife ich immer wieder danach. Manchmal, ich gebe es zu, hätte ich lieber eine Scheingewissheit als gar keine.

Der zweite angefügte Grundsatz lautet: «Zeugnis ablegen.»

«Beobachte dich einfach», sagt die Roshi. «Wie fühlst du

dich, wenn du hier bist, wie fühlst du dich, wenn du dort bist? Wie fühlst du dich unterwegs? Geh dort hin, wo du dich wohl fühlst. Früher oder später wird es sich zeigen.»

Sie schweigt eine Weile, ich frage mich, ob das Gespräch beendet ist. Sie grinst in sich hinein. «Ich bin in solchen Situationen immer zum Mann gezogen», sagt sie. «Es war nicht immer die beste Idee, aber es war halt das, was ich wollte.» Sie lacht ihr herrlich dreckiges Lachen und entlässt mich. Ich erinnere mich an meinen ersten Besuch hier. Und wie viel sich seither verändert hat. Damals hatte ich ein bisschen Angst vor ihr.

«Steh noch mal auf», sagte sie gleich zu Beginn unseres ersten formellen Gesprächs. Ich erschrak: Hatte ich einen Fehler gemacht? Mich nicht tief genug verbeugt? Zu früh hingesetzt?

«Mann, schau dir diese Pluderhose an», rief die Roshi und lachte laut. «Dreh dich mal um – unglaublich! Ihr Schweizerinnen habt doch einfach Stil!»

Neun Stunden sitzen wir jeden Tag. Atmen ein und atmen aus. Wir gehen sehr langsam im Kreis herum, wir arbeiten im Garten. Wir reden nicht miteinander, wir schauen uns kaum an. Es gibt keine Ablenkung, kein Ausweichen. Ich schaue mir zu, wie ich mich in wenigen Minuten in eine abgrundtiefe Mutlosigkeit hineinmanövriere. Dieser Victor!, denke ich. Warum kann der mir nicht sagen, wann er kommt? Vermutlich bedeutet es ihm gar nicht so viel wie mir. Vermutlich lacht er über mich und meine Anhänglichkeit. Hat nicht mein Exmann immer gesagt, niemand werde mich je so lieben können, wie ich mir das wünsche? Wahrscheinlich hatte er eben doch recht! Und so weiter und so weiter. In wenigen Minuten haben mich diese kreiselnden Gedanken in ein tiefes

Loch geschraubt. Ich rette mich mit Zählen: einatmen, ausatmen, eins. Einatmen, ausatmen, zwei.

«Du hast ein Gelübde abgelegt, dass du nicht wütend wirst», erinnert mich Kokyo am Abend.

«Ja, schon, aber wenn ich allen Grund habe, wütend zu sein?»

Sie lächelt nur und schüttelt den Kopf. «War Mahatma Gandhi etwa wütend?» Das erzürnt mich nicht nur noch mehr, jetzt bin ich auch noch auf meine Lehrerin wütend. Das Gelübde schreibt nicht vor, Gefühle zu unterdrücken, sondern nur, sie nicht mit Geschichten zu füttern. Als ich mich wieder hinsetze, gebe ich der Versuchung nicht nach. Ich lege kein Holz aufs Feuer. Und die Wut verpufft sehr schnell. Dafür habe ich jetzt Angst. Angst, allein zu sein. Ungeliebt. Plötzlich sehe ich mich als Kind in einem tiefen Brunnenschacht kauern, nackt, allein, verängstigt. Weit oben sehe ich die Gesichter derer, die mich hinuntergeschubst haben. Es sind bekannte Gesichter, Freunde, Familie. Und sie lachen. Einatmen, ausatmen, eins. Einatmen, ausatmen, zwei.

Einsamkeit. Traurigkeit. Angst. Die Gefühle kommen und gehen. Sie wechseln sich ab mit geradezu euphorischen Glücksgefühlen. Eines Mittags schneide ich eine Tomate in Scheiben, und plötzlich kommen mir die Tränen. Habe ich je etwas Schöneres gesehen als diese Tomate? Ich schaue auf – da ist niemand. Niemand, dem ich mich mitteilen könnte. Und selbst wenn, ich darf ja nicht. Ich muss es für mich behalten.

Ist ein Moment real, wenn er nicht geteilt wird? Ist eine Erfahrung von Bedeutung, wenn sie nicht von anderen zur Kenntnis genommen, geschätzt, geliked wird? Etwas mitzuteilen heißt schon lange nicht mehr, über etwas zu reden. Reden genügt nicht. Wir müssen alles dokumentieren, öffentlich machen. Und bewerten.

Ich stecke mir ein Stück Tomate in den Mund, es schmeckt salzig.

Die Roshi erzählt, wie sie ihre Angst vor dem Zahnarzt überwunden hat. Sie hatte eine lähmende Angst davor, mit offenem Mund zu ersticken. «Da erinnerte ich mich plötzlich: Achtsamkeit! Ha!» Sie lacht. Wir lachen auch. Erleichtert, dass es auch einer erfahrenen Lehrerin, der Leiterin einer Schule, passieren kann, dass sie im entscheidenden Moment vergisst, worauf es ankommt. Da saß sie also im Zahnarztstuhl, den Mund aufgesperrt, Schläuche und fremde Hände im Mund und – zählte ihre Atemzüge. «Und da wurde mir bewusst: Wenn ich meine Atemzüge zählen kann, heißt das ja wohl, dass ich nicht dabei bin zu ersticken.»

Zum Glück lacht sie jetzt wieder. Sonst käme ich mir sehr dumm vor. Ist es nicht genau das, was ich getan habe? Ich habe geglaubt, ich hätte mein Leben angehalten wie einen Film, auf Stopp gedrückt, bis ich weiß, wo ich wirklich hingehöre. Dabei sitze ich hier und atme. Ist das nicht Beweis genug? Ich bin hier, ich bin da. Ich lebe, das ist mein Leben. In Santa Fe, in San Francisco, mit Victor, ohne Victor. Es ist alles ganz einfach.

«Du hast ein Zuhause», sagt Kokyo. «Du hast eine Sangha. Du hast alles.» Ich umarme sie zum Abschied. Am 31. Dezember fliege ich zurück. Ich lasse die Neujahrszeremonie im Zen-Center aus und treffe stattdessen Victor am Flughafen von Albuquerque. Ich bin ein paar Stunden vor ihm am Flughafen. Setze mich ins Café und versuche, die Eindrücke der letzten Wochen in Worte zu fassen. Die Menschenmengen am Flughafen, die Hektik, die Geräuschkulisse, die Lautsprecherdurchsagen überfordern mich nach diesen stillen Tagen. Gleichzeitig ist es aufregend. Nach dieser radikalen Pause fühlen sich auch alltägliche Ereignisse wie etwas Besonderes. Immer wieder schaue ich auf mein Handy. Ist Victor schon gelandet? Haben wir uns verpasst? Wir haben uns seit einer Woche nicht gesprochen. Will ich jetzt überhaupt Besuch haben? Wäre es nicht besser, die Eindrücke der letzten Woche langsam zu verarbeiten, ohne Ablenkung, allein?

Aber als ich ihn durch die Drehtür kommen sehe, sehr elegant in einem langen Wintermantel und mit Hut, platzt mein Herz auf wie eine Mohnkapsel. Ich strahle übers ganze Gesicht, springe auf und wedle mit dem Armen. Ich bin so glücklich, ihn zu sehen. Mehr muss ich im Moment nicht wissen.

Ich hab ins Paradies gesehen

Ich knie auf dem harten Steinboden und scheuere die Badewanne mit Potz. Als ich mich zur Seite und nach oben recke, um auch den letzten Seifenrest zu erhaschen, erwische ich schon wieder einen Hexenschuss. Aber ich habe meine Lektion gelernt: Diesmal werde ich nicht aufstehen und eine anstrengende Yogastunde besuchen! Ich lasse den Schwamm fallen, halte mich mit beiden Händen am Badewannenrand fest und lasse mich ganz langsam hintenübersinken. Ich strecke mich auf den kalten Fliesen aus und liege still. Ich starre an die Decke. Der Ventilator surrt laut. Zu laut. Das ist mir noch nie aufgefallen. Er ist groß. Vielleicht zu groß für diesen Raum? In der quadratischen Lampe brennen nur noch zwei von vier Birnen. Ich lege innerlich eine Liste an: Glühbirnen auswechseln, Ventilator kontrollieren. Und die Decke könnte man auch wieder einmal streichen.

Nach einer Weile kommt Victor herein. «Was ist passiert?»

«Mein Rücken.»

«Oje, schon wieder?» Besorgt schaut er auf mich herab. «Du tust genau das Richtige: Flach auf dem harten Boden liegen, das ist das Beste.» Er legt sich neben mich. So liegen wir die nächsten zwei Stunden nebeneinander auf dem harten Schieferboden, schauen an die Decke, halten uns an den Händen, reden.

«Die Decke müsste man ...», beginne ich und verstumme.

Neulich hat mir Theresa erzählt, wie sehr sie die gutgemeinten Vorschläge ihres neuen Freundes verletzten, der fand, ihr Bett würde besser am Fenster stehen, und ob sie im Wohnzimmer wirklich einen zweiten Tisch brauche?

«Er kann sich doch denken, dass ich mich genau so eingerichtet habe, wie es mir gefällt», sagte sie, und ich zuckte schuldbewusst zusammen. Ob Victor meine ständigen Verbesserungsvorschläge auch als Kritik auffasst? Vermutlich.

Als hätte er meine Gedanken gelesen, fragt er jetzt, ob die Badewanne wirklich so schmutzig war. «Ich will nicht, dass du dauernd putzt hier», sagt er. «Ich bin es gewohnt, das Haus selber in Ordnung zu halten.»

«Ja, aber ...» Ich will nur helfen. Ich will mich nützlich machen. Und außerdem habe ich das Hausfrauen-Syndrom. Nicht dass ich je zur Hausfrau des Jahres nominiert worden wäre. Oder dass mir das Putzen besondere Befriedigung verschaffte. Nein, ich habe nur diese aberwitzige, von der Realität längst widerlegte und trotzdem nicht totzukriegende Vorstellung, dass es möglich sein muss, «alles» zu schaffen. Und erst dann, erst wenn ich dieses «alles» geschafft habe, kann ich mich entspannen. Kann mich hinsetzen und die Hochzeitskolumne der Sonntagszeitung von letzter Woche lesen. So sehr ich es auch möchte, ich kann nicht gemütlich auf dem Sofa sitzen, wenn sich unter diesem Sofa Staub ansammelt. Ein Grund, warum ich nur selten zuhause Yoga übe: weil ich in den Umkehrstellungen immer etwas unter meinen Möbeln entdecke, das da nicht hingehört – und die Übungsreihe dann sofort unterbrechen muss, um diesen skandalösen Zustand zu beheben. Ich weiß, ich weiß, das würde man mir nicht zutrauen. Aber deshalb ist es eine derartige Befreiung für mich, in meiner kleinen, überschaubaren Casita zu leben. Selbst wenn ich – was immer wieder mal vorkommt – innert zwanzig Minuten ein Riesenchaos anrichte, ist es eben innert zwanzig Minuten wieder aufgeräumt. Selbst ein Großreinemachen nimmt nicht mehr als zwei Stunden in Anspruch.

Vor Jahren habe ich eine besonders gut organisierte Freundin nach der Telefonnummer ihrer Putzfrau gefragt. Ihr Haus war trotz Kindern und Hunden immer perfekt sauber und aufgeräumt. Selbst wenn man unangemeldet hineinplatzte. Erstaunt erfuhr ich, dass sie keine Putzfrau hatte. Ihre Philosophie war simpel: «Ich richte mir mein Leben so ein, dass ich nichts davon delegieren muss. Ein abgegebenes Leben fühlt sich nicht mehr an wie mein eigenes.» Ich war zutiefst beeindruckt und auch ein bisschen beschämt. «Du sollst nur so viele Zimmer bewohnen, wie du auch putzen kannst», sagte sie. «Nur so viele Kinder kriegen, wie du versorgen, so viele Bücher ausleihen, wie du lesen, so viele Kleider kaufen, wie du tragen kannst. Nimm nur die Aufträge an, die du bestmöglich ausführen kannst. Gewinne nur so viele Freunde, wie du regelmäßig treffen kannst» – das sagte sie mit bedeutungsvollem Blick in meine Augen –, «kurz: Du musst dich beschränken!»

Jahre später habe ich den Rat befolgt, und sie hatte recht: Mein Leben fühlt sich wieder wie meins an.

Allerdings nicht, wenn ich bei Victor bin. Sein Haus ist das Gegenteil von meinem: groß, verwinkelt, verrätselt und etwas baufällig. Voller Kunst, voller Erinnerungen, voller Gegenstände, voller Menschen. Ein wunderbares Haus, voller Farbe und Leben. Ein Haus, das mich vollkommen überfordert. Weil es so viel zu tun gibt. Und weil ich es nicht sein lassen, nicht wegschauen kann. Ich kann mich nicht abgrenzen. Folglich kann ich mich nicht entspannen. Plötzlich erinnere ich mich an Nikolaus' Besuch damals in San Francisco, vor vielen Jahren. Er war ein äußerst angenehmer Hausgast – das waren längst nicht alle. Manchmal wünschte ich mir, wir wären an einen weniger attraktiven Ferienort ausgewandert. Nach Detroit zum Beispiel. Es ist eine Kunst, ein guter Gast zu sein. Nikolaus machte fröhlich alles mit, was der Alltag mit schulpflichtigen Kindern mit sich bringt. Er war selbständig, bestellte öfter mal Pizza für alle, und eines Tages putzte er kurz entschlossen alle Fenster, innen und außen, von sich aus und offenbar mit Vergnügen. Wenn ich das nur auch könnte! Aber ich kriege leider ziemlich bald schon schlechte Laune vom Putzen. Und die endlose To-do-Liste, zu der mich Victors Haus verdonnert, setzt mich unter Druck.

Einer meiner absoluten Lieblingsliebesfilme heißt *Big Eden*. Ein neurotischer Künstler zieht aus New York zurück in ein kleines Dorf an der kanadischen Grenze, um seinen Großvater nach einem Schlaganfall zu pflegen. Kochen kann er allerdings nicht. Eine schwatzhafte Witwe bietet an, das Abendessen zuzubereiten. Pike, ein schweigsamer, großer Indianer, der den Dorfladen führt, soll sie nach Ladenschluss zu der abgelegenen Blockhütte bringen. Die Kochkünste der

Witwe lassen allerdings auch zu wünschen übrig, und so bestellt Pike, der seit der Schulzeit eine Schwäche für den Künstler hat, Gourmet-Magazine und Kupferpfannen und bereitet täglich die wunderbarsten Gerichte zu – ohne sich als Urheber erkennen zu geben.

Die Dorfbewohner, die pensionierten Männer, die in seinem Laden herumhängen, kommen ihm auf die Schliche. «Pike», fragt einer. «Heißt das nun, dass du … ich meine, bist du … ich wusste gar nicht, dass du …?»

Pike geht auf die Frage nicht ein. Er zuckt nur mit den Schultern und sagt: «I just want things to be nice for him.» Das ist ungefähr die schönste Zuneigungserklärung, die ich je gehört habe. Es beschreibt meine Art zu lieben recht genau: Ich will, dass es schön ist für den anderen.

Aber woher weiß ich, was der andere schön findet?

Vermutlich gibt es Attraktiveres als eine Frau, die mit verrenktem Rücken und einem Putzschwamm in der Hand auf dem Badezimmerboden liegt.

«Dein Haus überfordert mich», sage ich.

«Das tut mir leid.»

Wir haben alle möglichen Varianten durchgespielt. Aber wir scheitern immer wieder an den Umständen. An seinen Umständen: Er muss arbeiten können. Er muss in der Nähe seiner Ärzte sein. Victor gefällt es in Santa Fe. Vor Jahren hatte er sogar eine Galerie hier. Aber wenn er mich besucht, hängt immer die bange Frage «Was, wenn ihm hier etwas passiert?» in der Luft. In der Nähe der Uniklinik von San Francisco ein erschwingliches Haus mit einer großen Werkstatt zu finden, ist unmöglich. Außerdem: Will ich das überhaupt? Will ich wieder in San Francisco leben? Mit Victor zusammen?

Plötzlich fällt mir wieder dieser alte Schlager ein, von den beiden Mädchen auf dem Schulhof, die beste Freundinnen waren, «doch dann trennte uns die Zeit». Die eine wollte «Kinder haben, einen Mann und ein Zuhaus», die andere hingegen fuhr fort, allein, denn sie wollte «nichts versäumen von ihren Träumen» – und während ich diese Textzeile abtippe, muss ich schon wieder heftig blinzeln. Was zum Teufel ist mit mir los? Dieses Lied bringt mich jedes Mal zum Weinen. Es ist peinlich, es ist absurd, und ich verstehe es nicht. Michael von der Heide, der dieses Lied singt, versteht es auch nicht. Es ist ein häufig wiederholter Scherz zwischen uns. Wenn ich ein Konzert von ihm besuche, nehme ich mir vor, diesmal ganz sicher nicht in Tränen auszubrechen – und tue es doch jedes Mal.

Zusammenhangslos erzähle ich Victor von Michaels Konzert, das ich letztes Jahr besucht habe, als ich für ein paar Lesungen in der Schweiz war. Nur vier Monate nach meinem Wegzug wurde ich ständig gefragt, ob ich nun wirklich sicher sei, die richtige Entscheidung getroffen zu haben. Und ob das jetzt für immer sei. Damals fühlte sich die Schweiz noch so vertraut an, als sei ich gar nicht weg gewesen. Und tatsächlich wurde ich oft angesprochen: «Sie sind doch die Frau Moser! Aber ich dachte, Sie seien ausgewandert?»

Dass sich doch etwas entscheidend verändert hatte, merkte ich erst an diesem Konzert. Ich hatte mit Michael und der Band zu Abend gegessen, an einem langen Tisch ganz hinten im Saal. Und als das Konzert begann, blieb ich dort sitzen. Nach einer Weile wollte ich die Show sehen, aber meine Schuhe waren nicht für langes Stehen geeignet. Also trug ich in der Pause meinen Stuhl nach vorn, stellte ihn in gebührendem Abstand vor der Bühne auf und setzte mich. Mit dem

Aufruhr, den ich damit auslöste, hatte ich allerdings nicht gerechnet. Ebenso gut hätte ich mich nackt ausziehen können.

«Sie! Das können Sie nicht machen!»

«Sie werden gar nichts sehen, wenn wir vor Ihnen stehen! Im Fall.»

«Man kann nicht einfach einen Stuhl auf die Tanzfläche stellen, Sie!»

Dabei war die Tanzfläche keineswegs voll. Die meisten Zuschauer saßen an kleinen Tischen am Rand. Vor der Bühne tanzte auch gar niemand. Die Leute standen in artigen Reihen, wippten in den Knien, sangen mit. Ich nahm nicht mehr Platz ein als sie. Ich verstellte niemandem die Sicht. Ich konnte die Aufregung nicht verstehen. Aber als ich den Vorfall meinen Freundinnen erzählte, reagierten sie ebenso entsetzt: «Du hast – was? Einen Stuhl auf die Tanzfläche gestellt? Milena! Das macht man doch nicht!» Erst da wurde mir bewusst, dass ich mich in dieser kurzen Zeit tatsächlich verändert hatte. Dass man so etwas nicht tut, das hatte ich auch einmal gewusst. Ich hatte mich auch daran gehalten, ich habe keinen Hang zur offenen Rebellion. Aber offenbar ist die Frage, was die anderen von mir denken könnten, in meinem Bewusstsein ganz weit nach hinten gerückt.

Victor versteht die Geschichte nicht. «Hast du den Stuhl jemandem auf die Füße gestellt?», fragt er. «Hättest du extra bezahlen müssen, um zu sitzen?» Dass man «so etwas einfach nicht macht», ist ihm fremd. Er hat in seinem Leben zu viele Einschränkungen erlebt, auf die er keinen Einfluss hatte, von der politischen Lage in seiner Heimat bis zu seiner prekären Gesundheit. Dass man sich grundlos noch mehr einschränken sollte, nur um nicht aufzufallen, sieht er nicht ein.

«Ich bin froh, dass du das nicht mehr automatisch machst», sagt er.

«Ich auch!»

Aber stimmt das wirklich? Natürlich habe ich auch während dieses Konzerts geweint. Mit den beiden Freundinnen kommt es nämlich so, wie es kommen muss: Die eine fühlt sich «eingesperrt in den Mauern dieser Stadt», während die andere ihr Leben «so satt» hat. Denn sie hat wohl «ins Paradies gesehen, doch das Glück ist anderswo»! Aber wo? Viel wichtiger: Warum geht mir das so an die Nieren? Was hat das mit mir zu tun? Kenne ich nicht sowohl «das Gefühl, gebraucht zu werden», wie auch «Freunde in Kalifornien»? Bin ich nicht gerade jetzt, wie es im englischsprachigen Original heißt, sowohl «to paradise», im Paradies angekommen, wie auch «to me», bei mir? Dann müsste mich dieses Lied doch fröhlich stimmen oder mir, warum nicht, sogar Schadenfreude bereiten: Ätsch, ihr unglücklichen Mädchen aus dem Lied, ich bin euch beide, in einer Person!

Das war wohl immer mein Thema: Dass ich beides will. Alles! Kinder haben und Bücher schreiben. Einen Mann lieben und mein eigenes Leben leben. Ich habe mich immer dagegen gewehrt, mich entscheiden zu müssen. Die Formel meiner Mutter, dass jede wichtige Entscheidung mit 49 zu 51 Prozent gefällt werde, interpretierte ich gern so, dass ich gar keine traf. 49 zu 51 kann auch «beides» heißen! Und obwohl ich das sogar irgendwie hingekriegt habe, wenigstens zeitweise, fühlt es sich nicht so an. Tief in mir drin glaube ich nicht, dass ich das darf: beides wollen. Alles. Ich glaube nicht recht, dass mir das zusteht. Das Lied bestätigt diese traurige Ahnung. Und bringt mich deshalb zuverlässig zum Weinen.

Aber die Zeiten haben sich geändert. Heute trage ich weniger Verantwortung. Wenn ich es jetzt nicht in Anspruch nehme, ins Paradies zu sehen und das Glück zu finden – beides, alles! – wann dann?

«Was brauchst du, damit du dich in diesem Haus wohl fühlen kannst?», fragt Victor.

«Eine Persönlichkeitstransplantation», scherze ich.

Doch er meint es ernst. Er steht auf, um Papier und Bleistift zu holen. Dann setzt er sich auf den Badewannenrand und wartet. «Lass uns eine Liste anlegen», sagt er, als ich nicht gleich antworte. Jetzt fällt mir gar nichts ein. Schließlich will ich ihm nicht meine Art zu leben aufzwingen. Das wäre auch kaum möglich. Ich will ihn nicht verändern. Ich will nur … Ein Zimmer für mich allein. Mit einer Tür, die ich zum großen Haus hin verschließen kann. Einen Ort, an dem es nichts zu tun gibt. An dem ich schreiben kann.

Plötzlich kommt mir wieder meine Freundin Magdalena in den Sinn, die zwei kleine Geräteschuppen im Garten ihrer Freundin Connie installiert hat. Im einen arbeitet sie, im anderen schläft sie. Sie ist sehr glücklich damit. Connies Haus ist ebenso voller Erinnerungen und Leben wie Victors. Statt dagegen anzukämpfen, sich durchzusetzen, hat Magdalena sich einfach ausgelagert. So kann sie mit Connie zusammen sein und doch ihr eigenes Reich bewahren.

«Ein Gartenhaus! Das ist es!» Ich rapple mich hoch und setze mich an den Küchentisch. Victor folgt mir verdutzt und setzt sich neben mich. Ich schalte den Laptop hoch und suche nach Gartenhäusern. Von Blechhütten bis zu Bauhaus-Imitaten, von Märchenschlössern im Miniaturformat bis zum Baumhaus: Winzighäuser sind im Trend, und Magdalena ist eine Trendsetterin. Ich klicke durch die Angebote; es gibt endlos viele Möglichkeiten. Victor lässt sich mitreißen. Er misst die Grundrisse in der Küche aus – manche der schickeren Gartenhäuser sind fast so groß wie seine Küche. Wir gehen in den Garten hinunter und suchen den besten Platz für mein Schreibhaus. Zwischen den Rosenbeeten oder vor der Rotwaldhecke? Nicht zu nah am Zaun, nicht zu weit weg vom Haus.

«Wir müssen herausfinden, was erlaubt ist.» San Francisco hat sehr strenge Baugesetze.

«Na ja, es muss ja nicht sofort sein.» Jetzt, wo ich eine Lösung gefunden habe, ist es gar nicht mehr so dringend, sie umzusetzen. Aber schon am nächsten Tag schreibt mir «Modern Mike» von der Firma Modern Shed – eine der vielen Webseiten, auf denen ich meine E-Mail-Adresse hinterlassen habe. Rein zufällig habe er drei Schuppen zu viel produziert, die er nun billiger abgeben könnte, ob ich interessiert sei? Mir bleibt die Luft weg.

«Der älteste Trick in der Werbung», sagt Victor.

Ich sehe das anders. «Das ist ein Zeichen!» Ich rufe Mike sofort an.

«Oh, Sie sind in San Francisco», sagt er etwas bedauernd. «San Francisco ist schwierig … die Bestimmungen dort sind sehr streng! San Francisco ist, ehrlich gesagt, ein Albtraum.» Doch er fängt sich schnell. Gute Verkäufer lassen sich nicht unterkriegen. «Ich könnte eins der Häuschen den Anforderungen anpassen», meint er.

«Ich dachte, sie seien schon produziert?»

«Na ja …»

Die Baubestimmungen in San Francisco sind so streng, dass mein Shed wirklich sehr klein ausfallen wird: Gut sechs Quadratmeter Innenraum, zwei Meter vierzig hoch. Modern

Mike kommt nach San Francisco und misst den Garten aus. Wir zeigen ihm die möglichen Standorte.

«Wunderbar!», sagt er. «Das wird ganz großartig!» Zwischen den Rosenbüschen und der Rotwaldhecke wird mein Häuschen stehen, gut geschützt und mit Blick ins Grüne, Bunte.

Ich phantasiere von einem Piratenbett, das an Ketten aufgehängt wird, und von einer Kuschel- und Leseecke mit weichen Sitzkissen. Victor holt mich mit seinen unbestechlichen Messbändern wieder auf den Boden zurück. Viel mehr als ein Pult und ein Stuhl wird nicht Platz haben. Aber brauche ich überhaupt mehr?

«Warum macht dich das jetzt so glücklich?», fragt Nikolaus. «Das ist schließlich nicht dein erster eigener Schreibplatz.» Stimmt – ich habe an den unterschiedlichsten Orten geschrieben, zum Beispiel in einer Bürogemeinschaft mit Nikolaus im zweiten Stock des alten Bahnhofgebäudes von Oerlikon.

In einem Wandschrank in San Francisco.

In unzähligen Cafés.

Im Regionalexpress von Aarau nach Zürich.

Auf vielen Sofas.

Und natürlich in meinem geliebten Kurslokal in Aarau, wo ich seltener an meinem eigenen Schreibtisch saß und häufiger im Inspirationsspeicher unter dem Dach.

Dabei habe ich immer behauptet – und auch geglaubt! –, es komme nicht so sehr darauf an, wo man schreibe – nur, ob man schreibe. Regelmäßig und ohne Unterbrechung. *A room of one's own* fand ich immer weniger wichtig als *some time of one's own*. Außerdem wollte ich mich nicht abhängig machen. Es gibt so viele Mythen über Schriftsteller und ihre magischen Orte. Der schon zitierte Thomas Mann, der sich in jedem Exil einrichten konnte, solange er seine «Sächelchen» exakt auf dem Schreibtisch arrangiert hatte. Friederike Mayröcker, die «seit Jahren nur in diesem Thonet-Sessel mit den Armlehnen» schreiben kann. Was, wenn das Schiff untergeht, das die Kiste mit den Sächelchen geladen hat? Was, wenn der Thonet-Sessel zusammenkracht? Ich beweise mir meine Unabhängigkeit, in dem ich überall schreibe. Dort, wo ich gerade ungestört bin.

Als das Häuschen in seinen Einzelteilen geliefert wird, passt der Anhänger nicht auf den Parkplatz vor dem Haus. Die Straßenbahn, die in unberechenbaren Abständen vorbeirumpelt, verhindert ein Parken in zweiter Reihe. Die Arbeiter fluchen. Und noch mehr, als sie den Standplatz inspizieren: Die Steine müssen weg, der Baum muss gestutzt werden, lauter Dinge, die Modern Mike uns nicht gesagt hat. Im Gegenteil, er fand den Platz perfekt.

«Typisch Mike.»

«Und wir müssen dann wieder …»

«Ja, was machen wir jetzt?» Drei kräftige junge Männer stehen mit hängenden Armen im Garten herum und lamentieren. Da kommt Victor aus der Werkstatt. In seinen braunen Latzhosen. Knurrend wie ein alter Löwe schreitet er sein Revier ab. Dann lässt er die Kettensäge aufjaulen und fällt kurzerhand den Baum, der im Weg ist. Die Arbeiter starren ihn nur an. Bis sie sich wieder gefasst haben, hat er den ganzen Baum zerlegt und die Scheite ordentlich aufgeschichtet. Selten habe ich ihn mehr geliebt als in diesem Moment. Dann reicht er mir ein Winkeleisen, und zusammen stemmen wir die Pflastersteine aus dem Boden.

«So», sagt er. «Meint ihr, ihr könnt jetzt anfangen?»

Und dann steht es: Winzig und hellblau, mit einer Fensterfront zum Garten. Victor hilft mir, den Boden zu verlegen. Streichen muss ich es auch selber, wenigstens innen. Ich zeige Victor verschiedene Farbmuster, Weißstufen.

«Mit Weiß kann ich dir nicht helfen, frag jemand anderen», knurrt er und stakst beleidigt davon. Was hat er denn jetzt, denke ich und entscheide mich auf gut Glück für ein warmes Weiß, das passenderweise *Swiss Coffee* heißt.

«Weiß ist keine Farbe», murmelt er auf dem Heimweg, mehr zu sich selber als zu mir. «Gelb. Gelb ist eine Farbe!»

«Aber Weiß lässt den Raum größer wirken, meinst du nicht?»

«Hmpf.»

Ich muss lachen. Aber als ich fertig bin mit Streichen, gefällt es mir nicht. Es wirkt nicht größer, es wirkt nur matt.

«Da hast du einen Meister der Farbtechnik zuhause und hörst nicht auf ihn?», sagt Pie.

«Schon gut, schon gut!» Ich fahre zurück zum Baumarkt und kaufe einen Kübel Gelb, *Desert Marigold*, und übermale den Schweizer Kaffee.

«Viel besser!» Victor ist sehr zufrieden. Tatsächlich: Das Zusammenspiel des Gelbs und des Hellblaus vom Häuschen machen es offener, freundlicher und sogar größer. Ich schraube durchsichtige Regale an eine Wand, stelle ein kleines Pult hinein, einen Stuhl. Eine große Schiefertafel mit bunten Kreiden. Noch ist es nicht an den Strom angeschlossen, ich muss ein Verlängerungskabel durchs Fenster hängen. Es riecht noch nach Farbe. Die Kaffeemaschine läuft noch nicht. Und doch macht es mich wahnsinnig glücklich, morgens durch den noch kühlen Garten zu gehen, Kaffeetasse und Laptop balancierend, über die Holzbretter zu steigen und die Tür meiner hellblauen Schuhschachtel zu öffnen. Ich schreibe anders hier. Konzentrierter. Vielleicht, weil ich in meinem ringelblumengelben Reich nichts anderes tun kann als Schreiben und Lesen? Die Bücher im Regal, die Bilder an der Wand, die Postkarten, alles hat einen Bezug zu meinem Schreiben. Ach, und das Internet reicht nicht bis in diesen hintersten Winkel des Gartens.

Was ist zuhause, Mama? Ein paar Tage später schreibt Victor ein Gedicht für eine Veranstaltung zum Thema Heimat und Migration. Er weint, als er es mir vorliest:

Früh am Morgen, bevor die Sonne aufgeht, bin ich im Maisfeld.
Nach dem Regen der Nacht hängt dichter Nebel über allem.
Der Geruch von feuchter Erde füllt meine Lungen.
Es ist Zeit zu hacken. Das Maisfeld zu jäten.
Die Pflanzen hochzubinden, die der Nachtwind geknickt hat.
Trotz Nebel und Dunkelheit können meine nackten Füße das Land lesen –
sie wissen, wo die Ackerfurchen sind.
Mit jedem Schritt fühlen meine Füße die Umarmung der schwarzen Erde.
Die Erde fühlt die Berührung meiner Füße im selben Moment.

Victor muss sich nicht fragen, wo er zuhause ist. Er weiß es. Und er gibt die Hoffnung nicht auf, dass er eines Tages zu seinem Maisfeld zurückkehren wird. Ich denke an Pie, die mir jedes Mal, wenn ich sie besuche, ihren Garten zeigt. Sie kennt jeden Baum, jede Pflanze, führt nicht nur eins, sondern gleich zwei Gartentagebücher mit Zeichnungen und Berichten, Daten und Maßen. «Hier habe ich der Erde ein Pflaster aufgelegt», sagt sie und zeigt auf eine mit Stroh bedeckte Stelle unter dem Quittenbaum. «Ich will die Erde leichter machen», sagt sie. «Das ist ein empfindliches Verfahren.» Langsam schreiten wir den Garten ab, vom Rand nach innen. Immer wieder bleibt sie stehen, bückt sich, berührt eine Blüte, den Boden, ein Blatt.

«Einen Garten pflanzt man nicht für sich», sagt sie. «Der Garten ist für die nächste Generation und die übernächste.» Sie würde ihren Garten ebenso wenig freiwillig verlassen wie Victor sein Land. Sie beide haben etwas, das mir fehlt: Wurzeln. Diese tiefe Verbindung zu einem Stück Land, einem Flecken Erde, die etwas Körperliches hat. Etwas Instinktives. Ich hingegen kann meine Felle überall ausbreiten. Ich trage mein Zuhause mit mir. Dieses tiefe Gefühl der Erleichterung, dieses glückliche Aufseufzen der Seele: Hier bin ich richtig. Hier bin ich sicher. Hier bin ich zuhause! Ich hatte es an vielen Orten. Wenn ich über das Brunegger Feld Richtung Möriken fuhr. Wenn ich die Schiebetür zu meiner Dachterrasse in Aarau öffnete und über die mittelalterlichen Ziegeldächer blickte. Wenn ich die Spitzen der Golden Gate Bridge aus dem Nebel auftauchen sah. Unter dem endlosen Himmel von New Mexico, in dem gnadenlos klaren Licht hier. Ich bin dort zuhause, wo ich in Ruhe mein Leben leben, wo ich mich selber sein kann. So einfach das klingt, so überwältigend ist es. Mein Zuhause ist überall und nirgends. Endlich erkenne ich das. Erkenne das große Glück, das in dieser Fähigkeit liegt. Ich muss mich nicht entscheiden. Ich kann hier sein und dort. Mit Victor und bei mir. Ich muss das Paradies nicht mehr suchen, denn ich trage es in mir. Was nicht heißt, dass ich nicht wieder in Tränen ausbrechen werde, wenn ich dieses Lied höre.

Einfach sofort wieder aufstehen. Immer wieder

Diesmal reiten wir am frühen Morgen aus. Damit uns ja kein Gewitter erwischt. Es ist immer noch heiß. Rod hat unterdessen sein Baby bekommen, es ist ein Junge. Seine älteste Tochter Jackson ist heute mit zur Arbeit gekommen, sie hilft im Stall aus, macht die Pferde bereit. Sie krault Twains Ohren, als sie ihm das Halfter überstreift. Ihre Fingernägel sind türkis bemalt.

«Jackson, schläfst du?», ruft Rod. «Mach vorwärts!»

Das Mädchen errötet. Sie befindet sich in diesem unbequemen Übergang, nicht mehr ganz Kind, noch nicht Frau, in dem jeder Moment peinlich werden kann. Ein Zustand, der ewig zu dauern scheint, wenn man drinsteckt, und der doch so schnell vorübergeht wie ein Blinzeln.

«Wie macht sich dein kleiner Bruder?», frage ich.

«Welcher?», murmelt sie. «Ich hab jetzt zwei.»

«Eben. Dein Vater hat uns erzählt, du seist eine große Hilfe.»

«Hm.»

«Seid ihr so weit?», ruft Rod ungeduldig.

Ich nehme Jackson die Zügel aus der Hand und steige auf.

«Alles okay?», fragt Rod. «Fühlst du dich gut?»

«Ja, ja, alles bestens.»

Wir reiten langsam, denn die Morgensonne brennt unerbittlich, der Tag verspricht noch heißer zu werden. Rod rekonstruiert die Geburt seines Sohnes für uns, von der ersten

Wehe an. Sie dauerte fast sechsunddreißig Stunden. Doris und ich seufzen mitfühlend. Steuern unsere eigenen Erinnerungen bei. Nur kurz denke ich, es sei eigentlich erstaunlich, dass dieser wettergegerbte Cowboy so andächtig und kenntnisreich von Wehenabstand und Atemtechnik berichtet. Santa Fe erinnert mich immer wieder daran, dass man auf Äußerlichkeiten nichts geben kann – das gilt natürlich überall, aber hier ganz besonders.

«… und dann wollte sie noch einkaufen gehen unterwegs», sagt er. «Stellt euch das vor, wir in Whole Foods, meine Frau über den Einkaufswagen gekrümmt, alle paar Minuten stöhnt sie auf. Und wenn sie nicht stöhnt, staucht sie mich zusammen, weil ich matschige Tomaten aussuche.»

Wir müssen lachen. Whole Foods, oder Whole Paycheck, wie der teure Bio-Supermarkt nicht umsonst genannt wird, ist eine Institution. Die Montañita-Kooperative hat vielleicht das bessere Angebot, aber es fehlt ihr an Glamour. Whole Foods bietet Unterhaltung, dort wird gezickt und geflirtet, die Schlangen vor den Fleisch- und Käsetheken sind legendär, die Verkäufer und Kassierer stehen den Kunden an Exzentrität in nichts nach. Überall werden Häppchen angeboten, man kann sich gut eine kleine Mahlzeit aus diesen Müsterchen zusammenstellen, viele tun das auch. Michele, die drahtige Trainerin, und ihr Mann gönnen sich hier regelmäßig ein Glas Champagner, nachdem sie ihren Wocheneinkauf erledigt haben. Freundinnen laden zwecks Aufmöbelung des Selbstwertgefühls zur Einkaufstour am Donnerstagabend, wenn der Flirtfaktor am höchsten ist. Der Supermarkt wird zur sozialen Drehscheibe. Die Tische am Fenster sind immer besetzt, man kann den ganzen Tag dort sitzen und Szenen an der Kasse beobachten, die einen glatt über das magere Theaterprogramm der Stadt hinwegtrösten. Das beste Theater wird hier geboten! Eine Hochschwangere in beginnenden Wehen beim Tomatenkauf zu beobachten ist da noch nicht mal dramaturgisches Glanzstück.

«Aber das war eine gute Entscheidung, weil wir am Ende fast eine Woche bei der Hebamme geblieben sind», erzählt Rod weiter. «Zum Glück ist sie so großzügig. Jedes Mal, wenn wir gehen wollten, sagte sie: ‹Oh, bleibt doch noch einen Tag!› Aber gern – ich sage euch: Nichts lieber als das! Wir haben diese Zeit wirklich gebraucht.» Wenn man genau hinschaut, erkennt man die dunklen Augenringe in seinem wettergegerbten Gesicht.

Doris seufzt mitfühlend. «Ich hab mich immer nach Mitternacht ins Wohnzimmer verzogen, wenn ich wusste, dass mein Mann am nächsten Tag arbeiten muss.»

Rod dreht sich so ruckartig um, dass er fast vom Pferd fällt: «Du meinst … damit er besser schlafen konnte?» Es würde mich nicht wundern, wenn er Doris gleich hier und jetzt einen Heiratsantrag machte! Dann lässt er die Schultern wieder sinken. «Selbst wenn meine Frau so rücksichtsvoll wäre – wo sollte sie denn mit dem Baby hin?»

Denn seit sie wieder zuhause sind, ist nicht mehr zu übersehen, dass der Wohnwagen endgültig zu klein ist für die ganze Familie, mit Säugling, Zweijährigem, zwei Schulkindern, die gerade Sommerferien haben, und der Nichte dazu.

«Wie weit ist denn der Hausbau?», frage ich.

«Es fehlt nicht mehr viel. Wenn ich zwei oder drei Wochen freinehmen und den ganzen Tag auf der Baustelle sein könnte – dann würde ich es fertigkriegen.»

Es ist Hochsaison, Harrold ist auf Rod angewiesen und Rod auf das Geld, das er hier verdient. Wenn er jetzt freinimmt, verliert er seinen Job. Er überlegt hin und her, denkt laut: «Zu lange kann ich auch nicht warten, denn im Winter kann man nicht mehr bauen … Und noch einen Winter im Wohnwagen macht meine Frau nicht mit … Aber wenn ich jetzt jemanden einarbeite, wer sagt denn, dass der nicht nachher meinen Job behält? Die Sonnenuntergangsausritte kann ich nicht absagen, da kriege ich am meisten Trinkgeld. Aber dann ist es dunkel, bis ich auf der Baustelle bin …»

Ich erinnere mich an die ersten drei Monate nach den Geburten nur noch wie an einen Traum, eine verschwommene Erinnerung. Tatsächlich wusste ich meist gar nicht, ob ich wach war oder schlief. Aber ich hatte Platz. Ich hatte Türen. Ich hatte genug Geld. So sehr ich es versuche, ich kann mir nicht vorstellen, wie Rods Frau über die Tage kommt. Und durch die Nächte. Immer wieder erschüttert mich die Einsicht, wie wenig Ahnung ich habe. Vom Leben der anderen.

«Hast du Freunde, die dir helfen könnten?», frage ich. Unabhängig von äußeren Umständen ist es das Einzige, was mir wirklich geholfen hat. Aber ich weiß auch, wie schwer es ist, um Hilfe zu bitten. In diesem Punkt wenigstens unterscheiden wir uns nicht, die Schriftstellerin aus der Schweiz und der Cowboy aus dem Wilden Westen. Immer wieder haben mich Freunde zunehmend ungeduldig gefragt: «Warum hast du mich denn nicht angerufen? Ich wär doch gekommen!» Ich hatte keine Antwort. Es war mir nicht in den Sinn gekommen. Lag es daran, dass ich, wie die Beatles, «niemals irgendwelche Hilfe von irgendjemandem brauchte, als ich noch jünger war, oh, so viel jünger als heute»? Oder daran, dass ich mir nicht vorstellen konnte, dass mir jemand helfen wollte? War es eine schlechte Gewohnheit, alles allein schaffen zu wollen, immer schon? Fehlgeleiteter Feminismus, falscher Stolz, als sei es eine Schande, Hilfe zu beanspruchen?

So oder so: Wie für die Beatles sind auch für mich «diese Tage vergangen, und ich bin nicht mehr so selbstbewusst. Ich habe meine Meinung geändert, und ich habe die Türen weit aufgestoßen.» Stellt sich heraus: Es war gar nicht so schwer. Ich weiß nicht, warum ich es nicht schon früher getan habe.

«Stimmt», sagt jetzt auch Rod. «Wir hatten eine tolle ‹Schlamm-Party›, als wir die Wände mit Lehm verputzten. Vielleicht sollte ich noch mal alle anrufen?»

«Unbedingt. Tu das!»

Immer wieder steigt Rod vom Pferd, um größere Steine aus dem Weg zu räumen. Eine Arbeit, die er normalerweise nicht dann erledigt, wenn er mit Kunden unterwegs ist. Aber Doris und ich sind unterdessen mehr als Kunden.

«Macht es euch etwas aus?»

«Nein, natürlich nicht!» Es verlangsamt unseren Ritt natürlich, aber mir ist das gerade recht. Es ist ohnehin zu heiß, um schnell zu reiten. Nach einem kurzen Galopp den Hügel hinauf ist Twain schon verschwitzt. Ich spüre sein Herz schlagen. Wie alt ist er eigentlich?

«Alles okay?», fragt Rod. «Fühlst du dich gut?» In regelmäßigen Abständen dreht er sich zu mir um.

Die Aufmerksamkeit ist mir etwas peinlich. Die Ängste, die mich letzte Woche wie aus dem Nichts überfallen haben, sind wieder weit weg, in der Vergangenheit, der Kindheit, dort, wo sie hingehören.

«Ja, ja, alles klar», rufe ich. «Aber Twain hat gleich einen Herzinfarkt!»

Rod lacht. «Schau lieber, dass er nicht ständig vom Wegrand frisst.»

Wir sind schon wieder auf dem Heimweg, reiten langsam einen Hügel hinunter, als Twain plötzlich einknickt. Er fällt vornüber und dann auf die Seite und landet auf meinem linken Bein. Sein Körper ist erstaunlich weich und leicht. Er springt sofort wieder auf und läuft ein paar Schritte weit weg. Ich muss aufgeschrien haben, denn Rod und Doris sind stehen geblieben. Rod springt vom Pferd und reicht Doris die Zügel.

«Da hatte ich einen Moment lang auch ein bisschen Angst», sagt sie später. Rod fasst Twains Zügel und hebt seine Hufe einzeln hoch, bevor er sich mir zuwendet. Er hilft mir auf.

«Tut dir irgendwas weh?»

«Das Bein ...» Vorsichtig mache ich ein paar Schritte. Der Schmerz verschwindet schon. «Nein, ich glaube nicht.»

«Hier.» Rod reicht mir sein Taschentuch, ich wische mir einen Tropfen Blut vom Ellbogen. Twain, der schon wieder trockene Gräser vom Wegrand rupft, hat sich beide Knie aufgeschürft. Aber er blutet nicht. Was ist passiert? War ein Hufeisen lose? Oder abgetreten?

«Das möchte ich auch wissen», sagt Rod.

«Sollen wir zu Fuß zurück?», frage ich.

«O nein. Absolut nicht! Du steigst sofort wieder auf.»

Noch so ein Klischee. Ich habe es natürlich erwartet. Dann merke ich zu meinem eigenen Erstaunen, dass ich das auch will. Wieder aufsteigen, weiterreiten. Solange Twain nicht verletzt ist. Ich habe keine Angst. Wie kann das sein? Genau davor habe ich mich am meisten gefürchtet: Dass das Pferd stürzt, auf mich drauffällt! Und jetzt ist es passiert. Ich schaue so tief in mich hinein, dass ich fast schiele. Aber da ist nichts. Keine Angst. Nicht einmal ein mulmiges Gefühl. Ich steige wieder auf, wir reiten weiter, langsam, dann wieder etwas schneller. Rod schaut zu mir zurück.

«Mach dir keine Sorgen», rufe ich. «Mir geht es gut!» Und diesmal stimmt es auch.

Doch Rod geht es nicht um mich. Er will immer noch herausfinden, warum Twain so plötzlich gestürzt ist. «Siehst du, wie er den Kopf hin und her wirft? Vermutlich hat ihn das aus dem Tritt gebracht. Halt die Zügel etwas straffer!»

«Okay.» Den Rest des Weges konzentriere ich mich ganz auf Twain. Versuche, seinen Kopf ruhig zu halten. Immer wieder überprüfe ich mich: Die Angst ist weg. Nicht weil sie keinen Grund mehr hat. Nicht im Sinn von: «Ich weiß ja, dass nichts passieren kann», sondern von: «Selbst wenn etwas passiert, ist es in Ordnung.» Das ist ein ganz anderes Gefühl. Ein neues Gefühl. Und es geht weit über den Ausritt hinaus. Ich habe keine Angst, neu anzufangen. Es noch einmal zu versuchen. Ich habe keine Angst, zu stolpern, hinzufallen, mich aufzuschürfen. Ich weiß, dass ich immer wieder aufstehen, weitergehen kann.

Als wir in den Stall zurückkommen, reibt Jackson eine Salbe auf Twains Knie. Ich füttere ihn mit Falläpfeln aus meinem Garten. Wieder reibt er seine Nase an meiner Brust. Schnaubt. Verschmiert mein T-Shirt mit Apfelsaft und Spucke. Wieder dieses tiefe Gefühl, dass wir dieses Abenteuer zusammen überstanden, dass wir diesen Schritt gemeinsam gemacht haben. Mehr noch: dass er mich an diese Hürde heran- und über sie hinausgeführt hat.

«Danke, Twain», sage ich leise.

Am Gatter hängt ein Schild, das ich bisher immer übersehen habe. Zwischen zwei Hufeisen steht: «Gone to therapy.»

Wie treffend.

Am nächsten Tag ruft Harrold an und fragt, wie es mir gehe. «Ich hoffe, du hast jetzt nicht die Freude am Reiten verloren», sagt er.

«O nein! Etwas Besseres hätte mir gar nicht passieren können!»

Es stimmt. So vieles ist von mir abgefallen. Ich fühle mich leicht. Ich wache auf, und das Gefühl der Leichtigkeit hält an. Die schwere, kalte, dunkle Decke, die sich jahrelang jeden Morgen nach dem Aufwachen, nach einem Moment der Unbeschwertheit auf mich senkte, ist verschwunden. Ich bleibe unbeschwert. Wenn ich mal traurig bin, hat diese Traurigkeit einen Grund. Sie ist nicht mehr einfach da. Sie gehört nicht mehr zu mir.

Wenn heute jemand sagt: «Du hast es ganz schön gut», dann entschuldige ich mich nicht mehr dafür. Ich rede nicht vom Preis, den ich für meine Freiheit bezahlt habe. Nein, ich strahle und sage: «Ja, ich weiß! Ja, ich habe es gut. Sehr gut sogar!» Dabei ist es gar nicht so lange her, dass ich verzweifelt war, einsam und erschöpft.

Aber wie sagte der Zen-Lehrer Kodo Sawaki, den man auch den «Landstreicher-Kodo» nannte, weil er so viel unterwegs war? «An dich, der ein glücklicheres Leben führen möchte: Ruh dich einfach ein Weilchen aus, und alles wird gut!»